| 김국주 칼럼집 |

오래된 현재

차/ 례/

책을 내며

이 책은 2008년 이후 국내 여러 신문에 게재되었던 글들을 주제별로 선별하여 모아놓은 칼럼집이다. 2008년은 우리나라가 IMF 외환위기를 경험한지 10년이 지난 시점이며, 한편으로는 미국의 금융위기와 유럽 각국의 재정위기가 시작되었던 때다.

제목을 "오래된 현재"라고 붙인 이유는 나의 과거의 칼럼들이 다루었던 여러 과제들이 현재에도 그대로 존재한다고 보았기 때문이다.

칼럼들의 일관된 관심은 경제에 있다. 경제 그 자체가 우리 삶의 최종적 가치는 아니지만 인간답게 살아가는데 있어 중요한 필요조건이 경제임은 부정할 수가 없다.

정치와 행정, 그리고 학문에 있어서도 공급자 내지 생산자가 있는가 하면 그것의 효용을 향유하는 소비자 내지 수요자가 있을 터이다. 나는 많은 소비자의 한 사람으로서 당면한 여러 문제들에 접근했다.

바로 그 점이 이 칼럼집의 출간을 오래도록 망설여 왔던 이유이기도 하다.

그러나 나의 칼럼들은 어디까지나 소비자의 입장에서 궁금한 것, 좀 더 알아보고 싶은 것, 그리고 때로는 걱정스러운 것들에 관한 절실한 것이었다는 회고, 그리고 전업작가가 아닌 자의 그림도 때로는 보는 이의 공감을 불러 일으킬 수 있다는 유추가 책을 내는데 필요한 최소한의 용기를 나에게 불어넣어 주었다.

또한, 최근 들어 국내외에서 벌어지고 있는 상황은 내가 초신성(超新星, supernova) 이론까지 소환해가면서 우려했던 바와 너무나 닮아가고 있다.

그 상황들은 첫째 "돈 찍어 내기"의 당연한 결과로서 세계 주요 금융시장에서 벌어지고 있는 자산가격의 거품, 둘째 거기에 가세한 트럼프 집권 2기의 미국의 신국수주의(新國粹主義 MAGA)로 요약될 수 있겠다. 이 역시 부끄러운 줄 모르고 이 책을 내놓는 변명이다.

2025년 겨울

제주시 삼도동에서

제1부

환경(環境)

환경의 한자(漢字)를 풀이하면 “둘러 싸고 있는 지경”이다. 둘러 싸고 있으므로 우리의 모든 활동에 상당한 영향을 미친다. 자연 환경을 포함해서 도로나 쓰레기 등 사회적 환경에 관한 칼럼들을 이 책의 제일 맨 앞부분에 배치해 보았다.

사회환경 - 도로(道路)

보행자, 자전거, 자동차. 우리는 하루의 많은 시간을 도로에서 보낸다. 도로의 생김새가 어떠한가? 도로에서 무엇을 보았는가? 도로는 시민 개개인의 생활, 나아가 우리의 미세한 심성에까지 영향을 미친다.

제주특별자치도는 국제자유도시를 건설하자고 하면서 "사람과 자연과 문화의 가치를 높인다"는 좋은 비전을 가지고 있다. 사람의 가치를 높이는 첫 걸음은 보행자의 인간다운 보행권을 확보하는 것이다.

뉴 어버니즘(New Urbanism)

자동차 선진국 미국도 자동차 문화의 역사는 그리 길지 않다. 자동차가 대거 보급되기 시작한 1920년대 초기 뉴욕에서는 하루 한 명 이상이 교통사고로 사망하여 새로운 사회문제로 되었다. 클레런스 페리라는 이름의 도시건축가가 "근린단위 계획(Neighborhood Unit Plan)"을 발표한 것이 이때였다.

중앙에 초등학교를 두고 사방 800미터 이내, 즉 20분 이내로 걸어서 닿을 수 있는 거리에 마을을 조성한다. 적정 인구는 초등학교 하나에 맞는 9000명, 면적은 160에이커(20만평 골프장 하나에 해당하는 크기)인데 이 계획이 가장 강조한 것은 보행자와 자동차가 서로 마주치지 않도록 하는 보차분리(步車分離) 원칙이었다. 이러한 마을 여러 개를 차도로 연결한 것이 하나의 도시로 된다는 디자인 개념이었다.

1992년 이후 미국의 뉴 어버니즘(New urbanism) 운동도 도시 디자인의 몇 가지 원칙으로서 첫째 보행과 대중교통 이용에 적합할 것, 둘째 친환경 친 생태적일 것, 셋째 다양한 용도와 상이한 소득계층의 인구를 수용할 것 등을 강조한다.

이 운동의 창시자격인 건축가 피터 칼소프(Peter Calthorpe)는 “도시가 커지면서 멀리 교외로부터 시내로 출퇴근해야 하는 식의 발전은 녹지대를 파괴하고 자동차 의존을 심화시키는 주범”이라고 말한다.

또한 도시의 평면적 외연확장은 고속도로 유지관리와 장거리 송전 등 정부의 보조에 의해 가능한 것인데 그 사회적 비용이 과소평가되고 있음을 지적하면서 그 대안으로서 분산형 도시가 아닌 집합형 도시를 만들 것을 주문한다. 일과 주거 사이의 거리를 좁히는 성장이 진정 '똑똑한' 성장이라는 것이다.

집합형 도시 설계는 잘 정비된 인도가 필수다. 이로 인하여 유동인구의 보행거리가 자연 늘어나기 때문에 골목 상권이 살아나고 나아가 일자리도 늘어난다. 걸어다닐 수 있는 만큼 근린점포에서 쇼핑할 기회가 더 주어지기 때문이다.

골목상권 살리는 보행자도로

브라질의 꾸리찌바시는 자이메 레르네르 시장의 20여 년(1971~1992)에 걸친 신념과 시행착오의 산물로서 이러한 이론에 잘 부합하는 사례다. 지속 성장을 가능하게 하는 세가지 “P”, 즉 사람(people)과 환경(planet)과 경제(profit)를 동시에 만족시키는 도시로 평가받고 있다.

2000년 이후 미국의 도시경관 디자이너 마이클 아스(Michael Arth)가 주도하는 신 보행자우선 주의(New Pedestrianism)도 뉴 어버니즘의의 후속 운동이라고 볼 수 있겠다. 자동차의 역할을 최대한 축소하자는 것이 주목적으로서 차는 뒷길로 다니게 하고 건물의 앞 쪽으로 나무가 있는 길을 두어 보행자와 자전거가 다니게 하자는 일종의 보행자 지상주의다.

토지개발공사에서 택지를 분양한다고 하여 인터넷 입찰을 통해 제주도 함덕의 조그만 택지를 구입한 지 5년이 넘었다. 오늘까지 나만이 아니라 아무도 집을 짓지 않는 연유를 알아보니 보행자도로를 따로 만들지 않았다는 불만도 섞여 있다.

집들이 들어서고 나면 양 옆으로 주차된 좁은 길 가운데로 어린 아이들이 보행을 해야 할 것을 상상하니 그야말로 3류 마을이 될 것이 뻔해 보인다.

늦어지는 경기회복, 늘어나는 실업을 걱정하는 말과 글이 나라 안팎으로 우리를 위압하고 있지만 뾰족한 길이 안 보이는 요즘이다. 전국의 도시디자인을 일거에 뜯어 고칠 수는 없다 하더라도 우선적으로 보행자도로를 정비하는 것은 도로변의 영세 자영업자들의 경제를 위하여도 시급하고도 값진 사회적 투자가 될 것임이 분명하다.

(2011.7.12 내일신문)

사람 중심의 뜻

주정차된 차들은 길가에 늘어서 있고 보행자들은 차도로 나와 위험스럽게 걸어가는 모습은 제주도에만 있는 것은 아닙니다. 어떤 운전자들은 "요즘 사람들은 차를 무서워하지 않아요. 차가 와도 피할 생각을 안 해"라고 되레 보행자들을 탓하기도 합니다. 서울을 포함하여 육지부 어디에서도 동네 골목길은 대개 보행자 전용도로가 마련되어 있지 않습니다. 그러다 보니 어느덧 그런 길은 차도로 인식되었고 차를 피해 조심하여야 할 측은 당연히 사람이라는 생각이 굳어져 있습니다.

수년 전 겨울, 일본의 유명한 온천휴양지 "유후인"에서 겪었던 일입니다. 골목을 따라 기념품 가게과 식당이 늘어서 있고 손님들이 북적거렸습니다. 그리고 사람들 사이로 차들이 지나 다니는데 아무리 살펴보아도 인도가 없었습니다. 인도가 따로 있으면 사람들이 더 편안하게 걸어다니며 쇼핑을 할 텐데 하는 생각에 어느 상점 주인에게 물었습니다. "왜 인도가 따로 없나요?" 그 때 돌아온 대답은 매우 충격적이었습니다. "이 길 전부가 인도지요. 차들이 인도를 빌어서 다니는 것입니다." 조금 더 눈 여겨 보니 차들은 마치 인도 위에서 운행하듯 매우 조심스럽게 움직이고 있었고 사람들의 보행을 방해하는 세워진 차는 하나도 눈에 띄지 않았습니다.

제주도가 특별자치도로 위상이 격상되면서 내세운 이상형은 사람중심지식중심 환경중심의 국제자유도시 건설이었습니다. 그 중에서 사람중심이라는 말의 의미를 되새겨 봅니다.

좀 딱딱한 이야기가 되겠지만 자본주의가 무엇입니까? 생산의 3대 요소 중 자본을 중심에 놓고, 사업을 하여 남는 이익을 자본이 가져가는 사상입니다. 다른 생산요소는 모두 비용입니다. 인건비도 자본의 입장에서는 비용이므로 줄일수록 좋습니다.

그런데 거시적으로 보면 근로자의 월급은 우리 사회가 생산하는 물건들을 사주는 구매력의 원천입니다. 사람을 쓰는 비용을 줄여 회사의 이익을 극대화하려는 노력은 결코 나무랄 수 없습니다. 그러나 모든 자본가들이 이렇게 할 때 결국은 자기 물건들을 사줄 호주머니까지 털게 되는 모순을 낳게 됩니다. 소위 "구성의 모순"에 봉착하게 되는 것이지요.

내수부족을 과거에는 수출로 해결했지만 각 나라마다 수출에 매달리게 되면 이것도 결국에는 구성의 모순에 부딪칩니다. 해결방법으로 협동조합 또는 종업원지주제 등이 시도되고 있지만 자본주의를 대체할 만한 제도는 아직 등장하지 못하고 있습니다. 그렇지만 우리의 생활 구석 구석에서 사람이 중심이라는 인식을 확산시키다 보면 거기에 맞는 시스템도 뒤 따라올 것입니다.

도로를 인간중심으로 개선하는 일은 정부가 목표로 세운 고용률 70% 달성을 위해서도 기여할 것입니다. 보행자가 안전하게 걸을 수 있는 도로는 주변 상점들의 매출을 증가시켜줄 것이 때문입니다.

대형백화점은 대형백화점대로 필요하고 소형점포들은 소형점포대로 소비자의 욕구를 충족시키는데 필요한 존재들입니다. 그러나 고용효과가 높은 쪽은 아무래도 소형의 점포들이라는 사실은 각종 통계가 입증하는 바입니다. 대형백화점 쇼핑은 차량을 이용하므로 보행자도로의 필요성을 못 느끼지만 동네 또는 관광지의 소형 점포들에서 쇼핑을 즐기려면 걷는 거리가 꽤 길어지게 됩니다.

현행 법규는 폭이 좁은 도로의 경우에는 보행자 도로의 설치를 의무화하지 않고 있는데 이것은 인간중심의 사상과는 너무나 동떨어진 것입니다.

가급적이면 인도 설치를 의무화하되 폭이 너무 좁아 인도와 차도의 구분이 어려운 도로는 이를 일단 전부 인도로 간주하는 내용으로 관련 법규를 정하면 됩니다. 제주특별자치도의 경우라면 도의회에서 조례로 통과시키면 될 것 같습니다.

보행자에게 편하고 안전한 도로는 최근 심각한 문제가 되고 있는 우리나라의 출산율 저하를 막는데도 기여할 것입니다. 아낙네들이 유모차에 아기를 태우고 주택가와 상가 여기저기를 돌아다니는 광경을 상상해 봅니다. 제주도가 우리나라 다른 곳에서 아직 하지 못하고 있는 일에 한발 앞설 수 있다면 얼마나 좋겠습니까? 그런 것이야 말로 특별자치도 제주도가 해야 할 일이 아니겠습니까?

(2013.12.18 제주신문)

과속방지턱 유감

자동차 10년 타기 운동을 벌인다고 하는데 우리 집의 차는 1997년 형 기아 자동차로서 금년 들어 18년째를 맞이하고 있습니다. 누적 운행거리가 30만 킬로미터에 육박하지만 엔진은 멀쩡해서 수시로 잔 고장을 수리해 가며 타고 다니고 있습니다. 그러나 충격흡수장치가 노쇠해진 것은 어쩔 수 없습니다. 험한 길을 다닐 때는 조심 운전을 해야 합니다. 그러지 않으면 차체가 바닥에 "쿵"하고 닿게 되어 소리도 요란할 뿐 아니라 차의 어디가 부서지는 것만 같아 마음이 아프기 때문입니다.

그런 우리 차 앞에 뜬금없이 등장하는 과속방지턱은 야속한 존재일 수 밖에 없습니다. 어떤 턱을 넘을 때는 시속 30 킬로미터로 운행을 해도 덜컹거림이 심합니다. 제주국제공항 구내의 과속방지턱을 세어 보았습니다. 가운데 주차장 안에만 열 개가 넘고 그 둘레를 도는 아스팔트 위에도 수많은 과속방지턱이 설치되어 있습니다.

이런 현상은 제주도에만 있는 것이 아니라 우리나라 전역의 공통적인 현상인 것 같습니다. 인천이나 김포 공항은 물론이고 도심이나 시골 한적한 길에까지 도처에 과속방지턱이 깔려 있습니다. 그래서 외국 나갈 일이 있으면 유심히 과속방지턱을 세어보는 버릇(?)이 생겼습니다. 자동차 선진국인 미국은 물론 일본이나 호주, 태국, 홍콩 등을 포함해서입니다. 결론은 "한국처럼 과속방지턱이 많은 나라는 없다"입니다.

과속방지턱을 볼 수 있는 곳은 기껏해야 스쿨 존 초입 또는 백화점 주차장의 주차 티켓을 뽑기 직전 정도입니다. 일반 도로 상에는 극히 드물게 과속방지턱을 목격합니다. 운전자의 눈에 잘 보이지 않는 옆 골목이 있다던가 하는 경우 운전자의 주의환기를 돕기 위해 만들어 놓는 것들이지요.

곰곰이 생각해 본 끝에 과속방지턱을 만드는 목적이 서로 다르다는 결론을 얻었습니다. 저들은 운전자를 돕기 위해 만들었고 우리는 운전자를 단속하기 위해 만들었습니다. 단속이 목적이라면 위반하는 자를 가려내는 것이 올바른 단속입니다. 교통법규를 잘 지키는 자나 그렇지 않는 자나 똑같이 일정한 물리적인 장애를 거치게 만드는 것은 단속이 아니라 단속의 포기라는 생각이 들었습니다.

단속은 권리가 아니라 의무입니다. 인력이 부족하다면 무인 단속장치를 설치해도 될 일입니다. 스마트 시대에 과속방지턱을 세워 놓고 과속운전을 막겠다는 것은 석기시대의 발상입니다.

우리를 찾는 관광객들은 즐비하게 깔려 있는 과속방지턱들을 보며 과연 무슨 생각을 할까요? "이 나라는 말로 해서는 교통법규를 안 지키는 나라, 이런 것을 이렇게 많이 세워 놓지 않으면 제한 속도를 지키지 않은 나라"라는 은밀한 사실을 그들에게 들켜 버린 것은 아닐까요!

심리학에 "액션 바이어스"(Action Bias)라는 용어가 있다고 합니다. 번역하면 행동편향(行動偏向), 즉 가만히 있으면 더 잘 될 수도 있는 경우에도 무언가 일을 해야만 할 것 같아 불필요한 행동을 하는 경향이라고 할까요? 축구 페널티 킥의 경우를 예로 듭니다. 과학적으로는 골 키퍼가 골 포스트의 중앙을 지키고 있다가 골을 막아내는 확률이 가장 높은데도 그렇게 하는 골 키퍼는 보기 힘들다는 것입니다. 좌측 또는 우측으로 몸을 날렸다가 골을 먹는 경우와 가만히 서있다가 골을 먹는 경우를 비교하면 액션 바이어스가 생기는 이유를 알 것도 같습니다. 과속방지턱도 액션 바이어스의 산물인지도 모릅니다.

교통안전도 순위를 보면 OECD 32개국 중 우리나라가 30위로 거의 바닥입니다. 연간 교통사고 사망자가 자동차 1만대 2.4명 꼴이라고 합니다. 제주도 자동차 수를 30만대로 잡았을 때 72명이면 전국평균인데 실제로는 92명(2012년 통계)으로 우리나라 평균보다도 열악합니다. 과속방지턱을 더 만들어야 할까요?

역발상으로 제주특별자치도가 과속방지턱 철거에 앞장설 것을 제안합니다. 도로구조와 교통표지를 개선하고 각종 단속을 더 엄격하게 해야 한다는 너무나 당연한 말을 굳이 덧붙입니다.

(2014.3.13 제주신문)

맨해튼 중심가의 유모차

'사람중심' '환경중심' '지식중심'이라는 제주특별자치도의 슬로건이 이제는 사람과 자연과 문화의 가치를 키우는 제주로 발전했다. 사람중심은 물질중심과 대립되는 개념이다. 그리고 사람의 가치를 높이려면 다른 모든 가치가 그렇듯이 그 존재를 귀(貴)하게 여겨야 한다.

그러나 현실은 안타깝게도 그 반대다. 현대 문명의 물질주의는 갈 데까지 치달았고 사람의 존재는 어떤 상품의 생산 원가의 한 항목 정도로 추락하고 말았다. 회사가 어려우면 제일 먼저 손을 대는 것이 사람이다. '구조조정'이란 말로 포장된 해고다. 그러므로 "사람중심의 제주를 만들자" 또는 "사람의 가치를 높이자"는 제주도의 구호는 대단히 용기 있는 도전이다.

인건비를 원가의 하나로 인식하는 현재의 생산방식은 사물을 자본의 시각에서 바라보는 한 불가피한 것일 텐데 바로 그 점 때문에 현재 세계의 나라들이 경기침체에서 빠져나오지 못하고 있다. 물건은 만들었는데 그것을 사 줄 구매력이 총체적으로 부족하기 때문이다.

노벨경제학상 수상자인 미국 컬럼비아대학 조지프 스티글리츠 교수는 이것을 소득의 양극화 때문이라고 지적한다. 저소득층은 버는 대로 대부분 소비를 위해 지출하지만 고소득일수록 지출하는 돈은 상대적으로 적다는 것이다.

더구나 대형화의 물결이 거세어서 작은 자본으로는 어떤 사업에 손을 대기가 점점 힘들어 지고 있다. 영세 사업자가 30대 청년층에서는 늘어나지만 40~50대 장년층에서는 오히려 줄어들고 있다고 하는 최근 통계가 영세사업자들이 오래 버티지 못하고 있음을 단적으로 보여주고 있다.

그러면 길이 없는 것일까? 이와 관련해 아주 작은 희망의 징표를 아이러니하게도 금융 자본주의의 중심지인 뉴욕의 맨해튼 거리에서 목도했다. 대낮의 길거리에 아기 엄마가 유모차를 끌고 장을 보러 걸어가고 있었다. 유모차는 혼잡한 뉴욕 지하철에서도 자주 발견된다. 안전하고 편리한 보행자 친화적 교통 환경이기에 가능한 풍경이다.

맨해튼의 높은 빌딩들 아래층에는 잡화점과 식료품 가게, 식당과 구두수선집들이 줄줄이 들어서 있었다. 그곳에 들어선 아기 엄마가 구입하는 물건의 양이 '우리 예상과는 달리' 많지가 않았다.

그리고 중산층 집인데도 냉장고가 우리나라의 보통 냉장고보다도 작은 듯했다. 냉장고도 여러 날 지나면 신선함이 떨어지는데 가까운 구멍가게에서 수시로 신선 야채나 고기를 사올 수 있으니 작아도 된다는 것이다.

사람중심의 도로가 영세 상인들을 먹여 살리고 있는 것이다. 기업이 작을수록 고용효과는 크기 때문에 이것은 일자리 창출을 위해 매우 중요한 역할을 한다. 사람중심의 도로가 일자리를 만든다는 점은 하나의 출발점일 뿐이다.

우리나라는 작년 말 파리 기후변화회의(COP21) 이후 2030년 온실가스 배출량을 배출전망 대비 37% 감축하기로 했다. 그런데 그것은 청정에너지의 '공급'만으로는 불가능한 목표다. 에너지 의존도를 낮추어 수요를 줄이는 노력이 동반돼야 가능하다. 물질중심에서 사람중심으로 생활방식의 변환이 수반돼야만 이룩할 수 있다.

경제학자 케인즈는 앞으로 인류의 장래는 기계가 인간의 노동을 대체하는 속도와 기계가 따라올 수 없을 정도로 다양화되는 인간의 욕구 속도의 경쟁에 의해 좌우될 것이라고 예언한 바 있다. 그의 예언대로 소품종 대량생산의 방식에서 다품종 소량생산의 방식으로 시장이 근본적으로 변화하고 있다. 전에는 정해진 구두 사이즈에 사람의 발을 적당히 맞추었으나 앞으로는 제각기 다른 사람의 발에 구두 사이즈를 세분화하게 될 것이다.

물질 중심의 문명은 '인간중심'의 저류를 거역하여 존재할 수 없을 것이다. 제주도의 사람중심은 실로 시대에 앞서가는 노력이다. 등하굣길에 아슬아슬하게 차도로 내몰린 학생들의 모습은 사람중심이라는 구호를 무색하게 만들고 있다.

사람중심의 사회의 첫 출발은 차도와 인도의 구분이 없는 좁은 길들을 일제히 인도로 부르는데 있다! 그래야 어린이도 살리고 영세상인도 살리는 사람중심의 제주국제자유도시가 될 것이다.

(2016.6.14 제주매일)

어떠한 도로를 원하는가?

제주도는 자연만 아름다운 것이 아니라 사람들의 사는 모습도 아름다워야 한다. 이 말에는 오늘을 살아가는 제주인들과, 제주인이라는 이름이 따라다닐 우리 후손들의 자부심이 걸려있다. 한 술 더 떠서 자연이 본토보다 더 아름다운 만큼 사람 사는 모습도 육지보다 더 아름다울 수 있다면 더 좋지 않겠는가 하는 소망을 품는다. 그러다 문득 "질서는 편하고 아름다운 것"이라는 표어가 떠오른다. 길에서 마주치는, 또는 마주치고 싶은 아름다움에는 어떤 것이 있을까.

첫째는 신호등이다. 오래 전 미국 시애틀 근교에서 보았던, 좌 우측 및 맞은 편의 교통 상황에 따라 빨강, 파랑, 노랑 색갈이 바뀌는 신호등이 생각난다. 아스팔트 바닥에 매립된 센서로 작동하는 장치로서 교차로 한 곳에 설치하는 비용이 약 4000 달러라고 했다.

현재 제주시 일부 지역에서와 같이 교통 밀집지역의 일정 구간에 대해 교통신호를 연동시키는 장치와는 다른 것인데 교통량이 불규칙한 비교적 한적한 교차로에서 특히 더 쓸모가 있는 독립 형(Stand-alone) 신호등으로서 아직 우리나라 어디에도 없다.

사방에 자동차가 없는 사거리에서 불필요하게 정차하여 엔진을 공회전시키는 경우에 발생하는 비용은 연료비와 시간에 그치지 않는다. 운전자의 조급증과 법규에 대한 불신이 누적됨은 물론 이것은 나아가 법 경시 풍조로 발전할 수 있다. 이것을 제주특별자치도가 앞서서 개선할 수는 없는 것인가!

둘째는 교통표지판이다. 예전에 종종 보았던 정지(STOP) 또는 양보(YIELD) 사인이 언제부터인가 사라졌다. 우선순위를 정하는 것은 질서를 위해 꼭 필요한 것이다. 작은 길에서 나오는 차량은 큰 길의 차량에게 양보해야 하고 비슷한 크기의 길에서는 먼저 도착한 차량이 우선 진행해야 한다는 원칙은 누구나 알지만 피차 애매한 상황은 자주 발생한다. 그 때문에 길막힘은 물론 사고도 자주 발생한다. 신호등을 설치할 만큼 교통량이 많지 않은 곳일수록 이러한 교통표지판은 아름다운 질서를 위해 반드시 필요하다.

또한 "보행자우선도로"라는 표지판을 제주특별자치도가 전국 최초로 설치할 수는 없을까? 즉 인도와 차도의 구분이 없는 좁은 길은 차도도 아니고 인도도 아니지만 보행자가 우선이라는 개념이다. 이곳에서 발생하는 보행자와 차량 간의 접촉사고에 대해서는 차량의 책임을 더 중하게 묻는 제도다.

셋째는 횡단보도다. 영국의 횡단보도는 자동차가 보행자를 위해 서주는 것으로 유명하다. 그런데 이것을 자동차와 사람 사이의 우선순위로 보는 것은 잘못이라 한다. 양쪽 다 사람이지만 걷고 있는 사람이 차를 타고 있는 사람보다 먼저 그곳에 와 있었기 때문에 자동차가 서 주어야 한다는 것이다. 자동차가 잘 서주는 전통이 언제부터 생긴 것인지 모르나 구제주 동문통 조일약국 앞 횡단보도는 유별나다. 지날 때마다 참 아름답다.

끝으로 한라산 등산로다. 특히 겨울철에는 적설로 인해 등반객들의 통행로가 좁아 들게 된다. 이제까지는 마주치는 사람들끼리 서로 피하기 위해 등을 돌리기 마련이었다. 이럴 때마다 등에 돌출되어 있는 등짐이 길을 더욱 좁게 만들어 통행을 어렵게 하기 일쑤다. 산을 오르고 내리며 서로 스치는 사람끼리 등을 돌리지 않고 가슴을 내어주는 금년 겨울의 한라산 등산로를 상상하면 얼굴에 미소가 절로 떠오른다.

"도시"는 "구역"과 다르다. 인천경제자유구역을 예로 들면 예전의 송도해수욕장 앞바다를 매립한 송도 간척지와 기왕에 인가가 없던 영종도에 말뚝을 치고 거기에 새로이 산업, 문화, 국제업무, 휴양 및 주거시설 등을 유치하고 있다.

도시는 사람이 사는 곳이다. 긴 역사와 수많은 사연을 품고 있는 그곳에서 살아온 기존의 주민들을 품에 안고 무엇을 만들어 보겠다는 것이 제주특별자치도이자 제주국제자유도시다. 사람도 아름다운 도시 제주를 작심하고 만들어 보자. 새해는 제주 4.3 칠십 주년이 되는 해다. 질서와 양보와 용서의 해 2018년이 되었으면 한다.

(2017.12.21 제주매일)

맨해튼 도심의 유모차

보행자우선도로 제도의 시행에 대한 기대와 우려

폭이 좁은 상가지역, 주택가, 통학 로의 경우는 인도가 따로 없어 자동차와 보행자, 그리고 도로변에 무단 주차된 차량들이 무질서하게 엉켜 있다. 여기서 통학 로를 언급하는 것은 초등학생들의 등 하교 길이 스쿨존에서 끝나는 게 아니기 때문이다. 최근 우리나라 교통사고 사망자 수는 감소하는 추세에 있지만 전체 교통사고 사망자 중 보행자의 비율이 40% 수준으로 가장 많은 비중을 차지하고 있는 것도 도로가 처한 이러한 부실한 환경에 기인하는 바가 없지 않다.

최근 들어 국토교통부와 행정안전부가 경쟁하듯이 보행자 안전을 위한 각종 시책을 내놓고 있는데 최근 두 개의 법률이 국회를 통과하여 시행을 목전에 두고 있다.

첫째, 인도와 차도가 구분 설치되어 있지 않은 보차(步車) 혼용 도로에서 이제까지는 보행자가 길의 가장자리 또는 길의 가장자리에 볼라드 등으로 경계가 표시된 부분으로 통행하여야 하는 것이 도로교통법에 명시되어 있었다. 그러나 앞으로는 "보도와 차도가 구분되지 아니한 도로 중, 중앙선이 없는 도로에서는 도로의 전부분으로 통행"할 수 있게 되었다(도로교통법 제8조3항 신설). 작년 10월 국회에서 의결되어 오는 4월20일 전국적으로 시행된다.

둘째, 보행자우선도로라는 명칭이 정식으로 법률에 도입되었다(약칭, 보행안전법 제17조의2신설). 금년 1월 국회의 의결을 거쳐 7월12일부터 시행된다. 이는 그동안 회자되었던 "사람 중심"이라는 개념이 실제 도로 상에서 구현되는 것으로서 필자를 포함하여 평소 관심이 많았던 사람들의 기대가 매우 높다.

그러나 이 제도의 성공을 기원하는 마음에서 다음 몇 가지를 짚어 본다. 첫째, 위 두개의 법률은 실제로는 같은 내용이다. 도로교통법에서는 보행자의 통행우선권을 규정하였고 보행안전법에서는 보행자우선도로의 지정, 조성 및 관리 등에 대한 근거를 마련하였다. 도로교통법은 국토교통부 소관이고 보행안전법은 행정안전부 소관이다.

이달 20일부터 보행자는 바뀐 도로교통법에 따라 도로의 전부분으로 이용할 수 있게 되었지만 보행안전법에 따른 보행자우선도로는 법의 시행일인 7월 12일 이후에 그것도 “관계 행정기관의 장과 협의한 후 지역 주민 및 관계 전문가의 의견을 들은 연후에” 지정하도록 하였다. 그러면 4월에서 7월까지는 보행자와 운전자는 어디에 장단을 맞춰야 하는가? 두개의 부처 사이에서 두개의 법률이 엇박자를 내고 있는 것은 아닌가?

둘째, 관련 규칙에 보행자우선도로의 기준을 당초 폭 10m미만인 도로로 하던 것을 폭 20m미만인 도로로 확대하였다. 보행자의 안전과 편의를 위한다는 취지라고 한다. 그러나 애당초 인도와 차도의 구분을 하지 못한 이유가 길의 폭이 좁았기 때문이었다면 보행자우선도로의 기준을 넓게 잡는 것과 조금 폭이 넓은 길이라면 보행자를 위한 인도를 제대로 설치해 주는 것 중 어느 쪽이 보행자를 위한 것인가를 재고해야 한다.

셋째, 운전자와 보행자 양측을 위한 몇 가지 개선사항들이 오래 미루어져 왔다. 일방통행의 확대와 도로변 주 정차 문제의 근본적 해결이 그것이다. 함께 개선되면 본 제도정착에 큰 도움이 될 것이다.

끝으로, 국회에서도 그때그때 이슈에 따라 여론에 편승하여 속전속결 처리하는 것 보다는 어려운 문제일수록, 일정 기간 숙고와 사회적 합의를 거쳐 일관성 및 완성도를 갖춘 제도를 만들어 주기 바란다. 재작년 “민식이법”이 특정범죄가중처벌법 상 운전자의 처벌을 강화하는 것으로 그쳤음을 반성하면 이번의 보행자우선도로 제도의 도입은 크게 환영할 만하다.

(2022.4.6. 제민일보)

사회환경 - 청결

외국 여행을 하다 보면 쓰레기 버리면 벌금(대개 만만치 않은 금액)을 문다는 경고가 자주 눈에 띈다. 우리의 경우는 그렇지 않다.

독일 유치원

〈내가 정말 알아야 할 모든 것은 유치원에서 다 배웠다〉는 책에서 저자 로버트 풀검은 "손을 꼭 잡고 서로 의지해라, 무엇이든지 나누어 가져라, 남의 마음을 상하게 했을 때는 미안하다고 말해라, 네가 어지럽힌 것은 네가 깨끗이 치워라"와 같이 유치원에서 자주 들었을 법한 말들을 상기시킵니다.

독일에서 상사주재원으로 수년간 살다 돌아온 지인의 말을 들어 보면 독일 유치원이야말로 이 책 제목에 꼭 들어 맞는 것 같습니다. 우리나라처럼 학습 능력을 키워 주기보다는 인생을 살아가는 데 필요한 사회 적응 훈련을 더 시킵니다. 가장 큰 비중을 차지하는 것은 놀이 후 장난감 정리 정돈하기, 놀이기구 이용할 때 차례 지키기, 하루 일과표 따라 하기 등 살아가며 지켜야 할 것들을 지키는 습관을 길러 주는 것이라고 합니다.

이렇게 교육받은 아이들은 버릴 휴지통이 없으면 쓰레기를 하루 종일 손에 들고 다닙니다. 독일의 운전자들은 빨간 신호등을 엄격히 지키는 것은 물론 정지선을 넘는 법이 없습니다. 이는 신호등의 위치와 높이가 정지선을 넘어 정차하면 신호가 보이지 않도록 설계되어 있기 때문이라고 합니다.

가끔 시민의 질서의식 결여를, 위반하는 특정시민 개인의 탓으로 돌리기만 하는 공직자들을 접할 때마다 매우 당혹스럽습니다. 왜냐 하면 국민들도 유치원생과 다를 바 없기 때문입니다. 그 사회, 그 환경이 가르치는 대로 따라 한다는 점에서 무엇이 다르겠습니까!

우리 제주도를 예로 들어 볼까요? 12번 일주도로에 좌우로 자동차가 한 대도 없는데도 빨간 불이 계속 켜져 바뀔 줄을 모릅니다. 여기서 보통 사람들은 법을 위반하는 습관을 기릅니다. 좌우를 둘러보고는 그대로 진행을 하는 모습을 흔히 봅니다. "스마트"의 시대인데 교차로마다 간단한 전자인식 장치를 달아 놓아 사방의 차량 운행상황을 감지하게 만들면 될 일입니다.

초등학교 바로 옆의 어린이 놀이터에도 어른들은 담배꽁초, 아이들은 과자 봉지, 쓰레기가 널려 있습니다. 그런데 쓰레기 통이 없습니다. 휴지통이 보일 때까지 쓰레기를 손에 들고 다니라는 주문은 무리지요.

해수욕장으로 유명한 제주도의 어느 해변에서 보았습니다. "쓰레기는 반드시 종량제 규격 봉투에 담아 버리라"는 경고 판이 여기저기 세워져 있을 뿐 정작 쓰레기통은 보이지 않았습니다. 동네 안에 있는 클린하우스(분리수거용 대형 쓰레기통들을 놓아두는 장소)는 너무 멀어 보이지 않습니다. 관광객들은 사용한 휴지나 마시고 남은 음료수들을 잔디 위에 그대로 버리고 갑니다.

관광 온 손님들에게 동네 가게에서 종량제 봉투를 사서 쓰라는 요구, 또는 쓰레기를 휴지통이 나타날 때까지 들고 다니라고 주문하는 것은 부당하겠지요. 법을 지키도록 가르치려면 법을 지킬 수 있는 환경을 먼저 만들어 주어야 합니다. 그렇게 하고 나서 법을 엄격히 집행해야 합니다.

주위에 일주도로 교차로 신호위반으로 범칙금 통보를 받았다는 이야기를 들은 적이 없습니다. 단속의 손길이 못 미친 것일 수도 있지만 혹시 딱지를 발급하기 시작하면 신호등의 불합리한 운영을 비난하는 원성이 쇄도할 것을 겁낸 것이 아닐까요? 법의 집행은 해도 되고 안 해도 되는 권리가 아닙니다. 그것은 의무입니다. 악법이라면 더욱더 그것을 곧이 곶대로 집행하여야만 그 불합리한 면이 들어나고 또 그것이 들어나야만 개선되는 것 아니겠습니까!

최근의 여러 해 동안 유럽을 휩쓸고 있는 재정 및 금융 위기 중에 유독 독일이 승승장구하며 유럽의 강자로 무섭게 대두하고 있습니다. 다른 나라들에서 독일 모델을 라인강의 이름을 따서 "라인 캐피털리즘"이라고 부르며 연구하고 있습니다. 그 바탕에 독일인의 질서의식이 있다고 생각합니다. 독일인의 이런 질서의식은 18세기 초 중반에 걸친 프로이센 왕국의 교육에서 그 뿌리를 찾을 수 있겠습니다. 검약, 근면, 용맹 외에도 "타인에게보다 자신에게 더 엄격 하라"는 말로 요약되는 훈육의 정신을 전국민 의무교육을 통해 전국에 확산시킨 것입니다.

사람중심, 지식중심, 환경중심의 국제자유도시 건설이라는 거대담론도 물론 중요하지만 "악마는 항상 작은 디테일에 숨어있다"는 말이 있습니다. 늦지 않았습니다. 변화의 속도는 의외로 빠를 수 있습니다. 작은 것부터 중요하게 생각하는 것이 그 출발이 될 것입니다. 그리고 제주특별자치도가 그 선두에 서지 말라는 법은 없습니다.

(2014.2.17 제주신문)

바다는 메일 청소(淸掃)하는데

어느 여름날 오후 협재 항에서 통통배를 타고 건너간 비양도의 모든 것은 매우 아름다웠습니다. 섬을 한 바퀴 돌며 갯바위 틈에서 멱도 감으며 즐기다가 선착장에 돌아오니 시간 여유가 있어 근처 식당에서 수박을 시켜 먹었습니다. 계산을 하러 일어서려니까 주인집 아들인 듯한 아이가 상을 치우더니 수박껍질이 놓인 접시를 들고 집 모퉁이로 갔습니다.

어디 쓰레기통에 버리나 했더니 돌담 너머로 휙 던져버리는 것이었습니다. 담 너머는 바로 잔잔한 바다였습니다. 아직 취학 연령도 안돼 보이는 어린아이였습니다. 그 아이에게는 울타리 너머의 세상은 '나의 세상'이 아니었겠지요. 그 아이를 나무랄 생각은커녕, 그렇다면 우리의 인생은 '나의 것, 나의 마당'이 조금씩 넓어져 가는 하나의 과정이 아니겠나 하는 배움을 얻은 듯 하여 작은 미소가 얼굴에 번졌습니다.

하기는 쓰레기를 바다에 버리는 행위는 세계 각국에서 오래 전부터 자행되고 있었다지요. 그러다가 지난 1996년의 '런던 협약 96의정서'로 해양 오염방지를 위한 국제협약이 성사되었고 우리나라도 쓰레기 종류별로 여러 단계의 입법 절차를 거쳐 2016년부터는 생활 쓰레기와 산업 폐기물의 해양 투기가 전면 금지된다고 합니다.

그 동안 쓰레기의 해양 배출과 관련하여 크고 작은 사업을 영위해 오던 소상공인들은 당장 일거리가 사라지게 되어 불만이 클 수밖에 없습니다. 해양배출협회라는 단체는 "국토면적이 협소한 우리나라의 경우 이제까지의 해양배출은 하천이나 토양, 연안 오염을 줄이는데 큰 역할을 해 왔다"고 말합니다. 그러나 이것은 아무리 보아도 앞에 이야기한 비양도 선착장 식당의 어린이와 세계관과 크게 다르지 않습니다.

봄볕 따스한 아침 함덕 서우봉 해변을 산책하며 바라보는 해안선에는 밤새 파도에 실려 많은 쓰레기들이 쌓여 있습니다. 바다가 청소한 것이죠. 마치 "여기까지는 내가 모아 놓았어요~"라고 인간에게 말하는 것 같습니다.

모래사장이나 갯바위 위에 놓인 쓰레기를 자세히 들여다보면 그물이나 태왁과 같은 어업관련 쓰레기들도 있지만 음료수를 담았던 패트 병에 과자 봉지까지 각종 비닐과 플라스틱 나부랭이들로서 육상에서 사람들이 내던진 물건들이 더 많은 듯합니다.

제주도의 자연이 보석이라고 하지만 아무리 아름다운 보석도 먼지가 끼면 그 빛을 잃을 터인데 바다가 정성스레 모아 놓은 쓰레기마저도 말끔히 치우지 않고 지내왔던 것이 우리의 모습입니다. 이제까지 관과 민이 여러 방법으로 쓰레기 수거를 위해 노력해 왔지만 해안선과 해변 경승지의 쓰레기는 여전합니다.

우리들 마음 속의 울타리는 어디까지일까를 생각해 봅니다. 정녕 제주도 모든 해안선을 우리 집 울타리의 품 안으로 끌어안을 포부는 우리에게 없는 것일까요? 나의 것이라고 생각하는 순간 사물에 대한 자세는 달라질 수밖에 없을 것입니다. 그래서 해안선 나누기 운동을 제안해 봅니다. 420 킬로미터 해안선을 50 미터 구간으로 나눕니다. 가까운 가정집이 될 수도 있고 바닷가 식당일 수도 있고 어느 기업체일 수도 있습니다.

이들이 근처의 해안선을 구획하여 '나의 마당'으로 치부하는 것입니다.

도 전체로 수천 명의 내 마당 지킴이들이 수시로 자기의 해안선을 나의 마당처럼 돌아보는 것이지요. 필요하면 읍 면의 환경과 직원들의 지원을 요청할 수도 있습니다.

인가가 전혀 없는 곳은 어떻게 하느냐고 걱정할 필요는 없습니다. 인적이 드문 곳은 쓰레기도 적게 마련이니까요. 이런 지역은 그야말로 주인 없는 해안선으로서 해당 지역의 담당 공무원들이 주기적으로 순찰해 주면 되겠습니다.

성공하게 되면 바다에 접한 식당이나 숙박 업소는 더 고급스러운 서비스를 뽐낼 수 있게 될 것이며 해안선의 경관을 즐기는 관광객들은 해안선의 속살의 깨끗함까지 칭송하게 될 것입니다. 그리고 제주도민 각자에게는 전국을 상대로, 아니 세계를 향하여 크게 자랑할 수 있는 긍지로 될 것입니다.

(2014.4.10 제주신문)

세계환경수도는 누가 만드나?

세계환경수도가 되려고 제주도가 뛰고 있다. 대기, 물, 숲, 에너지와 생활 폐기물처리, 도시공간구조 등 모든 분야에서 세계의 모범도시가 되겠다는 포부다. 이는 제주도가 자연 면에서만 우수한 것이 아니고 그곳에 있는 사람들의 사는 모습도 아름답다는 점을 확인시키는 발걸음이다.

작년 9월 하와이 세계자연보전총회에 참석하면서 현지 전기차 배터리 생산업체를 방문한 적이 있다. 회사 사장은 하와이 주 정부가 추진하고 있는 클린 에너지 목표를 우리에게 설명했다. 탄소 없는 섬을 만들려면 전기차를 이용해야 한다는 이야기인 줄 알았는데 그게 아니었다.

목표연도인 2045년에 카본프리 하와이가 되기 위한 “에너지 성적표”에는 세부 목표들이 열거되어 있었는데 자동차 관련항목에는 전기차 보급 목표 외에 자동차이용 감축목표가 세워져 있었고 에너지 관련항목에서도 청정 에너지 생산목표와 함께 에너지 소비를 줄이는 목표가 세워져 있었다.

자동차의 경우는 하와이 주민 한 사람이 일년에 자동차로 이동하는 거리가 도보, 자전거, "텔리컴뮤팅"(재택 근무) 등의 실시로 매년 어떻게 변화했는지가 그래프로 그려져 있었고 에너지의 경우도 화석연료를 사용하는 발전을 줄이고 청정에너지 발전을 늘리는 목표와 병행하여 일인당 에너지 소비량을 일 단계로 2030년까지 30% 줄이는 목표를 확실하게 세우고 있었다.

하와이 주민의 목표인 탄소 없는 하와이를 만들기 위해서는 전기차와 전기차 배터리를 잘 만드는 것 이상으로 자동차를 타지 않는 것이 중요하다는 말을 전기차 배터리 생산업체의 사장의 입에서 듣는 것은 감동적이었다. 그는 이런 노력을 수요대응이라고 설명했다. 즉 청정 에너지와 전기차를 생산하는 것은 공급대응이고 에너지와 자동차에 대한 수요를 줄이는 것은 수요대응이라는 것이다.

수요대응이라는 개념을 우리의 쓰레기 문제에 대입해 보았다. 도청 자료에 의하면 쓰레기 발생량은 최근 3년 동안 33% 증가했다. 이는 인구가 62만에서 67만으로 7.6% 늘어난 것만으로는 설명이 안 된다. 인구증가에 덧붙여 인구 한 사람 당 하루 쓰레기의 양도 2014년의 1.57 킬로그램에서 금년 1.94 킬로그램으로 23.5%나 늘었으니 전체 증가속도가 이렇게 커진 것이다.

그 동안 관계 당국의 노력은 대부분 쓰레기 처리 쪽에 집중되었다. 그러나 가장 큰 봉개 매립장을 비롯하여 서부 및 동부매립장이 올해와 내년에 포화상태가 될 전망이고 신설 추진 중인 동복환경순환센터의 매립장도 협약지연으로 아직 착공을 못하고 있다. 제주도의 쓰레기 문제를 공급대응으로 풀어 나가는 데는 한계가 있다. 그것은 제주도가 섬이기 때문이다. 그저 그런 섬이 아니라 어느 한 곳 아름답지 않은 구석이 없는 보석 같은 섬이기 때문이다.

쓰레기의 처리라는 행정서비스의 공급 쪽의 노력은 대단히 많이 하였던 반면 쓰레기 발생량이라는 행정서비스의 수요관리 쪽으로는 이렇다 할 노력이 없었다. 음식물쓰레기 수거차량에 음식물 쓰레기 반으로 줄입시다 라고 적어 놓고 다니는 것이 고작이다.

에너지 정책도 마찬가지다. 제주도에는 에너지 의존도가 높은 2차 산업이 없으므로 에너지를 줄인다고 지역총생산이 줄어들지 않는다. 직장과 업소와 가정에서 냉난방과 조명, 조리 등에 소요되는 전기와 가스 사용량을 줄이려는 목표와 의지가 공유되어야 한다. 이는 상수도 공급 및 하수 처리에도 똑 같이 적용될 것이다.

세계환경수도의 건설을 위해서는 제주도 전체의 공동체적 합심을 이끌어내야 한다. 우선 감량 목표부터 세우고 이를 전 도내 전 업소 및 가정에게 설명하고 협조를 구해야 한다. 훗날 제주도가 세계의 모범이 되는 환경수도가 되었을 때 그 공(功)과 수훈(受勳)은 제주도의 도민에게 돌려야 하는 것이다.

(2017.9.19 제주일보)

관광객을 위한 쓰레기 통이 없다

정부의 존재 이유는 '공공재의 생산'에 있다고 잘라 말할 수 있겠다. 사적(私的) 재화를 생산하는 현대나 삼성, 또는 LG와 같은 회사들에게 맡긴다고 상상해 보라. 공적 재화는 돈을 따로 지불하지 않아도 사용을 할 수 있기 때문에 이런 것은 애써 잘 만들어도 장사가 안 된다. 그러니 이들이 나설 리도 만무하지만 설혹 나선다고 해도 이들에게 이런 일을 맡길 수도 없다. 사적 이익을 우선할 것이라는 합리적 의심이 들기 때문이다.

좋은 법과 제도, 그리고 안전하고 효율적인 도로, 건강하고 아름다운 환경 등은 우리가 바라는 공적 재화들인데 이것들이 사적 재화와 다른 점은 마음에 안 든다고 메이커를 쉽게 바꾸지 못한다는 것이다. 자동차나 휴대폰, 또는 TV가 마음에 안 들면 타사 제품으로 바꾸면 되지만 정부가 하는 일이 마땅치 않다고 다른 나라 또는 다른 지방의 정부를 데려올 수는 없다. 할 수 있는 일이란 평소에 우리가 바라는 것을 정부에서 일하는 사람들에게 수시로 알리는 일이다.

며칠 전 세계자연보호기금(WWF)에서 방문한 전문가 몇 사람을 안내하여 하도리 철새도래지에 갔다. 멸종위기 종으로 국제적으로 보호받고 있는 저어 새는 만주 등지에서 번식을 한 후 겨울을 나기 위해 남하하는데 그 중 일부가 제주도에서 월동을 한다 하여 찾은 것이다. 오후의 석양 빛을 받아 하얗게 빛나는 억새와 맑고 잔잔한 호수 면의 조화는 무척이나 아름다웠고 밥주걱 모양의 부리가 특징인 저어 새도 여러 마리 관찰할 수 있어서 일행들은 매우 흡족해했다.

그러나 나의 눈길은 호숫가 일대에 버려진 음료수 캔, 플라스틱 병과 과자 포장지 등 온갖 쓰레기들로부터 떠날 수가 없었다.

구제주의 삼성혈 주차장에는 "관광객 관광기사 전용휴게소"라는 조그만 정자가 있고 그 옆에 음료수 자판기가 있는데 바닥에는 늘 많은 종이컵과 담배 꽁초가 널려 있다. 삼성혈은 탐라를 창시한 삼을나(三乙那)를 기리는 곳으로서 4월과 10월에는 춘추대제, 12월에는 도민의 안녕화 번영을 기원하기 위해 제주도지사가 초헌관이 되어 건시(乾始)대제를 봉향하는 제주도민의 성지다.

함덕 서우봉 해변에는 쓰레기 관련 안내판이 군데군데 세워져 있다. 쓰레기는 규격봉투에 담아 클린 하우스에 버리라는 내용이다. 그러나 관광객들이 종량제 봉투를 사러 마을로 들어가는 것도 불편하려니와 쓰레기 종류별로 요일이 지정되어 있고 대낮 시간에는 배출 자체가 금지되었기 때문에 하는 수 없이 묵고 있는 숙소로 가지고 가야 하는데 이렇게 되면 숙소업주들은 손님들이 다른 곳에서 가져온 쓰레기까지 치워줘야 하는 꼴이 된다.

관광객과 관광기사들을 위한 휴게소라는 곳마저 이들이 이용할 수 있는 쓰레기 통이 비치되어 있지 않다. 관광객들은 호텔로 가지고 간다 치자. 택시기사들은 온종일 택시 한 구석에 싣고 다녀야 하는가!

이해가 되지 않는 것은 아니다. 클린하우스 외의 장소에 쓰레기 통을 추가로 비치하면 주민들이 생활쓰레기를 거기에 버리게 될 것을 우려하기도 한다. 또한 해변이나 들의 쓰레기 통을 자주 비우고 관리하는데 많은 비용이 소요될 것이다. 그러나 제주도를 찾는 관광객이 작년에 1500만 명을 넘었다. 그럼에도 불구하고 이제까지 쓰레기 통이라는 공공재의 생산에 있어서는 관광객의 존재를 제대로 감안하지 않았다. 제주도민도 사는 곳을 떠나 다른 곳에 구경가면 관광객이 된다.

서울 혜화동 도로변에 최근에 새로 등장한 쓰레기 통은 우리에게 참고가 될 만 하다. 가까이에 마로니에 공원과 서울대학병원이 있어 인파가 많은 곳인데 평범한 두 개의 마대자루를 일반 쓰레기와 재활용품으로 구분했고 그 위에 다음과 같은 안내문을 인쇄했다.

“이곳은 관광객 전용 쓰레기통입니다. 가정이나 업소 쓰레기를 이곳에 버릴 경우 백만 원 이하의 과태료가 부과됩니다.”

(2017.10.30 제주매일)

제주 용머리 동측 해안

자연환경

제주도의 과거는 척박함으로 점철되었다. 출륙(出陸) 금지령으로 섬에 갇혀 살아야 했던 시절도 있었다(1629~1825). 역사의 슬픔은 제주도의 바다와 돌과 숲에 깃들어 있다. 사진작가 김영갑이 루게릭 병으로 카메라 셔터를 누를 힘조차 소진된 순간까지 사랑했던 것은 슬프도록 아름다운 이런 것들이 아니었을까?

눈 위에 고사리가 푸르른 이유

땅속에서 애벌레로 5년 이상 지내다가 정작 땅위로 나와서는 한 달밖에 살지 못하는 매미의 일생을 두고 불쌍하다던가 측은하다고 하는 것은 인간의 자의적 관점에서 나온 것이 아닐까요. 땅 속의 생활은 어둡고 괴로울 것이라는 생각은 편견에 불과하며 오히려 땅속은 새나 다람쥐 심지어 말벌 같은 천적들로부터도 안전하고 먹을 것도 풍부하다고 합니다. 우리는 단지 눈에 보이지 않는다는 이유로 땅 속의 세상에 대해 너무나 무관심합니다.

한 겨울의 제주도의 "곶자왈" 숲. 눈 덮인 땅 위에 고사리가 푸른 빛으로 자라고 있는 것을 봅니다. 땅속의 따듯한 공기 덕분입니다. 여름철 아주 무더운 날 곶자왈 숲에 들어서면 냉장고 문을 열 때와 같이 시원한 기운이 느껴지곤 합니다. 그것은 여름에는 시원하고 겨울에는 따듯한 땅속의 공기가 곶자왈의 바위 층을 통해 지상으로 연결되기 때문입니다. 그래서 곶자왈 지대를 제주도의 숨골이라고도 부릅니다.

그런데 곶자왈은 공기뿐 아니라 물도 품고 있습니다. 제주도는 연평균 강수량이 전국평균에 비해 월등하게 높고 특히 성판악 이상의 고지대는 연간 4천 밀리미터가 넘는 강수량을 기록합니다. 곶자왈은 그 빗물을 지하로 빨아들이는 주된 창구가 됩니다.

제주도의 먹는 샘물 삼다수를 높은 산속의 약수 물로 잘못 알고 계신 분들이 간혹 있습니다. 삼다수 공장이 위치한 조천읍 교래리의 고도는 해발 400미터가 넘지만 그곳에서 파이프를 통해 끌어 올리는 삼다수의 수원은 해발 20미터에서 70미터 사이의 매우 낮은 곳에 위치해 있습니다.

제주특별자치도가 자연환경보호를 위해 동식물의 생태 또는 눈에 보이는 경관 이외에도 수자원 보호 측면을 강조하는 이유가 여기에 있습니다. 통기성(通氣性)뿐 아니라 투수성(透水性)이 높은 곶자왈은 수자원 보호를 위해서는 치명적인 곳입니다.

제주도의 선조들은 곶자왈을 수(藪)라는 명칭으로 고지도에 표시했습니다. 용암이 부서져 바위 층을 이루고 있는 곳이 한라산 높은 곳에는 없을 리가 만무하지만 중산간에서 해안에 걸쳐 사람사는 마을 가까이에 있는 것만을 굳이 수(藪)라는 이름을 붙여 구별하였습니다. 멀리 산속에 있는 곶자왈은 그저 산(山) 또는 림(林)일 뿐입니다. 마을 가까이에 있어 장래에 훼손될 가능성이 큰 숲과 산속 깊은 곳에 있어 사람들이 쉽게 접근할 수 없는 숲을 구분하였던 선조들의 지혜를 엿보게 됩니다.

지하비밀 간직한 곶자왈 잘 지켜야

곶자왈은 2012년 제주도에서 개최된 세계자연보전총회(WCC)를 계기로 전세계에 알려지게 되었습니다. 인터넷 백과사전 위키피디어(wikipedia)에서 "곶자왈(Gotjawal")을 검색하면 여러 페이지에 걸쳐 곶자왈의 특성과 가치를 자세히 설명하고 있습니다.

오늘 1월 25일은 제주특별자치도 설치 및 제주국제자유도시 조성을 위한 특별법(약칭 제주특별법) 제5차 개정안이 작년 7월 공포된 지 6개월이 지나 법률로 시행되는 날입니다. 신설된 제354조(곶자왈의 보전)에는 "국가 또는 제주특별자치도는 제주도 화산활동 중 분출한 용암류가 만들어낸 불규칙한 암괴지대로서 숲과 덤불 등 다양한 식생을 이루는 곳(이하 "곶자왈"이라 한다)의 보전을 위하여 노력하여야 한다"라고 규정하고 있습니다. 대한민국 법률에 처음으로 곶자왈의 정의와 국가의 보전 필요성이 언급되는 뜻 깊은 날인 것입니다.

프랑스가 세계에 내놓고 있는 "에비앙" 생수 병에는 "1826년부터 생산"하여 왔다는 문구가 자랑스럽게 인쇄되어 있습니다. 제주도 삼다수의 역사는 20년에 불과한데 앞으로 2백 년 후까지 그 물맛이 변함없어야 한다는 과제가 만만치 않게 우리에게 다가옵니다. "우리"라는 말에는 제주도민 뿐 아니라 제주도를 사랑하는 모든 사람들이 포함될 것입니다.

곶자왈 숲은 체험해 보지 않은 사람은 상상할 수 없을 정도로 아름답습니다. 바위투성이의 숲이 아름다울 수 있는 것은 땅 속에 보이지 않는 세상이 있기 때문입니다. 눈에 보이는 곶자왈은 사시사철 이토록 아름다운데 눈에 보이지 않는 땅 속까지 아름답게 보전하려면 휴지란 조각, 쓰레기 한 줌도 함부로 버릴 수 없는 곳이 제주도라고 할 것입니다. 섬에서 물은 곧 생명이기 때문입니다.

(2016.1.25 내일신문)

곶자왈과 물

수리학(水理學)에서 캣취먼트(Catchment)란 빗물이 낮은 곳으로 이동하여 한 곳에 모이는 유역(流域)을 말한다. 계곡의 경우에는 골짜기 양편의 능선(稜線)의 안 쪽, 호수의 경우에는 호수를 에워싸고 있는 등고선의 가장 높은 부분을 연결한 원의 안 쪽이 이에 해당되는데 이를 집수(集水)면적이라고도 한다.

집수면적이 넓을 수록, 그리고 강수량이 많을 수록 강물 또는 지하수의 양이 풍부해진다. 제주도를 하나의 큰 원추형의 산으로 본다면 직경 575m의 백록담만이 집수면적에 해당된다. 그러나 제주도의 지하수 함양률은 무려 46%에 해당하여 육지부 평균 18%를 크게 웃돈다. 그 이유는 빗물이 즉시 땅 속으로 스며드는 제주도 지질의 특성에 연유한다. 빗물은 지표의 경사와는 관계없이 사방으로 스며들게 된다. 이른바 중력의 법칙이 작용할 뿐이다.

강수량에 있어서 제주도는 전국의 1300㎜보다 월등히 많은 1900㎜를 기록하고 있다. 그것도 해안지역은 1600㎜에 그치지만 성판악, 진달래 밭 등 고산 지대는 4500㎜ 이상의 기록적인 강수량을 보인다.

섬 전체에 걸쳐 지하로 스며든 빗물은 다공질의 현무암과 화산송이 층을 통과하여 커다란 대수층(帶水層)에 도달하게 된다. 미네랄이 풍부하고 물맛도 좋은 이유가 여기에 있다.

1995년의 구 제주특별법 이래 제주도는 먹는 샘물 제조·판매를 위한 지하수 개발을 제주도지방개발공사에게 국한시켰고 먹는 샘물 이외의 용도도 반드시 허가를 받아 개발하도록 해왔다. 이는 우선적으로 지하수 고갈을 염두에 둔 것이었고 이제까지 도민 사회의 관심도 지하수의 오염보다는 양에 모아져 왔다.

그러나 당면한 문제는 고갈에 있지 않고 오염에 있는 것 같다. 최근 여러 조사 결과에 따르면 지하수 오염의 한 척도인 질산성질소의 비중이 해안지역을 중심으로 위험 수치를 넘고 있다.

삼다수는 그것을 생산하는 교래리가 해발 400m가 넘는 중산간에 위치해 있어 자칫 깊은 산 속의 약수 물로 오인되기도 한다. 그러나 관정을 통해 끌어 올리는 물은 해발 70m 이하의 바닥에 있는 것이다. 봉개동 절물휴양림에 약수터가 있는데 이곳의 약수는 해발 690m의 절물오름에서 비롯된 샘물이다. 집수면적은 큰대나오름, 작은대나오름을 합하여 약 12만평에 불과하다.

흔히 환경이나 자연보호를 말할 때 우리는 경관적인 측면이나 숲 또는 멸종위기의 동식물이 사라지는 것을 걱정한다. 그러나 이들은 눈에 보이는 것들이다. 눈에 보이지 않는 땅 속의 은밀한 변화는 간과하기 쉽다.

지난 달 제주수자원공사의 연구 용역팀은 해발 300m 이상의 전 지역을 지하수특별관리 지역으로 지정하여 더 이상의 지하수개발을 허용하지 말 것을 주문하였다. 고갈의 우려 때문이 아니라 오염의 소지를 차단하자는 취지일 것이다. 화산 활동으로 생긴 제주도 땅의 투수성은 지하수의 함양에 있어서는 플러스 요인이지만 오염에 취약하다는 점에서는 마이너스 요인이다.

우리가 곶자왈이라고 부르는 지역은 이미 목축업, 골프장, 관광시설 등으로 이용되고 있다. 이곳은 용암 바위 층이 지표면에 노출되어 있는 곳으로서 투수성이 극단적으로 높다. 숲이 사라졌다고 곶자왈의 지질학적 특성까지 사라진 것은 아니다.

지난 수년간 도민의 정성 어린 성금으로 '곶자왈한평사기운동'을 벌이고 있다. 그 운동은, 곶자왈을 덮었던 아름다운 상록활엽수림이 개발이라는 명분으로 사라졌어도 곶자왈은 여전히 지하수를 품고 있는 곶자왈이라는 사실을 자각하기 위한 운동이기도 하다.

유네스코 제주도 생물권보전지역이 중산간 이하의 곶자왈 지대까지 연장되어야 한다는 의견, 그리고 비록 지상의 습지는 아니지만 최근 확대 적용되고 있는 람사르 습지에도 포함되어야 한다는 주장도 따라서 설득력을 지닌다.

(2016.4.4 제주일보)

하와이 세계자연보전총회(WCC)에 다녀왔습니다

매4년 마다 개최되는 세계자연보전총회가 2012년 제주도에 이어 금년에는 미국 하와이 주의 호놀룰루에서 열렸습니다. 저는 주최기관인 IUCN(세계자연보전연맹)이 항공료, 숙박비, 참가비 등을 전액 후원해 주는 "스펀서 게스트" 자격으로 이 회의에 참석할 수 있었습니다. 8월 31일부터 9월 11일까지 총 12일간의 일정이었습니다.

IUCN은 유엔의 UNESCO에서 파생된 국제기구로서 UNESCO의 설립 목적이 세계2차 대전 직후 세계평화와 인류발전을 교육 과학 문화 등 지적 활동분야의 국제협력을 통해 달성하자는 것이라면 이중 특별히 자연보전에 초점을 맞춘 것이 IUCN이었다고 말할 수 있겠습니다.

IUCN은 비정부기구(NGO)이긴 하지만 자연환경을 효과적으로 보전하기 위해서는 각국 정부의 공조와 협력이 필수적이라는 인식 하에 정부 및 준 정부기구가 폭 넓게 포진되어 있다는 점이 특징입니다. 현재 세계 60여 개국 약 1200개의 회원과 만 명 이상의 전문가들이 대거 참여하고 있습니다. 곶자왈공유화재단도 회비를 납부하는 정식회원 중의 하나입니다. 4년에 한번 모이는 이유는 회장과 각 위원회 위원장의 임기가 4년 단위이기 때문입니다. 전체 회의에서는 각 상임위원회의 지난 4년간의 활동보고를 청취하고 새 위원장을 선출합니다. 최종일에는 각 지역을 대표할 이사진과 총회의 회장을 뽑습니다.

그러나 이 모임의 핵심은 전체회의가 아니라 각 활동분야별로 준비된 소 그룹회의에 있습니다. 이러한 그룹회의는 즉흥적인 것이 아니고 지난 4년 간의 경험과 문제의식에 기반하여 관계자들 사이에서 철저하게 준비되고 공유된 내용을 최종 정리하는 귀중한 자리가 됩니다.

총회의 큰 제목은 "기로에 선 지구"였습니다. 언어와 피부 색이 다른 만 명이 넘는 참석자들을 한 자리에 모이게 한 하나의 공통분모는 지구에 대한 관심이었습니다. 과테말라에서 온 한 발표자는 이 관심을 "지구는 후손들에게서 빌려 쓰고 있는 것"이라는 말로 잘 표현했습니다.

우리나라에서는 환경부, 국립공원관리공단 등의 주요 인사들 외에 제주도에서도 여러 사람이 참석했고 접경지역인 우리나라 비무장지대의 자연자원 공동조사를 위한 국제협력 등을 IUCN 협력사업으로 제안하기도 했습니다.

개인적으로 저의 경우 호놀룰루 방문은 정확히 40년만이었습니다. 뉴욕에서의 4년간의 근무를 마치고 귀국하는 길에 중간 기착하였던 이후로는 들릴 일이 없었습니다. 세계적인 휴양지 와이키키는 엄청나게 변해 있었습니다. 모래사장을 따라 길고 높게 들어선 수많은 호텔들로 인하여 해변 동쪽에 우람하게 서있던 "다이아몬드 헤드"(제주도의 오름과 닮은 마름모꼴의 작은 화산 봉우리)의 형체는 3분의 2 이상 가리워져 보이지 않았습니다.

그러나 좋게 바뀐 점도 있었습니다. 전의 기억으로는 유명 브랜드의 몇몇 호텔들 앞의 모래사장은 호텔 투숙객만의 전유물이었습니다. 그러나 지금은 호텔의 입구와 로비, 그리고 앞에 펼쳐진 모래사장 전부를 누구나 접근하고 이용할 수 있습니다. 해변은 모든 주민의 공유물이라는 원칙을 적용한 것입니다. 또한 바닷물의 투명도로 보아 호텔들로부터 방류되는 오폐수가 철저한 환경기준에 따라 정화처리된 것임을 한 눈에 알 수 있었습니다. 마침 제주도 도두동 일대의 오수 무단방류 사건이 있었던 때여서 이점 더욱 눈에 띄었습니다.

공공자원의 공유 실태는 하와이 수자원관리위원회를 방문하며 또 한번 확인했습니다. 하와이 주 헌법 141-C조에는 "하와이의 수자원은 주민들의 공유물이므로 이를 주정부가 신탁 관리한다"라고 명문으로 규정하고 있습니다. 모두 2천2백 개에 달하는 지하수관정은 물론 지상의 하천까지도 주정부가 관리를 하고 있으며 수질은 따로 보건청이 객관적으로 검사하고 있습니다.

토지와 물 이외에 하와이의 일반적인 관광자원이 어떻게 관리되고 있는가는 호놀룰루에서 가까운 "하나우마" 해변의 예에서 잘 나타나있습니다. 이곳은 해안에 인접한 분화구의 한쪽이 파도에 소실되어 둥그렇게 만을 형성하고 있는 곳인데 워낙 관광지로 유명세를 타서 한 때 연간 3백만 명의 인파가 몰렸던 곳이었습니다. 지금은 주차장 진입 자체를 총량관리하므로 만차일 때는 줄을 서서 마냥 기다려야 합니다. 또한 입장료 7불을 내야 하며 12분 분량의 안내영상물을 보아야만 입장이 가능합니다. 영상물의 내용은 이곳의 지질학적, 생태적 특징 및 이용객이 지켜야 할 제반 준수사항들입니다. 한번 보고 나면 일년의 유효기간이 주어지므로 일년 후에는 다시 똑 같은 영상물을 보아야 합니다.

끝으로 와이키키 해변의 저의 숙소로부터 회의장이 있는 하와이 컨벤션 센터까지는 도보로 약 30분이 걸립니다. 주위 분들의 추천에 따라 차를 이용하지 않고 하루에 한번 이상 이 길을 왕복하며 걸었는데 얼굴에 닿는 대기의 감촉과 길 주변의 경관이 매우 상쾌하여 걷는 것이 마냥 즐거웠습니다. 보행자를 위한 세심한 배려, 예를 들면 보행 동선을 최대한 직선으로 했고 자동차 운행을 일방통행화하여 보행자가 건너야 하는 길의 폭을 최소화하였습니다. 적당한 폭의 보행자 전용도로가 잘 정비되어있어 길을 따라 늘어선 작고 예쁜 가게들을 보며 "아이쇼핑"하는 즐거움은 덤이었습니다.

이점 역시 제가 사는 구제주의 보행환경과 극명하게 대비되었습니다. 좁은 길에 자동차와 사람이 한데 뒤섞여 이동하는 위험천만한 모습과 초등학교 주변에 그나마 설치해 놓은 초라한 플라스틱 "볼라드"의 모습이 눈에 아른거렸습니다. 문득 사람을 보호하지 않는 문화에서 자연을 보호하는 문화가 생길 수 있을까 하는 근본적인 의문이 고개를 들었습니다. 아울러 사람 사이에서 서로 존중하고 질서를 지키지 않는 사회에서 자연을 아끼고 사랑하는 마음이 꽃을 피울 수 있을까 하는 질문도 스스로에게 해 보았습니다. 제주도가 높이 세우려고 노력하고 있는 세 가지의 가치인 사람과 자연과 문화 중에 그 첫 번째가 사람의 가치가 아닐까 하는 평소의 확신을 더욱 다지게 되었습니다. 자연은 산과 들에만 머물러 있지 않고 도심 한 가운데에서도 꽃피우게 해야 한다는 바램이 하와이에서는 부분적으로 실천되고 있었습니다.

이상, 두서없는 보고를 마칩니다. 회원님 여러분, 그리고 곶자왈과 제주의 자연을 아끼고 사랑하시는 모든 분들께 감사의 말씀과 새해의 좋은 기원을 보내 올립니다. 감사합니다.

(2016.12. 곶자왈공유화재단 소식지)

제주도의 강(江)은 땅속으로 흐른다

미국 시애틀은 일과 레저를 겸할 수 있는 도시로 미국 내에서도 다섯 손가락 안에 꼽히는 곳이다. 마이크로 소프트와 보잉, 닌텐도 등 고부가가치 산업이 이 지역에 위치한 것도 우연이 아니다. 첨단 산업의 재산 목록 1호는 사람인데, 종업원이 살고 싶어 하는 곳에 그 회사의 본사가 있는 것은 너무도 당연한 일이겠다.

오래 전 그곳에서 근무할 때 보았던 '조닝(zoning)제도'의 기억이 새롭다. 주거지역·상업지역·학교지역 등 용도 지정은 물론이고 건폐율과 고도제한 등의 규제가 매우 세밀하고 엄격했다. 예를 들면 교외 어떤 지역에서는 1에이커(약 1200평) 면적의 땅에 1가구 주택 한 채만 건축허가를 내 주는 식이다. 그 지역은 하수관이 설치되기 전이라는 이유 때문이었다. 토지의 자연정화 능력을 감안할 때 자연과 인간의 비율이 그 정도면 지하수 오염의 걱정은 없겠다는 계산에서 나온 규제 방식일 테다.

보통의 경우 먹는 물은 강에서 구한다. 서울도 팔당호수에서 물을 취수한다. 북한강과 남한강에서 흘러온 물줄기를 팔당댐으로 가두어 놓은 곳이다. 그러나 제주도의 강은 땅속으로 흐른다. 지하로 스며든 빗물이 사방에서 모여 강을 이루고 이들이 다시 가운데에 모여 고인다. 제주도의 먹는 물은 제주특별자치도 상하수도본부의 '수돗물'과 제주도개발공사의 '삼다수'라는 양대 통로를 통해 수요자에게 공급되지만 이것의 거의 전부가 지하수다.

먹는 물의 취수 포인트가 어디인가는 매우 중요하다. 절물 휴양림 안에 있는 약수(藥水)는 해발 520m에 있다. 주위 오름들에서 함양된 빗물이 그와 같이 높은 곳에서 용출되는 것은 매우 드문 케이스다.

프랑스가 세계에 자랑하는 에비앙 워터는 해발 380m에서 취수된다. 알프스 계곡에서 생성된 지하수가 제네바호수라는 거대한 호수를 만나면서 용출된 것이다. 지하수는 바다를 만나면 중력 관계로 인해 더 아래로 스며들지 않고 지상으로 용출하게 되는 것은 제주도 해안을 따라 용출하는 제주도 '고두물'의 원리와 같다. 제네바 호수는 제주도의 3분의1의 크기로서 거의 바다 수준이다.

반면에 삼다수의 경우는 조천읍 교래리 공장이 해발 430m에 위치해 있을 뿐 끌어올리는 물은 해수면에 거의 맞먹는 지하 깊은 곳에서 취수 한 것이다. 상하수도본부의 수돗물 역시 도내 6개의 광역 정수장에서 지하수를 끌어 올린 것이다. 이들 정수장은 해안 가까이 낮은 곳에 위치해 있어 강으로 말하자면 보다 하류에서 끌어 올린다는 점이 차이라면 차이다.

물은 항상 아래로 흐르므로 취수원의 위치가 낮을수록 관리해야 할 집수구역(集水區域)의 면적은 넓어진다. 절물 휴양림의 경우는 주변의 몇 개의 오름들만 신경 쓰면 되고 에비앙의 경우는 주변의 알프스 산 전체가 집수구역이 되지만 이곳은 개발이 전혀 안 되고 있는 지역이어서 걱정할 것이 없다. 그러나 제주도의 경우는 섬 전체가 집수구역이라고 보아도 무방하다.

스페인의 가장 큰 섬 마요르카(Mallorca)는 우리와 비슷한 시기에 세계 자연유산으로 등재됐다. 해발 첨 4백미터의 높은 산도 있고 면적이나 인구도 각각 3,600 평방 킬로미터에 90만명으로 제주도보다 크다. 그러나 어느 때부터인가 마요르카의 수돗물은 마실 수 없는 물이 되어버렸다. 섬이라는 특성과 한정된 수자원이라는 사실을 간과하고 관리를 소홀히 한 탓이다.

제주도의 환경은 경관·생태·수자원 보호라는 3대 축을 중심으로 관리 보전되고 있어 어느 것 하나 소홀히 할 수 없는데 그 중 지하수는 그것이 땅 속에 있는 것이기에 가장 취약한 상태에 놓여 있다.

머지않아 제주도가 국토연구원과 함께 조사 연구한 곶자왈경계가 발표될 것이고 이에 따라 곶자왈 보전관리 방안이 강화될 것이다. 지질 면에서 암괴 분포가 우세하여 지하수 함양이 가장 잘되는 곳이면서도 먼 산이 아니라 마을과 가장 가까이에 있는 곳이 바로 곶자왈이다. 곶자왈을 어떻게 지키고, 사유지 곶자왈의 경우 공공의 이익과 소유주의 이익을 어떻게 조화시켜야 할 지 제주도민의 지혜가 어느 때보다 요구되는 시점이다.

(2017.4.19 제주매일)

비자림로 삼나무 숲

이달 초부터 제주도 안팎에서 많은 사람들의 이야기 거리가 되고 있는 비자림로 삼나무 숲 에피소드는 공공재(public goods)의 딜레마를 단적으로 보여준 사례다.

"도로가 예쁘고 삼나무가 예쁘면 그만인가? 세금만 내는 삼나무 숲 토지주들에게 공기(空氣)세를 지불하고 토지를 팔지 말라고 하던지, 아니면 통행료 징수를 할 수 있게 해주던가." 네티즌들의 수많은 댓글들 중에 눈에 띄는 하나의 주장이었다.

아름다운 길로 다니는 운전자들이 향유하는 만족감과 토지 소유주들이 얻는 경제적 이익이 불일치하는 이러한 현상을 경제학에서는 외부성(externality)라고 부르는데 이에 대해 현재 우리의 법과 제도는 해답을 제시하지 않는다.

환경보전법 제3조는 "자연환경은 모든 국민의 자산이므로 공익에 적합하게 보전되고 현재와 장래의 세대를 위하여 지속 가능하게 이용되어야 한다"고 규정하고 있다.

제주도 특별법 제351조도 "자연환경의 혜택은 주민이 함께 공유할 수 있도록...(중략) 보전·관리하여야 한다"고 전제하고 공유지 및 사유지를 불문하고 경관이 좋거나 지하수 자원 또는 생태계 보호를 위해 필요한 지역에 대해서는 이를 보전지구로 지정하여 개발행위 제한을 하고 있다. 사유지의 매수청구라는 구제조항이 있긴 하지만 이는 지목이 대(垈)인 경우에 한하여 적용된다.

왕토사상(王土思想), 즉 땅은 나라의 것이라는 사상이 아직 임야의 경우에는 살아있는 것이 아닐까? 돌이켜 보면 개간되지 않은 마을 산은 어느 누구의 것도 아니며 마을 사람 모두가 공동으로 이용했다. 소를 열 마리 방목하고 있는 사람은 소를 두 마리 가지고 있는 다른 사람에 비해 마을 산을 더 많이 이용하고 있지만 그것을 근거로 마을 산에 대한 권리를 더 많이 소유하고 있다고 주장하지는 않았다. 개인적인 사정으로 마을을 떠나는 사람은 자동적으로 마을 산을 이용하는 권리를 잃었다.

그러했던 임야의 사유화가 진전된 것이 일제 식민지시대를 거치면서부터였고 임야가 상품으로 거래되어 온 지도 이미 오래되었다. 그럼에도 불구하고 환경 자산으로서의 보전가치가 인정되는 임야의 경우 사유재산권의 행사가 상당히 제한되고 있는 것 또한 엄연한 현실이다.

여기서 고약한 질문이 나온다. 대천동 교차로에서 송당 방향으로 2.9km 구간의 삼나무 숲 제거 및 보상의 목적이 과연 교통 정체 때문이었는가, 아니면 위 댓글 네티즌이 지적했듯이 아름다운 숲, 환경자산이라는 공공재를 소유하는 지역주민의 애로를 다른 방법으로는 해결할 수 없었기 때문이었는가?

논란 초기에는 교통체증을 해결해 달라는 지역주민의 오래된 숙원사업이었다고 했다. 그러나 이것이 설득력을 잃게 되자 뒤늦게 말을 바꿔 제2공항 개항에 대비한 도로 확장사업이라고 설명했다. 당초 국토부의 발표는 신공항에서 신산리를 거쳐 서진(西進)하여 성읍에서 번영로에 진입하는 것이었는데 이것을 금백조로(자연생태마을인 수산2리와 비자림로를 남북으로 연결하는 10.4km의 도로)를 거쳐 대천동 교차로에서 번영로에 합류하도록 수정하였다는 것이다.

공공재는 여러 사람이 쓰는 물건이기 때문에 모든 사람의 구미에 맞추기는 힘들다. 좋은 공공재를 생산해야 하는 정부의 일은 참으로 중요하고도 어렵다.

제2공항 건설은 타당성 재조사 과정을 밟고 있다. 오래 전 한라산 케이블카 논쟁에서도 케이블 카 동선을 영실 등산로를 따라 설치하려 했기 때문에 문제가 더 꼬였었다. 이미 만들어진 고속화도로를 두고 제주시내로 좀 더 빠르게 갈 수 있다 하여, 비자림로뿐 아니라 비자림로 못지 않게 아름다운 금백조로 10.4 km를 확장시키겠다 함은 서귀포시와 제주시 간의 균형발전 정신에도 어긋날 뿐 아니라 한라산 케이블카처럼 제2공항의 타당성에 크게 흠을 낼 가능성이 없지 않아 보인다.

토지 주들에게 이미 보상한 것은 어쩔 수 없다. 숲의 공유화는 어차피 진행되어야 할 분야다. 공공재의 소유자와 향유자의 불일치는 공유화(公有化)로 해결해야 하기 때문이다.

(2018.8.15 제주매일)

제주국립공원에 거는 기대

황금돼지의 해, 2019년을 맞이하며 제주도의 경쟁력에 대해 다시 생각해 봅니다. 경쟁력이란 남과 다른 점, 남보다 나은 점일 터인데 우리 제주의 환경자산은 유네스코로부터 세계자연유산, 세계지질공원, 생물권보전지역, 람사르습지 등으로 지정 받았습니다. 제주도는 환경의 보물섬입니다. 그러나 우리의 환경자산의 가치를 인정해 준 것은 외국의 기관이었습니다.

그렇다면 그렇게 소중한 것들을 우리가 어떠한 방법으로 보전하고 관리해야 할 것인가 하는 과제에 대하여 우리나라의 정부, 우리 제주특별자치도, 그리고 우리 제주도민은 이제까지 무엇을 하여 왔는가를 돌아보게 됩니다.

우리나라 정부는 환경보전법에서 '자연환경은 모든 국민의 자산으로서 공익에 적합하게 보전되고 현재와 장래의 세대를 위하여 지속 가능하게 이용되어야 한다'고 선언하고 있고 제주도의회도 2006년 '보전지역 관리에 관한 조례'를 제정하여 경관이 좋거나 지하수 자원 또는 생태계 보호를 위해 필요한 지역에 대해서는 이를 보전지역으로 지정하여 등급별로 개발행위를 규제하고 있습니다. 그러나 규제는 무엇 무엇을 하지 말라는 것으로서 부정적이며 소극적인 개념입니다. 그 내용을 살펴보면 허점도 여기저기 많이 있습니다. 과연 그러한 방법으로 제주도의 환경자산의 가치가 효과적으로 지켜지고 있었는가에 대해서는 아무도 자신이 없습니다.

제주도와 환경부가 2017년 3월 이후 제주국립공원 확대라는 프로젝트를 추진하고 있는 것은 매우 새로운 시도로 보입니다. 기존의 '한라산국립공원'을 중산간지대의 오름과 곶자왈 그리고 일부 해양지역에까지 확대시키는 것이 그 내용입니다. 규제는 소극적 개념인데 반해 공원은 지속 가능한 이용방안을 찾으려는 적극적 개념이라고 정리해 볼 수 있습니다.

국립공원 구상 배경에는 이제까지의 허술한 규제의 결과에 대한 반성, 즉 대규모 외부자본에 의한 개발이 환경 파괴를 동반했을 뿐 아니라 거기에서 발생되는 이익도 도외로 유출되고 있었다는 도민의 우려가 자리하고 있습니다. 거대자본에 의한 대량생산이라는 관광 전략은 제주도에 더 이상 걸맞지 않는다는 인식도 깔려 있습니다.

우리나라 육지부의 기존 국립공원은 대부분 인적이 드문 산악지대에 있습니다. 이에 비해 제주국립공원의 특징은 그 안에 사람 사는 마을을 포함하지 않을 수 없다는 특징이 있습니다. 왜냐하면 오름과 곶자왈 주변으로 인가가 형성되어 왔기 때문입니다. 따라서 이들 마을 주민들의 이해와 동의가 없으면 안 됩니다.

그 동안 도 당국은 해당 마을을 순회하며 설명회를 열어 의견수렴의 절차를 밟아 왔고 새해부터는 일단 긍정적인 반응을 보인 지역들을 대상으로 공식적인 주민 공청회를 거친 후 중앙 관련부처들과의 협의절차에 들어갈 예정이라고 합니다.

공원 내 마을에는 친환경 조건이 따르지만 여러가지 생활환경 개선을 위한 정부의 지원이 제공됩니다. 또한 국립공원이 되면 지역 생태관광 등, 지역주민이 주체가 되는 경제행위를 통하여 이익의 더 많은 부분이 지역으로 귀속될 것입니다. 제주국립공원을 통해 자연과 인간이 공존하는 좋은 모델을 우리 제주도가 보여줄 수 있게 되기를 기대합니다.

(2018.12.31 제주신문)

자연에서 배운 대로 세상에서도 행복하기를

제주도의 생물종다양성(生物種多樣性)이 월등히 높다는 것은 주지의 사실이다. 산림청에 따르면 우리나라 자생식물의 가지 수는 4900종에 달하는데 그 가운데 2000종 이상이 제주도에서 발견되고 있다고 한다.

한반도 전체의 2%에 면적에서 거의 절반에 해당하는 '다양한' 식물이 자라고 있는 곳이 제주도다. 그런데 제주도에서도 유독 곶자왈 지역에 다양한 식물이 모여 있음은 특기할만한 사실이다. 제주도 전체에서 면적으로는 6%에 불과한 곶자왈에 도내 식물의 38%에 해당하는 약 750종이 모여 있다.

지난 주말 1박2일 과정으로 제주특별자치도가 후원하고 곶자왈공유화재단이 주관하여 '2017 곶자왈 생물다양성탐사'가 진행됐다. 전문가와 함께 생물을 찾고 조사하는 특별한 체험을 하는 행사였다.

유네스코 등 세계 환경관련 기관들이 다양성을 강조하는 이유는 다양성이야말로 건강한 환경의 조건이기 때문이다. 참가자들은 부모 손을 잡고 온 초등학교 학생들이 주류를 이루었는데 주최 측의 한 사람으로서의 바람은 이들이 자연 세계에서 보는 모습대로 세상에 나가서도 다양한 자기의 모습대로 행복을 추구하는 힘을 학습하였으면 하는데 있었다.

자연에서와 같이 사람이 사는 세상에서도 크고 강한 사람들만이 아니라 작고 연약한 사람들도 나름대로 행복해야 한다는 점, 행복추구권은 누구에게나 똑같이 적용되어야 한다는 점을 은연중에 체득하게 하고 싶었다.

요즘 우리 주변의 세상은 풍요한 듯하지만 반드시 행복하지는 않은 것 같다. 부의 양극화에 그치지 않고 설상가상으로 로봇과 인공지능이 사람들의 장래 일자리를 빼앗지 않을까 하는 걱정을 하고 있다. 기계가 인간에게 크나큰 도전을 하고 있다. 영국의 역사가 아놀드 토인비는 모든 문명은 도전과 응전을 반복하면서 흥망성쇠(興亡成衰)의 과정을 거치게 되는데 새로운 도전에 성공적으로 응전한 창조적 소수가 일단 새로운 문명의 주인이 된다고 말했다.

4차 산업혁명의 인공지능은 주로 개인용으로 만들어 진다. 이제까지의 인간의 노동을 대체하는 목적의 로봇과 달리 퍼스널 AI는 그것을 가지고 있는 개인의 행복에 봉사하기 위해 만들어 진다.

그런데 인공지능은 행복을 입력해야만 행복을 알 수 있기 때문에 이것을 만드는 사람은 그 자신부터가 행복을 알아야 한다. 그러므로 기계의 도전에 대한 인간의 응전은 인간이 자연으로부터 행복을 배우는 데에서 그 실마리를 찾아야 한다.

사람은 자연의 고요함과 아름다움에서 행복을 배우고 나뭇잎 사이로 반짝이는 햇볕에서 명랑함을 배우고 차가운 겨울의 황량함에서 악조건을 이기는 강인함을 배운다. 그러나 이렇게 자연으로부터 배우는 기회는 우리 주변의 자연 환경이 훼손되면서 점차 희소해지고 있다.

곶자왈은 화산 활동 중에 생성된 용암들이 큰 덩어리로 부서져 굳은 사이로 지하의 공기가 유통되는 독특한 지질구조로 되어 있다. 그래서 이끼류·버섯 류를 비롯하여 여러 기후조건에서 자라는 나무들이 번성해 있고, 이들이 제공하는 보금자리에서는 온갖 곤충과 조류가 서식하고 있다.

비자림과 교래 자연휴양림 두 곳에서 교차 진행된 이번 탐사에 대한 아이들의 관심들은 매우 높았다. 주말을 이용해 아이들에게 이런 경험을 하도록 안내한 부모님들의 결정은 당사자들을 위해서나 우리 사회의 장래를 위해 매우 고무적인 일이다. 어린이를 포함한 참가자들은 나무 179종 버섯류 29종 지의류 37종 곤충류 80종 조류 16종 등 도합 341종의 생물들을 전문가 선생님들의 도움으로 확인할 수 있었다.

19세기 말 자동차가 발명됐을 때 사람들은 마부들의 일자리를 걱정했지만 실제로는 자동차를 둘러싼 전후방 연관산업의 일자리가 수 백배 늘어났다. 알파고 인공지능을 개발한 '딥 마인드'라는 회사는 현재 약 400명의 젊은이를 고용하고 있다.

키가 크건 작건 몸이 뚱뚱하건 날씬하건, 생긴 대로 행복을 느낄 줄 아는 아이들이 남을 행복하게 만드는 인격을 형성한다. 이들이야말로 인공지능이라는 새로운 도전의 시대에 진정한 주인이 될 것이다.

(2017.7.24 제주매일)

"삶이 아름다운 곶자왈 동반자" 릴레이를 시작하며

COVID-19 대유행이 발발한 지 일년이 되어갑니다. 생물학자 최재천 교수는 코로나 바이러스를 이겨내는 길은 백신이라는 물질의 개발이 아니라 자연과 인간 간의 관계의 회복, 이름하여 생태백신에 있다고 말합니다. 과학 만능의 시대임에도 불구하고 백신의 완성까지 얼마나 더 기다려야 할지 아무도 모르며 그러는 동안 인명과 경제에 끼쳐지는 희생은 너무나 큽니다.

사람은 자연의 고요함과 아름다움에서 행복을 배우고 나뭇잎 사이로 반짝이는 햇볕에서 명랑함을 배우고 차가운 겨울의 황량함에서 악조건을 이기는 강인함과 건강을 지키는 힘을 배웁니다. 그러나 이렇게 자연으로부터 배우는 기회는 우리 주변의 자연 환경이 훼손되면서 점차 희소해지고 있습니다. 어떤 사물이 얼마나 귀중한 것인가는 그것을 잃은 후에 알게 됩니다. 그러나 잃기 전에 알면 더 좋을 것입니다. 제주도의 환경자산의 경우도 마찬가지입니다.

용암이 흐르다가 크고 작은 형태의 바위로 굳어졌고 그 위에 수천 년에 걸친 생명의 활동으로 때로는 거대한 숲이, 때로는 거칠기만 한 가시덤불이 형성되어 오늘에 이른 곳이 바로 곶자왈입니다. 마을에 가까이 있어도 집을 짓거나 농사를 짓기에는 부적절하여 오늘까지 남아 주었습니다. 그리고 우리는 이들을 제주도의 허파라고 부르며 이것이 잘 보전되기를 걱정스러운 눈 빛으로 바라봅니다.

2007년 곶자왈한평사기 범도민 운동이 벌어진 것과, 이 운동을 이어받아 곶자왈공유화재단이 출범한 것은 개발이라는 명분으로 곶자왈이 한참 거래되고 있을 때였습니다. 재단의 첫째 목적은 돈을 모아 곶자왈을 매입하여 보전하자는 것이었는데 출범 당시 2억 원의 모금액이 현재 160억 원으로 늘었고 그 중 100억 원을 들여 곶자왈 토지 26만평을 매입했습니다. 당초 목표에는 크게 미달했지만 함께 해 주신 모든 기관, 단체, 개인들의 참여 덕분에 가능했던 성과입니다.

그러나 이번에 추진하는 "삶이 아름다운 곶자왈 동반자" 캠페인은 금전보다는 사람을 그 타깃으로 삼고 있습니다. 곶자왈을 매입하는데 드는 금액의 크기 및 그것을 모으는데 소요되는 기간의 길이는 상상을 초월하는데 "모금하여 매입한다"는 기재에 함몰되어 있는 사이에 곶자왈은 여전히 이곳 저곳에서 매매되고 훼손되는 일이 반복되고 있습니다. 모금만큼 중요하면서도 곶자왈의 보전에 기여할 수 있는 것은 제주 환경의 가치를 알고 지키려는 정신이 도민 사회에 널리 퍼지는 것입니다.

환경을 지키는 것은 실제로 매우 어렵습니다. 환경은 공공재로서 시장실패(market failure)의 대표적인 사례입니다. 아름다운 숲으로 인해 주위의 많은 사람들이 얻는 효용과 그 숲의 소유자에게 귀속되는 효용의 크기가 서로 다르기 때문입니다. 법으로 규제하는 방법, 국가가 매입하는 방법, 그리고 그 외에도 여러 좋은 방법이 있겠지만 가장 중요한 것은 곶자왈의 형질과 가치가 손상되지 않은 체 우리 후손들에게 유산으로 물려주어야 한다는 시대정신이 그 바탕에 깔려 있어야 합니다.

11월 한 달 동안 새로운 기탁자 3백 명 이상을 신규 확보하려고 합니다. 이분들은 기존의 기탁자 중 우리 재단이 개인별로 관리, 예우하고 있는 약 9백 명과 함께 "곶자왈 유산 동반자"가 됩니다. 그리고 이 분들을 모셔올 캠페인 활동가를 "곶자왈 유산 매니저"라는 호칭으로 30여명을 따로 선임했습니다. 앞으로 4회에 걸쳐 매주 단위로 캠페인 진행 상황을 도내 일간지에 공개할 계획입니다.

코로나 사태로 인해 지역경제가 최악인 상황에서 이와 같은 릴레이 캠페인을 벌이는 이유는 바로 지금이야 말로 자연 환경의 소중함을 절실하게 느껴야 할 때라고 생각했기 때문입니다. 제주도의 곶자왈 유산을 지키는 길에 동반자가 되어 주십시오. 제주도의 비전인 "청정 환경을 보전하고 사람과 자연, 전통과 창조, 자존과 포용이 조화를 이루며 자연 문화 사람의 가치가 커가는 행복한 제주"를 함께 만들어 갑시다.

감사합니다.

(2020.11.3 뉴제주일보)

제주도 개발 30년과 곶자왈

1991년 12월 제주도개발특별법이 국회에서 통과된 지 정확히 30년이 지났다. 이것이 2002년에는 국제자유도시특별법, 그리고 2006년에는 제주특별자치도 설치 및 국제자유도시 조성을 위한 특별법으로 이름과 내용이 변천되어 가면서 오늘에 이르렀는데 첫 단추인 제주도개발특별법은 그 초안이 제민일보를 통해 사전에 공개됨으로써 도민사회에 적지 않은 충격을 주었고 심지어 당시 제주대학교 사회학과를 중퇴하고 고향인 서귀포에서 시민사회 활동을 하던 양용찬 청년의 목숨을 앗아 가기도 했다.

중앙정부 차원에서 일관되게 추진되었던 일련의 입법 취지는 제주도를 국제적 관광지로 만들기 위한 개발에 초점이 모아져 왔던 것이 사실이다. 그동안 많은 시행착오가 있었지만 제주도는 이들 법이 목적한대로 커다란 변혁을 경험하고 있다. 지역총생산(GRDP)은 30년 사이에 2조 5천억원에서 20조원으로 10배가까이 늘었고 관광객 수도 320만명에서 1천5백만명(코로나 이전 2019년 기준)로 급증했다.

그러나 KBS제주방송총국이 금년 9월 발표한 바 "제주도 개발"이라는 키워드에 대한 빅데이터 분석을 보면 이 기간 중 제주사회의 인식은 처음 10년간은 개발의 주체에 대한 관심, 즉 외지인, 재벌, 토지매매 등의 키워드가 부각되다가 2010년 이후부터는 난개발이라는 키워드가 급격히 늘고 있다. 나아가 동 자료는 난개발의 원인의 하나로서 곶자왈이라는 지질의 특성과 가치를 알지도 못한 사이에 중산간 개발이 본격화되었음을 지적했다.

곶자왈은 숲과 그 안의 자연생태뿐 아니라 눈에 안 보이는 땅속도 이에 못지않게 중요하다. 난개발의 피해가 현실로 나타나는 첫 단계는 눈에 안 보이는 것에서 비롯되지 않을까 걱정하는 사람이 많다. 즉 지하수 문제다. 지하수와 곶자왈의 관계는 제주도 물 사랑 홍보관에 적혀 있는 "지하에 존재하기 때문에 땅 위에 있는 모든 물질들이 섞일 수 있다"는 한마디로 충분해 보인다.

이에 제주특별법은 2016년 곶자왈 보전의 필요성을 명문화하기에 이르렀으나 제주도 의회가 제정하는 보전지역 관리조례에는 곶자왈이 아직 따로 규정되어 있지 않다. 법에는 곶자왈을 "제주도 화산활동 중 분출한 용암류가 만들어낸 불규칙한 암괴지대로서 숲과 덤불 등 다양한 식생을 이루는 곳"이라고 정의하고 있으나 막상 그 경계에 대해서는 정해진 바가 없기 때문이다.

제주특별자치도 당국은 미루어 오던 곶자왈 경계 확정 및 곶자왈 보호지역 지정을 서두르고 있다. 곶자왈 경계는 해당 토지가 곶자왈의 정의에 부합하는지를 판단하는 생태적 및 지질학적 판단이다. 이미 대부분의 곶자왈 지역은 지하수자원 보전지구, 생태계 보전지구 또는 경관 보전지구에 포함되어 있어 행위제한을 받고 있다.

지난 26일 곶자왈공유화재단이 개최하는 "곶자왈 웰니스"라는 제목의 심포지엄에 다녀왔다. 한 발표자는 곶자왈의 환경적 가치에 가장 부합하는 것으로서 산림치유 사업을 제안했다. 경북 영주에 국비 천5백억원을 들여 만들어진 국립산림치유원의 사례를 독일과 비교하며 의료연계 서비스가 필수임을 강조했다. 곶자왈이 내 뿜는 음이온의 치유효과에 대한 전문가의 발표도 있었다.

코로나 이후의 웰빙은 코로나 이전의 그것과 다를 수밖에 없다. 곶자왈의 가치를 제대로 알고 이것이 창출하는 이익을 해당 토지주를 포함하여 모든 사람들이 공유하는 방법을 탐색하는 것이 곶자왈 "공유화"의 또 하나의 과제인 것 같다. 곶자왈의 존재로 인하여 더욱 아름다워질 수 있는 개발의 길을 찾아야 한다.

(2022.1.3. 제민일보)

제주 곶자왈

제2부

경제 이전의 과제

우리는 경제에 대해 많은 말들을 한다. 특히 선거 때가 되면 더욱 그렇다. 그런데 정작 경제는 경제행위의 주체들이 알아서 한다. 국가가 할 일은 따로 있다. 민간에게 맡길 수 있는 것은 민간이 하고 그렇지 않은 것은 세금을 걷어 국가가 한다. 그것은 경제가 잘 돌아가도록 여건을 만들어주는 것이다. 다시 말하면 "경제를 위한 경제 이전의 것들"이다.

한반도 평화

- 전쟁을 이야기하는 경제학자들
- 수위를 높이는 경제외적 위험
- 삼각파도 위의 한반도
- 렌칭체인지(wrenching change)
- 해방의 완성

시장과 국가

국가, 내지 정부가 해야 할 일은 무엇일까? 시장, 다시 말해 민간에서는 이윤추구의 원리, 그리고 이윤추구를 위한 경쟁의 원리가 우선한다, 사회 전체를 위해서 꼭 필요한 많은 것들, 예를 들면 도량형의 통일, 국방과 치안, 도로 항만 등 사회간접자본의 건설 및 유지, 법률의 제정 및 집행 등은 시장 내지 민간의 분야가 아니다. 이러한 공공재(Public Goods)야 말로 국가의 몫이다.

법, 백성, 그리고 경제

쌀소득보전직접지불금은 쌀값을 안정시키면서 농사짓는 사람들의 소득은 소득대로 보전해주기 위해 만든 제도다. 쌀 직불금이 농민에게 제대로 전달되지 않았던 사실이 밝혀졌다. 그래서 이것을 부당하게 수령했던 사람들, 그 중에서도 고위 공직자들에 대한 원성이 높다.

정치권에서는 그 명단을 공개하느니 못하느니 한동안 법석을 떨었다. 할일 많은 국회에는 쌀 직불금 국정조사 특별위원회까지 구성되었다. 그런데 어찌된 일인지 이번에도 우리 사회의 에너지는 부당수령자에 대한 분노와 응징에 쏠려 있을 뿐 그 원인에 접근해보려는 노력은 별로 보이지 않는다. 과거에도 주변의 대형사고 처리 과정을 보면 대개는 잘못을 저지른 백성 몇 사람이 벌을 받고는 그것으로 종결되고 잊혀졌다.

경자유전과 소작금지의 허점

우리 헌법은 경자유전(耕者有田)과 소작 금지의 원칙을 내걸고 있다. 농지법에도 농지는 농업을 직접 경영하려는 자가 아니면 소유하지 못하게 되어 있다. 또한 농지 소유자가 다른 사람에게 농지를 임대하는 행위도 원칙적으로 금지하고 있다.

즉 교도소에 가거나 징집 또는 질병으로 일시적으로 농사를 지을 수 없는 경우가 아니면 농지 소유자는 자기가 직접 농사를 지어야 한다. 그러나 이런 금지의 엄격함에 비하면 그 집행은 매우 허술하다.

농지의 소유권을 등기하려면 '농지취득자격증명서'라는 것을 첨부해야 하는데 이 증명을 발급받는 데 필요한 것은 자기가 직접 농업을 하겠다는 내용의 '농업경영계획서'가 거의 전부다. 농지 소재지의 지방자치단체장은 이것을 검토한 후 증명서를 발급해주는데 과연 약속한대로 직접 농사를 짓는지를 확인할 의무는 없다. 농지취득자의 주거지 제한이 사라져 도시민들도 농지를 살 수 있게 된 지도 오래다.

쌀 직불금도 마찬가지다. 일년에 한번 '쌀 직불금 지급대상자 등록'을 받는다. 그런데 농지 소재지에서가 아니라, 농지 소유자가 사는 동네의 읍장이나 동장이 등록 신청을 받는다. 어떻게 실제 경작 여부를 확인하겠는가?

과연 자기 땅에 직접 농사를 짓는 자경 농업인은 얼마나 될까. 농촌공사의 최근 조사에 의하면 1996년부터 2005년까지 10년 간 약 140만명이 신규로 농지를 취득했다. 이 중 46%에 달하는 65만여명이 다른 도에 거주하는 사람이었다. 그 이전부터 있었던 것까지 포함한다면 우리나라 농지의 상당 부분이 소위 부재지주의 소유라는 현실을 미루어 짐작할 수 있다.

결국 농지소유 자격을 제한하고 있는 현행법이 폭넓게 위반되고 있으며 그 결과로 쌀 직불금의 대량 부당수령 사건이 벌어진 것이다. 이번 사건은 법과 현실이 따로 노는 우리 사회의 고질적인 일면을 보여주는 하나의 예에 불과하다.

법이 현실과 유리된 채 오랫동안 존재하는 것은 매우 나쁘다. 그 이유는 검찰이 백성 위에 군림하게 되기 때문이다. '털어서 먼지 안 나올 사람 있나'라는 말처럼 우리 국민은 누구나 크고 작은 잠재적 범법자로 살고 있다는 말이 된다.

법과 현실의 괴리를 막아야

경제 행위의 주체는 백성이다. 백성들이 생산하고 소비하는 경제 행위들이 투명한 법의 틀 속에서 '죄 짓지 않고' 활발하게 이루어지는 나라가 좋은 나라다.

법과 현실이 서로 다르면 현실을 법에 맞추든가 법을 현실에 맞추든가 둘 중의 하나는 해야 한다. 전자는 법의 엄격한 집행을, 후자는 법의 개정을 말한다. 법의 집행은 권리가 아니라 의무다. 법대로 집행하는 데 무리가 있다고 생각한다면 법을 고쳐야 한다. 몇 가지 방법이 있을 수 있다. 첫째는 해방 직후처럼 부재지주의 농지를 전부 정부가 수매하여 경작자에게 유상 분배하는 것이다.

혹은 국가가 경작자에게 장기 임대하는 방법도 있을 수 있다. 물론 엄청난 규모의 국가예산이 요구될 것이다. 그러나 가장 정직한 해법이다.

두번째는 기존의 부재지주들을 농지임대사업자로 등록시키는 방법이다. 음지에서 양지로 현실화하는 방법이다. 이를 위해서는 소작금지를 임대허용으로 전환하는 국민적 공감대가 필요하다.

셋째로는 농업회사 법인을 설립하여 부재지주로 하여금 농지를 현물 출자하여 주주가 되도록 하는 방법이다. 출자된 자산은 농지회사법인의 소유이므로 경자유전의 원칙에 부합한다. 어느 방법이 되었든 쉬운 일은 아니다. 그러나 법을 만드는 국회, 법을 집행하는 행정부를 놔두고 법을 어긴 사람들에게만 돌팔매질을 해대는 것은 적절하지 않다.

(2008.12.11 내일신문)

시장과 국가

지난 1월 11일부터 미국 디트로이트에서 열리고 있는 북미 국제자동차 박람회에서 우리나라의 현대자동차가 출시한 '제네시스' 모델이 올해의 차로 선정되었다는 기쁜 소식이다. 그러나 이런 현대도 작년 12월 중 내수는 20% 수출은 43%의 크나큰 감소를 겪었다. 세계 5위의 우리나라 자동차 업체들이 완성차 라인을 시작으로 부품업체 공장들이 줄줄이 문을 닫고 있다. 비정규직은 물론 정규직까지 일자리를 잃고 있는데 설 명절을 앞두고 퇴직금은 고사하고 12월 봉급조차 못 주는 업소가 많다.

세계 1위인 우리의 조선업계도 금융기관의 RG(선수금 환급보증) 발급과 각종 대출이 졸지에 막혀 조업이 중단되고 있으며 이로 인한 손실이 막심하다. 건설회사 워크아웃 추진도 은행간 타협이 어려워 지지부진하고 있다고 한다. 한국은행은 그 동안의 고집을 꺾고 금리를 2.5%까지 인하했는데 시중의 유동성은 꽉꽉 막혀 있다. 은행이 보다 적극적으로 자금지원을 해주기만 하면 이 고비를 넘기고 우리나라의 산업경쟁력을 더욱 키울 수 있는 좋은 기회인 듯한데 시장이 움직여주지 않는 것을 다들 안타깝게 여기고 있다.

은행 통한 경기부양의 한계

정부는 손에 흙을 묻히지 않고 은행을 통한 해법 내지는 시장이 알아서 답을 내놓아주기를 기다리는 눈치다. 그러나 은행은 다른 민간부문과 마찬가지로 사적 이익에 봉사한다는 사실을 간과해서는 안된다. 국가 경쟁력 유지라는 것은 그들에게는 외부성(externality)일 뿐이다. 그 혜택이 자기에게 돌아오는 확률과 크기가 그것을 얻기 위해 지불해야 하는 비용(여기서는 대출금의 리스크)에 비해 작다고 판단되면 그러한 지출은 하지 않는다. 이를 비난할 수는 없다.

미국이 우리의 모범은 아니다. 그러나 그들이 이제까지 지켜왔던 시장주의 원칙을 고려하면 국가가 유동성 공급 및 재정지출에 직접 나서는 모습은 매우 인상적이다. 지난 1930년 대공황 때 저질렀던 실수를 반면교사로 삼고 이번 위기에 대처하고 있는 듯하다.

당시 금(金)본위제 하에서는 경기침체가 통화량 공급을 축소시키게 마련이었는데 설상가상으로 정부는 정부대로 지출은 줄이고 세수를 늘려 재정균형을 시도함으로써 경기하강을 오히려 가속화시켰다. 대량실업의 문제는 엉뚱하게도 외국산 수입상품에 관세장벽을 쌓아 해결하려고 하였던 것이다.

이번에는 정반대다. 이미 상당한 누적 재정적자에도 불구하고 작년에 의회승인을 받은 7000억달러로 금융기관의 부실자산 매입과 자본확충을

돕고 있다. 거기에 추가하여 새 대통령 오바마는 향후 2년간 8000억달러를 지출하겠다고 의회의 승인을 요청하는 중이다. 미국의 경우는 정부가 은행을 위해 은행의 부실자산을 매입해 줄 지언정 은행으로 하여금 국가의 이익을 위하여 회수가 불투명한 대출을 취급하도록 권하지는 않는다. 각종 정부의 지출은 은행을 경유하지도 은행의 협의를 기다리지도 않는다.

미국에 비하면 우리나라는 재정정책의 운신의 폭이 훨씬 크다. 지난 1월 7일 미 의회 예산국은 미 정부의 연간 재정적자는 2008 회계연도에 4550억달러, 2009 회계연도에 무려 1조2000억달러를 기록, 누적잔액이 GDP의 54%까지 증가할 것이라는 예상을 내놓았다.

OECD 회원국 평균 정부부채 비율은 GDP 대비 79.7%, 일본은 173%인데 우리나라는 32.6%로 상당히 낮은 수준이다. 영국의 시사 주간지 이코노미스트 최근호는 우리나라를 비롯한 아시아 국가들은 GDP 대비 정부의 부채비율이 상대적으로 낮아 재정정책의 여지가 크기 때문에 이번의 글로벌 경제위기에서 가장 빨리 벗어날 수 있을 것으로 전망했다.

시장과 국가 역할 구분해야

그러나 국가의 시장개입을 경계해야 할 이유는 분명히 있다. 시장이나 민간은 효율적이나 사적 이익에 봉사한다. 국가나 정부는 공적 이익을 위하지만 비효율적이다. 경쟁의 부재가 비효율을 방치하기 때문이다. 국가 개입의 위험성은 이에 그치지 않고 국가·정부의 권한이 커질수록 쉽게 부패한다는 것이다. 감독 기능이 없기 때문이다.

국가와 시장의 역할 분담에 관한 이데올로기는 어느 쪽에 비중을 두느냐에 따라 역사의 흐름과 함께 변천해왔다. 케인지안 사회주의로부터 프리드만 류(流)의 시장근본주의로, 그리고 신자유주의를 거쳐 제3의 길로. 그러나 지금은 역시 국가의 역할이 중요할 때인 것 같다. 비효율과 부패의 위험은 상존하지만 이는 시민사회의 감독, 그리고 선거를 통한 심판에 맡기기로 하고…

(2009.1.14 내일신문)

프랑스의 국가주의와 미국의 시장주의

금융위기가 실물경제로 번진지 두 번째 해다. 소비위축이 생산감축을 낳고 생산감축은 대량해고를 낳으며 실직은 다시 구매력을 감소시켜 소비를 한 단계 더 위축시키는 악순환의 고리는 한번 자리를 잡으면 끊어지기 어렵다. 금년 1/4분기에도 주요국들의 GDP는 일제히 크게 후퇴했다. 그러나 각 나라마다 마이너스의 폭, 그리고 그에 따라 그 나라 정부와 국민이 받는 충격은 상당히 차이가 있어 보인다.

프랑스의 전분기 대비 -1.2%는 가장 우수한(?) 성적이었다. 프랑스는 세금을 많이 걷고 그 돈으로 많이 쓰는 나라다. GDP의 52%가 정부의 지출로 구성된다.

부양자(provider)로서의 국가의 역할이 중시된다. 공공부문의 고용이 클 뿐 아니라 실직수당도 통상임금의 75%까지 지급되기도 한다. 몇 년 전까지도 정부의 '4개년 전략계획' 하에 주요 사회간접자본이 조성돼왔다. 영국이 2017년 완공을 목표로 건설 중인 도시간 장거리 지하철을 프랑스는 1960년대에 이미 착공해 현재 4개의 TGV 네트워크가 가동되고 있다.

국가주의 vs. 시장주의

규제 - 규칙이라는 단어가 더 적절할지도 모르지만 - 도 대단하다. 파리 시내의 택시는 1만5300대를 넘지 못한다. 화물자동차는 일요일에 고속도로를 달리지 못한다. 상점들은 일년에 두번까지만 세일을 할 수 있다. 은행은 원리금 부담이 소득의 3분의 1이 넘는 고객에게 대출을 해주면 안 된다. 그러나 프랑스 모델이 불황기에 다소 빛이 난다고 하여 그것이 반드시 우수한 모델이라고 말할 수는 없다. 사르코지 대통령 자신도 대선 때는 영국과 미국의 시장주의를 도입하여 프랑스의 경쟁력을 강화하겠다고 하지 않았던가!

한편, 미국의 시장주의는 그 동안 일련의 금융위기 해법 그리고 최근의 자동차회사 부실 처리방법에서 잘 나타난다. 작년 10월 수천억달러의 월

스트리트 구제금융을 집행하면서 우량은행과 불량은행을 선별하는 역할을 정부 스스로 거부했다.

원하던 원하지 않던 일정한 비율로 자금을 지원했다. 지원하는 방법에 있어서도 주주로서의 의결권이 없는 우선주를 사주는 방법을 택했다. 결코 은행을 국유화하려 한다는 인상을 주지 않으려고 노력했던 것이다.

크라이슬러 자동차 회사가 지난 4월 30일 파산법 제11조에 의한 자산 보호 신청을 연방법원에 제출했다. 법원의 주관 하에 채무조정을 포함한 근본적인 회사 갱생방안을 채권자와 회사가 합의하도록 하되 그 기간 중에는 채권자들 - 납품업체들 포함 - 이 일체의 권리행사를 하지 못하도록 하는 미국 특유의 제도다.

합의가 안 되면 청산 단계로 들어가 회사자산을 처분하여 변제 우선순위에 따라 빚을 상환하고 회사는 없어진다. 이미 최대 채권자 중의 하나인 JP Morgan Chase 은행은 받을 돈의 3분의 2를 탕감하기로 했고 또 다른 최대 채권자인 노동조합(UAW; United Auto Workers)도 조합원들을 위한 회사 적립금의 절반을 주식으로 전환하는 데 동의했다.

이것이 미국식 방법이다. 정부의 지원은 일단 불가피했다. 그래서 실물경제의 부실이 월 스트리트에 흡수되게 하고 이에 따른 월 스트리트의 손실을 정부가 자금으로 지원한다. 그러면서 정부가 돈을 풀어 시장을 지원하되 시장을 지배하지 않는다. 해답은 시장이 찾아낸다.

독일은 수출을 중시하는 경제다. 물건을 만들어 대부분 남들에게 팔고 자신들은 검약한 생활을 하는 것, 그 자체는 나쁠 것이 없다. 그래서 이번 위기에 수출이 가장 크게 타격을 받았고 그에 따라 GDP 감소폭도 유럽에서 가장 크다.

흥미로운 것은 그럼에도 불구하고 민간 소비지출이 거의 줄어들지 않고 있다는 사실이다. 그 동안의 검약이 어느 정도였는지 알만하다. 문제는 독일 모델은 일본과 마찬가지로 다른 나라들이 빚을 내어 과소비를 해야 성립되는 모델이라는 점이다. 장기적으로는 국제사회에서 조화되기 힘들다.

우리 발전모델에 참고해야

프랑스와 같이 공공재건설, 사회안전망 조성, 규칙제정 등의 분야에서 정부의 역할을 강조하느냐, 아니면 미국처럼 시장의 가격 메커니즘을 통해 창의성과 효율성을 극대화하느냐? 양자의 균형을 바란다면 어느 선에서 그 경계를 찾을 것인가?

지금 지구촌은 오직 실험실에서만 가능했을 실험이 실제 상황으로 벌어지고 있는 세계경제 역사상 매우 드문 시대를 살고 있다. 우리나라와 같은 후발주자에게 주어지는 기회는 선발주자들의 발자취를 읽을 수 있다는 것이다. 이번 글로벌 경제위기 와중에서 이것이 우리나라가 자기에게 맞는 발전모델을 모색하는 데 유용한 참고가 되어야 할 것이다.

(2009.5.25 내일신문)

출산율 감소와 경제성장

지구역사상 처음으로 경험하는 인구통계학적 변화가 임박했다고 한다. '대체출산율'이란 한 가정이 두 명의 자녀를 낳아 인구가 단순재생산을 하는 비율을 말하는데, 조기사망 때문에 선진국에서는 2.1명, 세계 전체로는 2.33명을 대체출산율로 보고 있다.

그런데 최근 유엔사무국 인구분과(population division)의 세계인구전망에 의하면 대체출산율을 밑도는 나라가 이미 절반에 이르렀고 2010년대 후반에는 세계 전체의 평균출산율이 대체출산율에 못 미칠 것이라고 한다. 이에 따라 2050년에는 지구 인구가 92억 명에서 고점을 찍었다가 그로부터 감소하기 시작한다는 것이다.

수명은 길어지고 출산율은 떨어지는 과정은 어느 한 시기에 골디락스 기간(Goldilocks period)을 통과하게 된다고 한다. 어린이 동화에서 따온 골디락스라는 이름이 인구통계학에서는 인구의 연령분포가 '너무 어리지도 않고 너무 늙지도 않은 상태'를 뜻하는 말로 되었다. 즉 노인과 어린아이의 비중이 동시에 낮아 이들에 대한 부양비용이 사회적으로 매우 낮은 '독특하고 귀중한 기간'을 말한다.

골디락스기간, 고속성장 기회

유럽의 경우는 1945년부터 1975년까지 소위 영광의 30년(les trente glorieuses)이 이에 해당되며 우리나라를 포함한 동아시아 경제도 1970년에서 90년대 말까지 유사한 기간을 거치며 크게 성장했다고 한다.

아프리카 여러 나라들과 그 이외의 최빈국에서도 피임수단의 보급에 따라 출산율 감소가 빠르게 진행되고 있어 앞으로 골디락스 현상이 이들의 공업화 과정을 크게 도울 것이라는 밝은 전망도 하고 있다.

그러나 골디락스 기간은 길어야 한 두 세대를 넘지 못한다. 출산은 줄어드는 반면 평균수명은 길어지므로 전체적으로 고령화 사회로 되기 때문이다. 고령화 사회는 생산활동 인구의 감소를 의미하기 때문에 경제성장을 더디게 한다. 그렇다면 출산율의 감소는 그것이 경제성장에 도움을 주는 시기와 경제성장을 저해하는 시기가 따로 있다는 말이 된다.

지금의 우리나라는 어떠한지 유엔 보고서의 자료를 토대로 다른 나라들과 비교해 보았다. 우리나라의 65세 이상과 14세 이하 인구는 각각 전체의 11%와 16.2%를 구성한다. 이 중 65세 이상 노인의 비율은 일본(22.6), 미국(13), 및 유럽 주요국(영국 16.6, 프랑스 17, 독일 20.5)에 비해 현저히 낮다. 여기에 14세 이하의 비율을 합한 비경제활동인구 계수를 보아도 우리나라의 27.2라는 수치는 이들보다 뚜렷이 낮게 나온다. 이는 아직까지 우리나라의 인구 구성이 다른 선진국들에 비해 유리한 상태임을 뜻한다.

그러나 출산율에서는 우리나라가 훨씬 불리한 위치에 있다. 우리나라의 출산율은 OECD 국가 중에서도 가장 낮은 1.2명을 기록하고 있다. 선진국 평균 출산율은 현재 1.64명에서 2050년에는 1.8명까지 증가하는데 우리는 이에 못 미친다. 결국 2050년에 가면 우리나라가 일본 다음으로 세계에서 가장 높은 고령화 국가가 되고 인구도 거의 10% 줄게 된다.

지구 전체적으로 보면 출산율 감소 그 자체는 '먹거리가 줄면 개체수가 감소'하는 자연현상으로 받아들일 수 있다. 그러나 출산율 저하 및 인구의 감소는 개별 나라의 입장에서는 그 나라의 먹거리가 줄고 있다는 반증이므로 썩 반갑지 않은 일임에 틀림없다.

출산율은 먹거리의 크기에 의해 좌우된다. 인구가 늘어나지 않는 상황에서 생산을 더 하려면 생산성을 늘리는 수밖에 없다. 기술과 자본의 자유로운 국가간 이동을 전제한다면 결국 한 나라의 먹거리의 크기는 그 나라 생산활동 인구 각자의 내재능력(potential)의 변수라 할 것이다.

세계적 불경기를 벗어나지 못하고 있는 지금이야 말로 사람에 대한 투자에 국가가 더 집중해야 할 때다. 특히 공교육에 있어서는 앞으로 학생 수가 감소하는 마당에 국가가 교육예산만큼은 결코 깎지 않겠다는 의지를 분명히 보여주었으면 좋겠다.

먹거리 크기가 출산율 좌우

그 약속이 그렇게 어려운가! 지금의 초중고 학생들의 능력이 2050년까지 우리나라의 출산율, 그리고 인구의 증감에 영향을 미친다.

생산을 늘릴 수 있는 또 하나의 분야가 있다. 곧 평균수명이 남녀 공히 80세를 넘긴다. 생산현장을 떠나는 50대 후반 이후의 장년층을 대상으로 목공 조경 번역 육아 산림감시 등 무엇이 되었던 사회적으로 가치가 있는 '실용교육'을 국가가 체계적으로 제공해야 할 때다. 꼭 65세를 기준으로 노인을 분류할 필요는 없다. 부양 또는 보호 대상으로서 여생을 살기에는 이들은 예전과는 다르게 매우 건강하다.

(2009.11.10 내일신문)

국제자유도시와 중국인들

뉴욕타임즈는 지난달 25일 '중국인들을 환영하고 나서 경계하고 있는 한국의 섬'이라는 제목으로 중국인과 중국자본이 제주도에 몰려오는 것을 제주도민들이 어떻게 받아들이고 있는가를 상세히 다뤘다. 인터뷰에 응한 한 도민은 일본 강점기에 일본군 비행장과 땅굴 건설에 강제 동원되었던 할아버지를 회상하면서 지금의 제주도는 중국 관광객과 중국의 자본에 의해 새로운 '외침(外侵)'을 당하고 있다고 말하기도 했다.

이 내용은 '뉴욕타임즈, 중국자본의 공습은 새로운 침략'이라는 제목의 3월 16일자 제주의 소리(www.jejusori.net) 기사를 통해 제주도 현지에 소개되기도 했다. 뉴욕타임즈는 5억원 이상을 투자하면 영주권을 주는 외국인 투자이민제도를 상세히 설명하며 이것이 중국인들을 불러들여 제주도 난 개발과 땅값 폭등을 낳은 주요 원인의 하나라고 말하고 있다.

그러나 외국인 투자이민제도는 제주도뿐 아니라 평창 알펜시아리조트, 여수 해양관광단지, 인천 영종도 등에서도 시행되고 있다. 모든 부동산에 적용되는 것도 아니고 이들 지역에서 개발하는 콘도, 리조트, 별장 등 주거용 부동산을 매입하는 경우에 한하는 것이다.

영주권을 받게 되면 한국에서 의료보험, 취업, 나아가 지방선거에서 투표권까지 행사하게 되는 제도인데 유독 제주도에서 빛을 보고 있다. 이 제도가 실시된 2010년 이후 2014년까지 5개년간 이 제도에 따른 외국인 투자는 총 1522건에 1조241억원에 달했고 1007명이 영주권 이전 단계인 거주비자 신청을 했다. 이중 992명이 중국인이다. 그러나 투자이민은 국내에서 이미 개발한 부동산을 매입하는 것이다. 중국인이 스스로 개발하기 위하여 대량으로 매입하는 토지는 이와 무관하다.

투자이민제가 주범인가?

위의 뉴욕타임즈는 중국인이 매입한 제주도 토지가 작년 말 현재 2050 에이커(830만제곱 미터)에 달한다고 전하고 있다. 이는 국내에서 이제까지 발표된 어떤 통계보다도 큰 수치다. 여의도 면적이 290만제곱미터인 것과 비교하면 그 크기가 짐작이 간다.

이들 자본은 영주권을 얻기 위해서가 아니라 경제적 이익을 위해서 들어오고 있다. 제주도는 국제자유도시를 지향하고 있다. 그것 아니더라도 현재의 국제질서 하에서는 외국인의 토지 소유와 이용에 대해서 차별적 대우를 할 수가 없다. 우리나라는 토지의 공공성과 사회성을 중시하는 독일이나 영국식 제도 대신 토지의 사적 소유권을 중시하는 미국식을 따라 용도 지역제(zoning)라는 토지 법제를 채택하고 있다. 즉 필요한 지역에 대하여 토지의 이용 및 건축물의 용도, 건폐율, 용적률, 높이 등을 제한하는 제도다.

그러나 이러한 용도 지역제는 잦은 용도변경 민원으로 행정 수요가 과다하게 될 뿐 아니라 우리나라가 토지에 대해 가장 많은 규제를 하면서도 토지 투기가 가장 많은 나라가 되는 원인을 제공했다는 비난을 받는 제도이기도 하다. 용도지역제의 단점을 보완하는 길은 용도변경 민원의 발생 여지를 최소화하는 것뿐이다. 종합적이고 체계적으로 전 토지에 대한 토지 이용 및 건축행위 가이드라인을 정비함으로써 앞으로 용도변경이 가능할 것이라는 시장의 기대를 잠재울 필요가 있다.

제주도는 용도지역 지정에 더하여 지하수, 경관, 및 생태 면에서 특별히 보존 관리가 필요하다고 인정되는 지역에 대해서는 '보존지역 관리에 관한 조례'를 따로 정하여 개발행위를 제한해왔다. 그러나 이제까지 그 규제는 외화내빈, 겉으로는 화려한데 내용은 빈약했다.

외화내빈(外華內賓)의 토지 법제

예를 들면 제주도 곶자왈 지역이 포함된 지하수자원 보전지구 2등급 지역에서도 하수관만 설치하면 생활하수 발생시설이 허용되어 왔다. 생태와 경관 보전지구에 대한 규제도 상황은 유사하다. 거쳐야 할 절차만 복잡 다난할 뿐 근본적으로는 개발우호적으로 짜여 있었다. 이점에 관한 한 작년에 민선 6기 원희룡 도정이 출범한 후 제주특별자치도가 뒤늦게나마 그 문제점을 정확히 파악하고 관리보존지역의 등급 산정 및 행위 제한에 관한 종합적 재정비 작업에 착수하고 있는 것은 매우 적절하고도 다행스러운 일이다.

중국은 토지의 소유권이 국가에 있고 개인은 사용권만 있다. 중국 부자들은 토지를 완전히 소유할 수 있는 제주도의 토지에 남다른 매력을 느낄 것이다. 또한 전세계가 통화가치 하락 경쟁에 매진하고 있는 때여서 중국인의 부동산 소유 욕구가 더욱 강한 것인지 모른다.

(2015.3.25 내일신문)

서울 영풍빌딩 사거리

경제에게 정치란 무엇인가?

정치는 경제를 위해 무엇을 할 수 있는가? 끊임없이 되풀이되는 질문이다. 21일자 블룸버그 뉴스는 일본중앙은행 간부 출신으로 현재 다국적 투자은행인 크레딧스위스 금융그룹의 이코노미스트로 활동하고 있는 히로미치 시라카와의 기발한 아이디어를 소개했다. 기업이 사내에 유보하고 있는 현금에 대해 과세를 하여 이들이 그 돈으로 투자 또는 임금인상을 하도록 유도하라는 것이다.

실제로 일본은 미국이나 유럽보다 더 강력한 양적완화를 실시했는데 그것의 거의 유일한 성과는 엔화 가치를 떨어뜨려 수출경쟁력을 높인 것이었고 이에 따라 수출기업들이 큰 덕을 보았다. 이들의 현금유보에 2%의 세금을 매길 경우 기업의 지출이 늘어나 일본 GDP가 0.9% 추가 성장할 것이라는 계산서까지 제시했다. 재정적자 개선이라는 부수적인 효과는 말할 나위도 없다. 이런 맹랑한 발상이 실행에 옮겨 졌을 때 어떤 일이 벌어질지는 독자의 상상에 맡기고 다른 나라들에서 시도했던 몇 가지 유사한 발상들이 기대했던 결과를 얻었는지 잠시 돌이켜 보자.

우선 금리 인하. 기업의 투자 결정에 있어 금리가 중요한 한 변수임은 사실이다. 그러나 차입금리를 낮추면 돈을 더 빌려서 장비도 사고 공장도 짓겠지라고 생각하는 것은 일반론에 불과하다. 기존 공장들이 놀고 있고 그 속의 장비가 녹슬고 있는데 돈이 싸다고 이것에 더 투자하겠는가? 많은 기업들이 현금을 쌓아두고 투자처를 찾지 못하고 있는데 싼 금리가 있으니 돈을 더 빌리라고 말하는 것이 가당한가? 돈을 깔고 앉아 있는 기업들의 다른 한편에는 돈은 절실하지만 은행이 요구하는 신용등급도, 이를 보완할 물적 담보도 없어 은행으로부터 외면당하고 있는 수많은 중소 내지 영세기업들이 있다. 이들에게는 금리가 높을 때나 낮을 때나, 그리고 금리가 마이너스일 때도 사정은 변하지 않았다.

정부의 시장개입이 실패한 사례들

금리가 낮아지면 모아놓은 저축으로 노후를 지탱하려 계획했던 은퇴자들은 지갑을 더 잠그고 열지 않는다. 저금리가 기업의 투자지출과 가계의 소비지출을 늘일 것이라는 기대는 망상으로 판명되고 있다.

다음, 중앙은행의 발권력을 동원한 양적완화는 어땠는가? 홍콩대학교와 중국 청화대학교에서 가르치고 있는 앤드류 셩(Andrew Sheng) 교수가 26일 '프로젝트 신디케이트'에 발표한 자료에 의하면 2007년부터 2014년까지 미국, 영국, 일본 및 유로존의 중앙은행들이 찍어낸 돈은 총 7조2000억 달러에 달하고 이로 인한 통화량 증가는 약 9조 달러로 추정되는데 이 중에서 민간부문에게 융자된 금액은 1조8000억에 그쳤다. 나머지는 금융자산의 신규취득 또는 기존자산의 가격을 인상시키는 데 기여했을 뿐이어서 양적완화가 기대했던 경기부양 효과는 극히 미미했다. 돈 풍년으로 생긴 자산가격의 거품이 영구히 지속되지 않는 한 이것은 또 하나의 위기의 씨앗으로 남을 것이다.

브라질에서는 대통령에 대한 탄핵 절차가 한참 진행 중이다. 저변에 깔린 불만은 경제다. 브라질 경제가 어려워진 원인에 석유, 가스 및 광물 등 상품가격 변동을 빼놓을 수 없는데 2012년 이전의 상품시장의 호황에 브라질정부가 기여한 것이 별로 없었던 것과 마찬가지로 2013년 이후의 세계 상품가격 폭락도 브라질정부가 책임질 일은 아니다.

2003년 집권한 '룰라 다 시우바' 전 대통령과 그가 속한 노동자당은 풍족한 재정을 배경으로 시장경제에 너무 깊게 개입했다. 공공요금을 대폭 깎아주고 개인과 기업에게 각종 보조금을 늘렸는데 이러한 정책은 같은 당의 후임 대통령에게 승계되었다. 그리고 경제상황이 악화된 이후에도 수정되지 않았다. 거기에 부패와 뇌물, 재정적자 은폐까지 겹쳤다.

"경제 대통령"이 필요할까?

경제 대통령이 되기란 쉬운 일이 아니다. 어쩌면 대통령은 경제를 너무 좌지우지하지 말아야 하는 것인지도 모른다. 그렇다면 정부가 경제를 위해 할 수 있는 일은 무엇일까, 대답은 의외로 간명하다. 민간부문이 할 수 없는 일을 맡아서 하면 된다.

국방과 치안, 도로, 교통 등 사회간접 자본의 공급, 환경 보호, 사회적 약자의 구제, 이런 공공재(公共財)들은 개인이나 기업이 맡아서 할 수 있는 영역이 아니다. 앞서 가던 선진국들이 겉으로는 시장기능을 철저히 존중하자는 신 자유주의를 표방하면서도 실제로는 전례 없는 규모로 화폐금융시장에 개입을 자행하고 있다. 브라질과 다를 게 무엇인가? 정치가 자기 할 일에만 충실하면 안 되는 것인가?

(2016.4.27 내일신문)

소비자보호

사업을 위해 부족한 자금을 차입해야 할 때, 또는 여유 자금을 조금이라도 더 좋은 조건으로 운영하고자 할 때 우리는 금융의 문을 두드린다. 다른 물건의 경우는 어린이 장난감에 유해한 성분이 묻었는가 유전자 변형 식품이 건강에 유해하지 않은가 등을 점검하는 사회 시스템이 있는데 금융, 특히 나날이 복잡해지는 금융 상품의 경우에는 금융소비자 개개인의 능력으로는 지식의 한계를 느끼게 된다. 미국은 서브 프라임 금융위기를 호되게 겪은 후에 뒤늦게 "금융소비자보호청"이라는 정부기구를 만들었다.

KIKO 사태

자본시장통합법의 시행으로 많은 신종 금융상품의 출현을 경험하게 될 것 같다. 새로운 금융상품의 설명방법이 근본적으로 개선되어야 한다. A4 용지 한 장의 KIKO 상품 설명서나 5백 쪽에 달하는 방대한 분량의 투자설명서나 소용이 되지 않기는 마찬가지다. 정보의 완전한 공개(full disclosure)가 곧 투명성을 담보하는 것은 아니다.

간결 명료한 언어를 사용하여 상품의 구조를 충분히 설명하였는가가 무엇보다 중요하다. 이 기준만으로 등급을 매기는 투명성 등급 산정기관이 시장자생적으로 탄생하기를 기대해 본다.

복잡하기 때문에 설명하기 어렵다는 말은 어불성설이다. 투자자들이 자기의 최종 책임하에 금융 상품을 선별하려는 노력도 그래야만 한 단계 업그레이드될 수 있을 것이다.

수출기업이 환율 하락에 대처하는 방법은 예전 같으면 선물환 계약을 통해 달러를 미리 팔아 놓는 수준에 그쳤을 것이다. 달러 풋 옵션(put option; 달러를 팔 수 있는 옵션)을 사 놓으면 환율이 하락하면 약정환율로 팔고 환율이 오르면 오른 환율로 시장에서 팔 수 있다는 장점이 있지만 수수료가 비싸 이용하기가 어려웠다.

그런데 기업이 은행에게 콜 옵션(call option, 달러를 살 수 있는 옵션)을 조금만(?) 제공해 주면 그 대가로 수수료를 한 푼도 내지 않고 풋 옵션을 이용할 수 있는 소위 금융공학적 상품이 생겼다. 바로 이 양날의 칼로 인해 많은 수출 중소기업들이 피해를 보고 있다.

수출기업이 은행에게 콜옵션을 허용하면 은행은 약정환율로 달러를 살 수 있는 권리를 기업에 대하여 가지게 된다. 따라서 기업이 은행에 달러를 팔 수 있는 권리와 은행이 기업으로부터 달러를 살 수 있는 권리, 양자 사이의 균형이 이 상품설계의 중요한 부분이 된다.
문제가 되고 있는 키코(KIKO)는 이 균형의 과제를 다음과 같이 풀고 있는 상품이다. 약정환율을 중심에 놓고 위 아래로 박스를 그린다.

콜옵션의 치명적인 함정

박스에는 바닥과 천정이 있는데 (1)시장환율이 박스 안에서 움직일 경우는 기업만 옵션을 행사할 수 있고 은행은 옵션을 행사하지 못한다. (2)시장환율이 박스를 뚫고 올라가거나 내려가면 은행만 기업에 대하여 옵션을 행사할 수 있고(KI; knock in) 기업은 옵션을 행사하지 못한다(KO; knock out).

일견 피장파장이다. 또한 이 상품은 기업이 은행에 달러를 파는 약정환율을 현재의 시장환율보다 다소 높게 책정해주면서 그 대가로 은행의 옵션금액을 기업 옵션금액의 두배로 하고 있다. 이 조건도 공평하다고 우기면 할 말이 없다.

문제는 콜옵션의 함정에 있다. 달러를 보유하고 있으면서 콜 옵션을 파는 행위, 즉 커버드 콜(covered call)은 어차피 자기의 물건을 기반으로 하고 있다. 그러므로 달러 가격이 급등했을 때도 그에 따른 이득을 취하지 못하고 당초 약정 환율로 상대방에게 팔아야 한다는 아쉬움만 감수하면 된다.

그러나 달러를 가지고 있지 않으면서 콜 옵션을 파는 행위, 즉 네이키드 콜(naked call)은 때로는 비싼 달러를 시장에서 매입하여 계약을 이행해야 하므로 실제로 막대한 금전적 손실에 봉착할 수 있다.

기업이 부지불식간에 네이키드 콜에 손대게 되는 이유가 있다. 기업은 옵션 계약금액을 정함에 있어 자기의 환 헤지 목적에 금액을 맞추려 할 것이고 이때 은행에 내어주는 옵션의 크기는 이의 두배가 되는 점을 간과한다.

요약하면 기업은 실현되기 쉬운 작은 만족을 취하기 위하여 발생가능성이 낮아 보이는 큰 것을 내어준 격이다. 본래 환 헤지는 감당하기 어려운 큰 변동에 대비하기 위한 것이었는데, 키코라는 것은 불행하게도 좁은 박스 안에서만 유효하며 박스 밖에서는 끝 모를 위험에 노출되는 반(反) 헤지(hedge)적 상품이었음이 만천하에 드러나고 있는 것이다.

그러면 기업들은 왜 이런 상품을 이용하여 왔던가? 2004년부터 2007년까지 지난 4년간 환율은 1020원부터 920원까지 매월 꾸준히 하락해왔고 그 변동성도 작은 박스 안에 머물렀다. 기업 입장에서는 자기에게 유리한 반쪽 모습만 보여주었던 키코가 효자 상품이었을 터였다.

한편 기업들과 키코 계약을 맺은 국내은행들은 일정액의 마진만을 챙기고 이와 반대방향의 키코를 이 상품을 설계한 외국의 은행들과 체결한다. 걱정이 없다.

감독당국은 어떠했는가? 신용감독국과 신용정보실을 통폐합하여 신용서비스실로 축소시킨 것이 바로 금년 4월이었다. 모르고 있었다고 보는 것이 알고서도 방치했다는 것보다는 이해하기가 쉽다.

'커버드 콜'이 사활의 갈림길

이제 일은 벌어졌다. 금년 초 930원 선에서 약정환율을 정한 키코가 약정환율과 시장환율과의 차액을 매달 은행에 물어줘야 하는 괴물로 변했다.

커버드 콜에 머물렀던 기업들은 그런대로 견디어 낼 것이다. 그러나 부지부식간에 네이키드 콜에 손을 댄 기업들을 위해 이제 정부가 무엇을 할 수 있단 말인가? 은행의 대출 및 이 대출에 대한 신용보증 기관들의 보증, 이것으로 피해 기업들의 구멍난 재정이 구제되는 것은 아니다.

이번 사건은 금융 이용자에게는 신중함의 중요성을, 은행들에게는 고객 보호의 중요성을, 감독당국에게는 글로벌 위기 와중에서 금융 지도감독의 중요성을 뼈저리게 일깨우는 경고로 오래도록 기억되어야 할 것이다.

(2008.10.9 내일신문)

뉴욕 이스트 리버

금융소비자는 누가 보호하나?

24일부터 이틀간 미국 피츠버그에서 개최되는 G-20 정상회의는 여러 해 전부터 매년 모여오던 재무장관 및 중앙은행장들의 모임을 이번의 범세계적 금융위기 발발을 계기로 국가원수급으로 격상시킨 것으로서 작년 11월 워싱턴에서 첫 모임을 가졌고 금년 들어서는 지난 4월 런던 모임 이래 이번이 두 번째가 된다.

시장의 자율적 조정 장치를 보완하기 위한 제도개선의 절박성에 대해서는 견해가 대개 일치하지만 구체적인 방법에 있어서는 나라마다 이견이 없지 않다. 영국과 미국은 정부 재정지출을 강조하고 있는 반면 독일 프랑스 등 유럽국가들은 규제강화 쪽에 더 비중을 두고 있다. 유럽 국가들은 미국계 금융기관들에 의해 자행되었던 과도한 보너스 지급의 규제를 강조하고 미국은 적정자기자본비율 강화를 강조하고 있는 정도의 차이다.

그런가 하면 미국의 오바마 대통령은 최근 월 스트리트에서의 연설을 통해 이번 금융위기 원인 중의 하나는 소비자금융의 남용이었으며 이것을 막지 못했던 것은 통합 감독기구의 부재 때문이었다고 지적했다. 그러므로 유관기관들을 통합하여 금융소비자보호국을 설치하겠다는 의지를 표명했다.

보이는 손(정부) 개입 불가피

지난 주말 '금융위기 이후의 자본주의'라는 주제의 한 조찬포럼에서 조순 박사는 "자본주의를 구한 것은 보이지 않는 손(자유주의)이 아니라 보이는 손(정부)이었다"며 "앞으로 선후진국을 막론하고 정부 역할이 더욱 중요해질 것"이라고 전망했다.

또한 미국 주택가격지수를 개발했던 예일대학의 로버트 쉴러 교수도 소비자보호를 위한 통합기구를 지지하고 있다. 주택가격 거품을 지적했던 그의 여러 차례의 경고가 '담당자'에게 전달되지 못했던 경험 때문이다.

앞으로 한동안 시계의 추는 시장의 자율보다는 정부 개입 쪽으로 기울 것으로 보인다. 그러나 정부의 손은 무디고 효율적이지 못하다. 정부에게 너무 많은 문제의 해결을 기대하는 것은 언젠가 또 다른 후회를 잉태할지 모른다. 시계추의 한쪽이 정부, 다른 한쪽이 시장이라고 한다면 그 두 개의 힘과 나란히 인식되고 강조되어야 할 또 하나의 힘은 시민사회의 힘이 아닐까 한다.

인터넷 백과사전 위키피디아의 정의에 따르면 시민사회란 강제력을 전제로 존립하는 국가와 상업성을 띠는 시장, 이 둘 사이에 위치하면서 사회작동의 한 축을 형성하는 시민의 자발적 단체 및 기구들을 말한다고 한다. 시민사회는 기업의 사회적 책임을 묻고 그 결과에 따라 소비자 주권을 행사하는 주체가 된다.

금융에 있어서의 기업의 사회적 책임 항목에는 환경 및 근로자 인권 보호 그리고 반부패에 더하여 고객의 투자를 선의로 관리할 책임과 스스로 '망하지 않을 책임' 즉 다수 주주 내지 투자자의 부(富)와 시민 일반의 세금을 축내지 말아야 할 책임이 첨가된다 할 것이다.

월 스트리트 최악의 해인 2008년의 대미를 장식한 것은 650억 달러에 달하는 희대의 금융사기를 자행한 버나드 메이도프(Bernard Madoff) 사건이었다. 이 사건의 본질은 기밀유지, 나 홀로 잘살기에 다름 아니었다. 나스닥(NASDAQ) 증권거래소 초대 이사장이자 월 스트리트 최대 증권 브로커 중의 하나였던 메이도프는 새로 가입하는 고객의 투자원금을 재원으로 기존 고객들에게 이익을 배당하는 수법으로 어렵지 않게 고객을 모았다.

이 회사의 외부감사를 맡은 회계법인의 직원은 고작 3명이었다. 그럼에도 불구하고 오히려 남들에게 소문날세라 쉬쉬하며 꼬박꼬박 들어오는 높은 배당을 마치 자기들의 특권인양 즐기고 있었다. 껍데기만 보고 속을 보려 하지 않는 이런 소비자 행태는 국가도 시장도 도울 수 없다.

첨단 금융공학을 활용한 난해한 금융투자상품의 구조를 이해하는 일은 결코 쉬운 일은 아니다. 또한 어느 은행이 부실자산을 축적해가며 당기 이익을 내고 있는지는 감독 당국도 알아채기 어려운 노릇이다.

시민사회의 역할 강조되어야

그러기에 더욱 소비자 보호를 위한 시민단체의 역할을 기대하지 않을 수 없다. 예를 들면 말썽 많았던 자칭 '환 헤지 상품' KIKO와 같은 경우 간명하면서도 성실한 상품설명서를 금융소비자의 절실한 입장에서 공개적으로 요청할 수 있는 시민단체의 존재가 얼마나 아쉬웠던가.

국가의 기능과 시장의 역할이 커져 가는 가운데 이러한 시민사회의 존재는 어느덧 무색해지고 있었는지 모를 일이다. 그러나 금융소비자를 보호하는 것은 시장이나 국가 이전에 소비자 그 자신들이라는 사실을 다시금 깨달아야 할 때가 우리나라에도 도래하고 있는 것 같다.

(2009.9.24 내일신문)

비트코인(Bitcoin), 무엇이 특별한가?

원격지에 있는 사람에게 송금을 한다고 할 때 실제로 건너가는 것은 돈이 아니라 장부다. 즉 나의 은행계좌에서 다른 사람의 은행계좌로 해당 금액이 이동하는 것인데 이때 은행은 같은 은행일수도 있고 멀리 외국에 있는 다른 은행일 수도 있다.

비트코인의 첫번째 특징은 중간 매개체를 거치지 않고 나의 지갑에서 상대방의 지갑으로 재화가 건너갈 수 있다는 것이다. 전형적인 P2P(Peer to Peer) 거래다.

또한 송금은 어떤 특정 나라의 통화로 이루어지므로 외국에 보낼 때는 먼저 환전을 한다. 그러나 비트코인의 경우는 따로 통화 표시가 없다. 비트코인을 받은 사람은 필요하면 원하는 통화로 나중에 바꾸어서 사용하면 된다.

은행을 경유하지 않으므로 정부의 감독이나 추적이 불가능하고 특정 통화의 옷을 입지 않아도 되므로 불량한 정부재정으로 인한 환율 변동을 걱정하지 않아도 되는 통화가 비트코인이다.

반면에 은행 계좌를 이용하지 않기 때문에 송금할 때마다 주소를 생성받아 상대방에게 알려 주어야 하는 불편이 따른다.

그러나 이것은 거래의 익명성을 보장하는 장치가 되어주기도 한다. 35개의 숫자와 글자로 구성되는데 누구든 이 주소에 접근하면 돈을 받을 수 있고 그 즉시 이 주소는 소멸된다.

미국의 금융위기가 유럽의 재정위기로 확대되어 가던 2009년에 가명으로 "사토시 나카모토"가 비트코인을 세상에 내놓았는데 한동안 아무도 이를 진지하게 주목하지 않았다. 내재가치가 없으면서 법적 뒷받침도 없는 것이어서 가상세계에서의 기념주화 정도의 관심밖에 끌지 못했다.

은행을 가운데 두지 않고서 어떻게 이 모든 것이 가능한지, 그 해답이라 할 수 있는 블록체인(Block Chain) 데이터 처리방식과 비트코인 주조(鑄造) 방식이 각광을 받기 시작한 것은 극히 최근의 일이다.

완전 공개 통해 해킹 차단하는 역발상

첫째, 블록체인은 문자 그대로 늘어놓은 벽돌 안에 장부를 기록하여 이것을 비트코인 소유권 이전의 원본으로 삼는 방식이다.

이 원본은 어떤 특정한 "센터"에 보관되지 않고 비트코인 네트워크에 참여하고 있는 모든 사람들에게 공개된다.

그래서 이를 공유원장(shared ledger) 또는 분산원장(distributed ledger)이라고 칭한다.

공개함으로써, 상호간에 불신으로 가득 찬 당사자들 사이에 신뢰와 투명성이 보장되고 외부로부터의 해킹도 차단할 수 있다는 것이 블록체인의 장점이다.

두번째, 비트코인 주조는 땅 속에서 금을 캐는 과정과 가장 흡사하게 설계되었다. 많은 노력과 행운이 있어야 한 조각의 금을 채굴할 수 있듯이 주어진 수학문제를 가장 먼저 푸는 사람에게 비트코인의 주조권이 선물로 주어진다.

다수의 컴퓨터들로 하여금 서로 경쟁을 벌여 시간당 6개의 속도로 생산되는 블록에 대한 일종의 "검증작업"을 완료하도록 하는 것이 여기서 말하는 수학문제다.

이것은 시행착오의 반복을 통해 답에 접근하는 문제이기 때문에 컴퓨터의 연산능력뿐 아니라 일정한 분량의 행운도 따라야 하는 작업이다.

따라서 업계에서는 이들을 광부 또는 채굴자(miner)라고 부른다. 이렇게 채굴된 비트코인의 숫자는 현재 약 1600만개, 시가로는 700억달러에 이른다.

그런데 보상으로 주어지는 주조권의 크기는 매 4년마다 반감되어 2140년이 되면 전부 2100만개가 세상의 빛을 보는 상태에서 그 이상은 늘어나지 않게 되어 있다. 이 특성 또한 지구의 금 부존량(賦存量)이 한정되어 있음을 본 딴 설계다.

블록체인의 용도는 금융분야에 국한 되지 않고 생산 및 유통의 전 분야에 걸쳐 쓸모 있는 것으로 인식되어 R3 라는 이름의 회사가 이끄는 컨소시엄에는 바클레이즈, JP모건 등 세계 70여 개 주요은행들이 활발히 참여하고 있다는 소식이다.

금(金)을 모방한 비트코인 설계

한편 중국의 비트메인(Bitmain)이라는 회사는 전기 값이 싼 내몽고에 2만5천대의 슈퍼 컴퓨터를 동원하여 비트코인 채굴에 올인하고 있다.

그러나 어떠한 설명도 1년 전에 개당 500달러 하던 것이 금년 8월 들어 4000달러(우리 돈 약 450만원)를 돌파한 이유를 대기에는 부족하다.

어떤 이는 불원간에 비트코인의 가치는 제로로 될 것이라고 악담을 하는가 하면 다른 이는 비트코인의 공급이 그 사용량 증가를 따라가지 못해 5년 후에는 개당 가격이 2만달러가 넘을 것이라고 장담하기도 한다. 또 어떤 이는 1995년경에 "인터넷"이라는 미지의 세계에 대한 우리의 인식이 어떠했는가를 묻기도 한다.

(2017.8.23 내일신문)

튤립은 꽃, 비트코인은 화폐일 뿐

17세기 중반 네덜란드에서는 튤립 한 뿌리 값으로 집 한 채, 배 한 척을 살 수 있었다. 선물거래라는 파생금융시장도 그 때 생겼다. 이윽고 거품이 진정되자 수많은 개인과 기업이 파산했다. 일부 역사학자에 의하면 이것이 단초가 되어 네덜란드는 항해 주도권을 영국에게 빼앗기게 되었다고 한다. 튤립은 꽃이다. 꽃이 집 한 채, 배 한 척과 맞먹을 수는 없다.

암호화폐 비트코인(Bitcoin)은 화폐다, 화폐의 가격이란 환율이다. 연초에 1 비트코인이 미화 천불과 교환되었는데 지금은 1만8천불이 되었다. 환율이 한 해에 18배로 뛴 것이다. 어떤 화폐의 환율이 이토록 불안정하다면 이는 결제수단으로서는 결격사유다. 지불하는 측은 비트코인 값이 더 오를 경우, 받는 측은 반대의 경우에 낭패를 보기 때문이다. 그런데 이런 비트코인이 화폐가 아니라 자산으로 변신하고 있다. 그러나 튤립이 꽃이 아니고자 했을 때 문제가 생겼는데 비트코인이 화폐가 아닌 것으로 되려고 해도 무방할까?

블록체인이라는 특별한 장치에서 연유하는 비트코인의 화폐로서의 장점은 분명하다(8월23일 김국주의 글로벌경제 "비트코인 무엇이 특별한가" 참조) 발행 국가가 따로 없으므로 그 가치가 국가신용도에 구애받지 않는다는 점, 은행 또는 우체국이라는 매개기관을 거치지 않으므로 익명성이 보장된다는 점, 그리고 해킹이나 오류가 불가능하다는 점 등이 비트코인의 화폐로서의 장점이다 그러나 기존의 화폐들에 비해 비트코인의 이런 속성들의 가치가 크다면 얼마나 클 것인가?

투기대상화된 비트코인은 이제 그 천문학적 가격상승 못지않게 시장규모도 엄청나게 커졌다. 현재까지 발행된 비트코인의 수량, 약 1700만개에 개당 가격 1만8000달러를 곱하면 시가총액이 3000억달러가 넘는다. 이는 노르웨이의 연간 국민총생산보다 큰 규모다.

화폐가 아닌 자산으로 화한 비트코인

비트코인의 자산으로서의 행보는 거침이 없다. 비트코인 선물시장이 미국에서 처음으로 문을 열었다. 이달 10일 시카고 옵션거래소(CBOE)에 이어 시카고 상품거래소(CME)가 18일 비트코인 선물 거래를 시작했고 나스닥(Nasdaq)도 새해에 개장을 준비하고 있다. 선물거래는 작은 돈으로 큰 수익을 노리는 금융상품이기도 하지만 해당종목의 가격하락에 베팅할 수 있는 수단이다.

비트코인 시장에도 소위 고래라고 불리는 큰 손들이 있다. 어떤 보도에 의하면 약 100명이 전체 물량의 거의 20%를 쥐고 있다고 하니 일인당 50억달러가 넘는 규모다. 그러나 이들이 이것을 현금화하는 것은 쉽지 않다. 대주주의 주식처분 소문은 시장에 악영향을 미칠 것을 우려해서다. 이들 큰 손들에게 선물시장의 등장은 반가운 일이 아닐 수 없다. 현물시장이 망가져도 선물시장에서 벌면 되기 때문이다. 많은 전문가들이 비트코인 현물 가격의 행방을 주목하는 이유가 여기에 있다.

며칠 전 자동차세를 납부하기 위해 위택스(Wetax) 사이트에 들어갔다. 회원가입을 하려면 인터넷지로 이용약관, 개인정보 제3자 제공동의 등 6개 항목에 대해 동의를 해야 했다. 동의하지 않으면 가입이 안된다고 하여 읽지도 않고 다 동의한다고 답했다. 이베이(E-bay) 등 외국의 전자쇼핑몰에서도 마찬가지다. "이용자약정" 및 당사의 "개인정보보호정책"을 잘 읽었으며 그 내용에 이의가 없다는 진술을 하게끔 요구한다. 궁금하여 살펴보니 컴퓨터 모니터 화면으로 각각 20쪽이 넘는 엄청난 분량이다.

분수령이 될 선물 시장의 등장

읽지 않고도 읽었다고 진술하면서도 아무런 거리낌을 느끼지 못하는 것이 비단 나만일까? 일일이 진실을 갈구하기에는 인터넷 시대의 정보의 분량이 지나치게 많은 것은 아닐까? 그리하여 이러한 문화적 병폐가 우리들로 하여금 무지(無知)에 둔감해지도록 만들고 있는 것이 아닐까?

(2017.12 내일신문)

비트코인의 사회심리학

"너는 그러니까 돈을 못 버는 거야, 의심하니까" 암호화폐 비트코인 이야기다. 2009년에 처음 세상에 나와 2016년에 비로서 개당 가격이 천 달러를 넘었는데 그 이후의 가격 변동을 보면 눈이 어지럽다.

금년 들어서도 7만불과 2만9천불 사이를 오락가락하고 있다. 배짱이 좋아 큰 돈을 번 사람 숫자만큼, 큰 손해를 보고 손을 뗀 사람도 많고 머뭇거리다 대박을 놓쳐 회한에 가득 찬 사람들 또한 많다. 그러나 정작 이들이 과연 무엇을 사고 파는지를 알고자 하는 사람은 적다.

가장 알듯말듯한 것이 블록체인이다. 블록체인 기술의 핵심은 공개 원장이다. 은행과 은행 간, 또는 사람과 사람 간 당사자들이 공유하고 확인하는 원장 대신에, 거래가 이루어질 때마다 그 내용이 블록에 저장되고 네트워크에 연결된 수백만개의 컴퓨터가 이를 들여다본다.

하나의 블록이 가득 차게 되면 은행에서 결산을 하듯이 마감을 하는데 이때 제일 먼저 검증을 끝내는 컴퓨터에게 보상으로 새로운 비트코인이 "선사" 된다. 블록체인의 기록이 몇 사람의 악의 또는 실수로 잘못될 가능성이 없으므로 이 기술을 화폐에 도입하면 누구의 감독이나 중개 없이 당사자만 아는 가운데 확실하고 은밀하게 돈을 주고받을 수 있다. 이상이 초기에 암호화폐의 장점으로 홍보되었던 장점 중의 하나였다.

그러나 많은 나라가 자금세탁 방지를 위한 규제를 강화하고 있기 때문에 익명으로 거액의 자금을 이체하는 길은 막히고 있어 지금은 비트코인이 화폐로서 존재한다기 보다 오로지 매매되기 위해 존재한다는 말이 더 어울리게 되었다.

암호화폐란 말 대신에 가상자산이라고 슬쩍 이름을 바꿔 부르고 있는 것도 이 때문이다. 비트코인 사용 실적을 검색해 보면 세계 각국의 통화로 매매된 금액이 바로 나온다. 미 달러화로 매매가 전체의 80%로 가장 많고 두번째가 유로 화(貨), 그 다음이 일본 엔화와 우리나라 원화다.

두번째는 적정 가격이다. 이제까지 선사(?)된 비트코인의 총량에 요즘의 단가를 곱한 시가총액은 1조 달러가 넘는다. 이는 브라질이나 호주의 일년 국민총생산에 해당하는 크기다. 그런데 문제는 "너무 비싸다"라는 말이 성립되지 않는데 있다. 화폐로서의 용도가 이미 물 건너 간 마당에 자산으로서 어떤 용도가 딱히 없으니 가치의 높고 낮음을 평가할 기준이 애당초 없기 때문이다. 기준이 없다는 것은 가격 상승의 끝이 없다는 말과도 통한다. 중요하고도 분명한 것은 여러 사람이 몰려들어 비트코인을 사면 가격이 오른다는 사실이다.

세번째는 큰 손들은 언제까지 비트코인을 차고 앉을 것인가이다. 한 자료에 의하면 전체 물량의 87%를 0.5%의 사람들이 소유하고 있다고 한다. 이들도 언젠가는 비트코인을 실제 사용가능한 화폐로 교환해야 할 것이다.

물건을 사는 측은 비트코인 값이 오를 경우, 물건을 파는 측은 비트코인

값이 떨어질 경우 낭패를 보게 되므로 비트코인이 실제로 물품 결제를 위해 사용되는 날은 영영 오지 않을 것이기 때문이다. 그 때는 비트코인 가격의 큰 변동을 피할 수 없다.

"환경"에는 자연환경 외에 사회환경이 있다. 환경을 풀이하면 "둘러쌓고 있는 지경(地境)"이다. 세계 어느 곳을 막론하고 작금의 젊은 세대들은 신분상승의 문이 사방으로 막혀 있다. "탐욕은 선(善)"이라고 말하는 행동주의 투자가 칼 아이칸(Carl Icahn)마저 비트코인을 도박으로 분류하는데 이들은 근로하고 저축하여 재산형성을 하기보다 부동산, 주식, 그리고 이제는 코인까지 더불어 일확천금과 나락의 경계를 넘나들고 있다.

(2021.11.3 제민일보)

고용

노동은 즉 인간 그 자체다. 그러나 시장 경제에서 노동은 상품의 원가를 구성하는 요소 중의 하나다. 그러므로 노동은 또 하나의 상품이 되었다.

IMF 10년

IMF 10주기가 되었다고 해서 아픈 기억을 상투적으로 되살리려는 것이 아니다. 리스크 관리체제도 많이 보완되었고 사회 구석구석이 눈에 띄게 투명해지고 있는 것은 부인할 수 없다. 그러나 나라의 재산이 헐값으로 외국인에게 매각됨으로써 국부(國富)가 크게 손상되었다. IMF의 빚은 일찍 갚았다고 하지만 내부적으로 공적자금의 빚은 아직도 청산되지 못하고 있다. 부를 다시 일구어야 하는데 노동시장에서 사람의 문제가 해결되지 않으면 이것이 가능하지 않다.

IMF는 개인을 직장으로부터 소외시켰다. 하루아침에 직장이 폐쇄되어 실업자가 대량으로 발생하였는가 하면 회사가 살아 남았어도 비정규직이라는 이름의 근무형태가 크게 늘어났다. 비정규직들은 동료 직원들과 똑같이 생긴 유니폼을 입고 동일한 일을 하면서도 임금의 격차는 물론이고 직원들을 위해 마련한 복지규정의 여러 혜택을 받지 못한다. 어린 시절 이런 모습을 겁먹은 눈으로 바라보며 자란 세대는 이제 제발 공무원 시험이라도 합격해야겠다는 절박한 상황에 몰려 있다.

소속감 상실로 아픔 가중

이들을 이중으로 아프게 하는 것은 소속감의 상실이다. 우리 사회는 아직 개인주의가 발달되어 있지 않다. 어딘가에 소속되어 있는 것을 매우 중요하게 여긴다. 고속도로에서 몇 시간씩 갇혀 있으면서도 그 대열에 끼여 있음을 선호한다. 조상을 잘 모시고 친족을 중요시하는 풍습도 소속을 중시하는 우리의 전통의 일면이다. 어렵사리 입사한 직장이니 입 밖에 내기는 어렵겠지만 비정규라고 차별되는 것은 금전적 손해 이상으로 서러운 것이리라.

그런데 비정규직 양산의 이면에는 잘 알려지지 않은 작은 제도적 원인이 있다. IMF 이후 1인당 생산성을 계산할 때 비정규직을 분모에서 제외하는 방법이 그것이다. 이것은 '눈 가리고 아웅'하는 격이다. 금융기관들의 경영성과를 평가하는 지표 중에 하나인 이 항목은 종업원의 수가 줄어들수록 점수가 높아지게 마련이다. 그런데 말이 비정규직이지 이들은 매일 정해진 시간에 출근하고 통상 일년이라는 계약기간에 불구하고 대다수는 자동으로 기간이 갱신되는 정규적인 직원들이다.

사무직인 비정규직 외에도 소위 용역회사를 통해 파견받는 청원경찰이나 운전기사 등도 있는데 사람을 적게 쓰는 것이 우수한 경영으로 평가되다 보니 이들에게 지급되는 돈은 아예 인건비로 분류되지도 않는다. 물품구입비와 대동소이하게 용역구입비로 회계 처리된다.

사실 IMF 이전에는 비정규직이라는 용어가 생소했다. 제주은행에 부임한 필자는 우선 비정규직이라는 단어를 사용하지 말고 그 대신 별정직이라는 용어로 통일하기로 했다. 은행의 복무규정 어디에도 비정규직이라는 용어는 없고 직원은 일반직과 별정직으로 구분하게 되어 있었기 때문이었다. 그와 동시에 별정직 직원들의 노동 강도를 분명하게 차별화시켰다. 일반직 직원들은 잔무처리가 완결될 때까지 야근도 불사하지만 별정직 직원들은 정해진 시간에 퇴근을 하여 자녀와 가사를 돌보도록 했다.

직원의 수를 나타냄에 있어 비정규직 인원 수를 포함하지 않는 것은 사실의 왜곡이며 매우 투명하지 못한 관행이다. 나아가 반성해 볼 것은 과연 모든 업종에서 1인당 생산성을 주요 평가지표로 삼는 것이 적절한가 하는 점이다. 은행과 같이 서비스 위주의 업종에서는 2000명 고용하여 100억원의 이익을 낸 곳과 1000명만을 고용하여 같은 이익을 낸 곳 중에 어느 쪽이 더 바람직한가? IMF 기간 중 직원을 해고하지 않으려고 4조2교대제를 채택한 기업이 있었다. 그런데 휴식과 학습의 시간을 늘린 결과 노동의 질과 생산성이 향상되었다는 사례도 있다.

용어에도 진실성 담아야

애써 만들어 시행에 들어간 비정규직보호법도 잘못하면 비정규직이라는 일자리조차 불안하게 만들지 않을까 우려되고 있는 마당이다. 필자에게 무슨 다른 답이 있다는 것은 아니다. 다만 노동시장의 작동에 정부가 세밀한 부분까지 관여하는 것이 과연 잘 하는 것인가, 어쩌면 기존의 근로기준법에 따라 노동시장을 엄격히 감독하지 못해왔던 것이 노동시장 참여자 모두를 힘들게 하고 있는 것은 아닐까? 또한 1인당 생산성이라는 지표는 과연 고용 친화적인가? 끝으로, 어려운 문제를 다룰수록 말 한마디, 용어 선택 하나에도 더 큰 정성과 진실성이 깃들어 있어야 하는 것 아닌가 하는 말을 하고 싶은 것이다.

(2007.11.23 내일신문)

하이테크와 하이터치

지구촌의 관심은 고용증대에 모아져 있다. 그러나 실업을 단기적 경기변동의 현상으로 인식하고 접근하면 문제해결을 위한 해법이 진부한 선에 머물게 된다. 실업 문제는 인류의 생활양식 및 생산방식의 일대전환 없이는 해결될 수 없다는 사실을 인정해야 한다.

산업혁명 이후 제조업의 역사는 인간의 노동력을 기계의 힘으로 대체하는 과정의 연속이었다고 해도 과언이 아니다. 근래에도 이러한 진전은 변함이 없다. 우리나라의 경우 국민총생산이 10억원 늘어날 때 몇명을 더 고용하는가를 나타내는 취업유발계수가1995년 24.4에서 2007년 13.9로 줄어들었다. OECD가 발표하는 단위노동비용의 변화를 보아도 마찬가지다. 제품 한 단위를 생산하는 데 지불된 인건비를 지수화(2005년=100)한 것인데 해가 갈수록 제조업에서는 감소하고 있다.

그러나 존 나이스비트(John Neisbitt)는 일찍이 '메가트렌드'라는 제목의 책에서 희망적인 하나의 대추세(大趨勢)를 지적했다. 기술사회의 발달은 빠른 속도로 진행될 것이지만 이에 상응하여 사람의 손길에 대한 욕구도 나란히 증가한다는 것이다.

노동집약적인 하이터치

그는 이것을 하이테크에 대한 하이터치 대응(High touch response)이라고 표현하였다. 국제택배 사업의 선두주자 페더럴 익스프레스(FedEx)가 자사의 서비스를 차별화할 수 있었던 비결은 최첨단 전자장치와 전용 제트기에 있지 않고 고객의 소중한 물건을 '사람의 손으로' 수취인의 손에 확실히 쥐어준다는 인편배달(hand delivery)에 있었다면서 이것을 하이터치의 대표적인 사례로 들었다. 하이터치는 노동집약적이며 그 단어가 뜻 하듯이 한 단계 높은 소비자 만족을 가져오는 수단이기도 하다.

우리나라는 메모리 반도체와 LCD 모니터 생산량 세계 1위, 초고속 인터넷 보급률과 핸드폰 보급률도 세계 1위인 나라다. 인터넷 백과사전 위키피디아는 하이테크 사회를 "첨단기술이 시민들에게 널리 보급되어 사용되고 있는 사회"라고 정의하면서 그 예로 든 일곱 나라 중에 우리나라를 포함시키고 있다.

그러나 우리나라에서 하이터치적 대응은 별로 보이지 않는다. 은행에 전화를 걸어 보면 음성녹음이 나온다. 서비스의 종류를 나열하고는 원하는 번호를 누르라고 지시한다. 주요 관공서 전화도 마찬가지다. 기계음을 끝까지 듣고 있노라면 짜증이 난다. 그 많던 친절한 교환양들은 다 어디로 갔는가? 가까운 동네 슈퍼에서 간편한 장을 보려고 해도 뒷골목에 안전한 보행자 도로가 마련되어 있지 않다. 젊은 엄마들이 유모차를 끌고 길거리로 걸어 나오기란 감히 상상도 못할 일이다. 수많은 영세 자영업자들이 대형 유통체인에게 상권을 빼앗길 수밖에 없는 이유다.

이제까지의 소품종 대량생산은 '매출의 80%는 판매순위 상위 20%의 상품에서 나온다'는 '80대20의 법칙'에 근거한 것이었다. 그러나 이 방식은 롱테일 현상(Long tale phenomenon)으로 부정되고 있다. '롱테일'이란 판매순위는 20등 안에 못 들어가지만 그 이하 꼴등까지의 상품이 각각 조금씩 팔리는 분량을 합치면 무시할 수 없는 분량이 된다는 통계학적 용어다.

인터넷의 발달로 인해 가능해진 현상이다. 한국전산원의 최근 자료 '롱테일과 나노경제'는 기존의 대량생산·판매의 매스경제로부터 아주 사소한 다수의 소비자들을 겨냥하는 나노경제(Nano economics)로의 패러다임 변화를 주목하고 있다. 나노경제는 다품종소량생산을 의미한다. 똑같은 물건을 기계로 찍어 내는 것이 아니라 개별 고객의 취향에 맞게 손으로 꼼꼼히 만들어 내는 다품종소량생산은 고용흡수능력이 높을 수밖에 없다.

인간의 섬세한 손과 마음으로

OECD 통계에 의하면 우리나라는 만15세부터 24세까지 100명 중 25명이 취업을 한다. OECD평균인 46명에 비해 크게 차이가 난다. 우리나라 청소년들의 취업률이 현저히 낮은 것은 출세하지 못하면 사람취급을 받지 못하던 우리 사회의 유산 때문이기도 할 것이다. 청소년의 절대다수가 끝없이 상급학교로 진학하다 보면 하이터치 사회에 요구되는 다양성은 더더욱 상실될 것이다.

하이터치는 인간의 섬세한 손과 마음이 더해지는 것을 바라는 소비자의 새로운 욕구다. 하이터치 사회로 전환하지 않고서는 기계에 의해 축출된 인간의 노동은 '잉여'로 방기될 수밖에 없다. 하이터치 사회에 적합한 사회환경을 조성하기 위해 국가 차원에서 추진해야 할 항목들은 참으로 많고 또 시급하다.

(2010.2.25 내일신문)

고용 있는 성장

세계대공황 이후 최악의 경제 위기는 아직 끝나지 않았다. 미국은 일본이 너무 늦게, 그리고 너무 소극적으로 돈을 풀었기 때문에 경기침체가 장기화되었다고 믿고 양적 완화(QE)를 지속하고 있다.

게다가 엄청난 재정적자 문제는 외면한 듯 연간 25만불(한화 약 3억원) 이상의 소득자에게도 세금을 감면하는 '부시 감세'(Bush Tax-cut)마저 결국 연장하기로 했다. 감세기간 연장이 국제자본시장에 알려지면서 미국국채 수익률이 일제히 상승(가격 하락)해 채권투자자들이 울상이다.

초기에 미국과의 공조 차원에서 정부재정지출을 늘리려 했던 유럽은 몇몇 나라들의 재정이 너무 부실하다는 진실에 부딪치자 일제히 긴축으로 방향을 선회했다. 소비지출의 주체가 상실된 마당에 그리스 아일랜드 포르투갈에 이어 스페인도 실업률 20%에 국채 발행금리가 7%에 달하는 등 불은 이미 넓게 번지고 있지만 속수무책이다.

한편, 중국 외에 브라질 인도 러시아 멕시코 한국(이상 경제규모 순) 등이 포함되는 소위 이머징 국가들은 경기가 좋다. 유럽국가들의 부도 위험과 미국의 재정불안 때문에 국제자본이 이들 나라로 대거 이동하고 있는 덕분이기도 하다. 그런데 문제는 유동성 과잉을 막기 위해 금리 인상을 하고 싶어도 이것이 어렵다는 점이다. 이들은 내수기반이 약하므로 수출을 하지 않으면 안 되는데 금리인상은 당장 환율로 이어지기 때문이다. 그러다 보니 뻔한 인플레이션을 앉아서 당해야 할 판이다.

거두절미하고 세계경제를 이 지경으로 만든 근원적인 문제점을 하나 들라고 한다면 그것은 일반대중의 소득이 불충분했다는 사실이 아닐까 한다. 소득이 부족했기에 빚을 내어 집을 샀고 소득이 부족했기에 그 빚을 제때 갚지 못했다. 나라별로 보면 자국 내에서의 구매력이 부족하므로 다른 나라에 물건을 팔아야 한다. 너도 나도 수출에 의존하려니 무역전쟁, 환율전쟁이 생긴다.

경제위기 원인은 고용 없는 성장

그런데 소득부족을 낳는 주범은 바로 고용 없는 성장이었다. GM 자동차 경영진이 최근 한 기업홍보 자리에서 무심코 한 이야기가 이 현상을 단적으로 입증한다. 자동차 생산량의 43%를 시간당 15달러 이하의 지역에서 생산하고 있다는 것인데 이를 자랑한 것은 경영진 입장에서는 당연한 것이었으리라. 고용은 개별 기업의 관점에서는 분명히 비용이지만 사회 전체적으로 볼 때는 그 사회의 생산물을 사주는 구매력이다. 이 모순을 풀어야 한다. 우리나라가 하나의 모델을 만들어 낼 수는 있는 것일까? 고용이 수반되는 경제성장 모델은 가능한가? 필자는 '하이테크와 하이터치'라는 제목의 칼럼에서 '롱테일(long tale) 생산'을 언급한 적이 있다.

비록 대량생산은 안 되지만 사람의 섬세한 손길이 좀더 많이 들어감으로써 더 아름답고, 편리하고, 격(格)이 높은 서비스와 상품들을 만들면 이것이 팔릴 수 있다는 이야기다.

미래학자 존 나이스비트는 이것을 '하이터치(high tough) 생산'이라고 불렀다. 생산에서 하이터치가 있듯이 소비에도 하이터치가 있다. 가깝고 편리한 전문점에서 그날 먹을 신선한 먹거리를 아기를 유모차에 태우고 걸어가서 구입하는 것이 하이터치 소비방식이다. 사람을 적게 고용하는 생산방식을 탓하자는 것이 아니다. 그것은 기술의 발달을 거부하는 것만큼 어리석은 짓이다. 그러나 보행자도로의 생김새부터, 환경의 기준부터 보다 인간중심적으로 개혁하면 하이터치 서비스와 제품에 대한 수요를 창출해 낼 수 있고 그만큼 고용을 늘릴 수 있다.

하이터치 사회의 모범으로 왜 유독 우리나라를 꼽을까? 많이 앞선 선진국도 아니고 너무 뒤처진 후진국도 아니면서 동양의 유교적 전통과 서양의 합리적 개인주의 문화가 공존하는 사회, 그리고 아직 여가보다는 일의 가치를 존중하며 패러다임 변화를 기대하기에 적절한 국토와 인구의 규모로 보아 그렇다고 생각한다.

한국이 하이터치 경제 모델 되었으면

더 절대적인 이유는 수많은 나라 중 누군가는 고용이 함께하는 경제성장의 모델을 제시해야만 한다는 사실의 절박성이다. 세상이 이렇게 힘들게 돌아가고 있는데 한국은 영리하게 잘 헤쳐나갔으면 좋겠다.

백범(白凡) 선생의 말을 다시 되뇌어 본다. "나는 우리나라가 남의 것을 모방하는 나라가 되지 말고 높고 새로운 문화의 근원이 되고 목표가 되고 모범이 되기를 원한다. 그래서 진정한 세계의 평화가 우리나라로 말미암아서 세계에 실현되기를 원한다. 우리 민족의 재주와 정신이 이 사명을 달하기에 넉넉하고 우리 국토의 지리적 조건이 그러하다."

(2010.12.14 내일신문)

하이터치(High Touch) 성장모델

오늘날 전세계가 안고 있는 큰 고민은 내수 부족입니다. 민간 소비가 늘지 않는 것이지요. 이것을 두고 자본주의의 근본적 결함이라고 지적하는 사람들도 있습니다. 생산의 여러 요소 중에서 유독 자본을 중심에 놓고, 자본의 시각에서 사물을 보면 인간의 노동은 일개 비용항목일 뿐입니다.

따라서 인건비는 최대한 줄이는 것이 경영을 잘 하는 것으로 간주됩니다. 이렇게 되면 사회 전체적으로 구매력의 총량이 줄어들게 되는 것을 피할 수 없습니다. 내수 부족의 문제를 수출로 해결할 수 있지만 너도 나도 수출에 의존하려 한다면 무역전쟁과 때로는 환율전쟁도 벌어지게 됩니다.

자본주의의 이런 문제에 대해 어떤 대안이 있는지 참으로 풀기 어려운 숙제입니다. 그러나 얼마 전부터 인간의 노동에 대한 사람들의 수요가 늘어나고 있는 징후를 포착하여 여기에 희망을 거는 학자들이 등장하고 있습니다. 미국 프린스턴 대학에서 국제학과 역사학을 가르치고 있는 헤롤드 제임스도 그 중의 하나입니다.

그는 인류의 노동에 대한 수요가 산업혁명 이후, 처음에는 농업분야에서 그 다음에는 제조업에서 꾸준히 감소되어 왔으나 서비스 분야에서는 그 추세가 반전되고 있음을 지적합니다. 가사 도우미의 변천사를 예로 들면서 점차 단순한 가사 일 외에도 자녀 교육, 건강관리, 취미생활 등의 여러 분야에서 사람의 손이 가야 하는 서비스에 대한 욕구가 사회전반에 걸쳐 늘어나고 있다고 설명합니다.

대 추세(Megatrend)의 저자, 존 나이스 빗도 하이터치(high-touch)라는 용어를 만들어 내면서 유사한 전망을 합니다. 하이터치는 하이테크(high-tech)와 구분되는 개념인데 고도의 기술을 이용하여 편리성과 효율성을 높이는 것이 하이테크라면 하이터치는 인간의 복잡하고 섬세한 감성을 배려해준다는 점에서 하이테크와 차별된다고 합니다.

인류는 소득 수준이 높아질수록 하이터치 상품과 서비스를 더 욕구하게 될 것이며 그 범위는 서비스 산업에 국한되지 않고 제조업을 포함한 산업 전 분야에 걸친다고 그는 예언합니다. 하이터치 서비스의 예로 국제택배 사업의 선두주자인 페더럴 익스프레스(FedEx)를 듭니다. 그들의 비결은 최첨단 전자 분류장치나 전용 제트기에 있지 않고 고객의 소중한 물건을 사람의 손으로 수취인의 손에 확실히 쥐어준다는 새로운 브랜드 이미지에 있었다고 합니다.

네트워킹 하드웨어와 사이버 보안 분야에서 세계적 선두주자 시스코(CISCO)는 한 걸음 더 나아갑니다. 고객이 문제가 있어 전화를 걸어왔을 때 제2, 제3의 부서에 전화를 돌리지 않고 첫 응대자가 고객의 문제를 끝까지 해결해 주는 것을 하이터치 테크놀로지, 즉 하이테크와 하이터치의 융합이라고 정의하고 이것이 시스코와 다른 경쟁자들과의 차이라고 직원들을 교육합니다.

고용 및 내수 증대를 위해 정부가 시장에 개입하면서 시행하는 여러 정책들과는 달리 하이터치는 시장 내에서 자연발생적으로 발생하는 중요한 변화입니다. 따라서 이 추세를 누가 먼저 잘 수용하는가는 매우 중요한 과제로 대두될 것입니다.

제주도를 찾는 관광객들은 매년 늘어나고 있습니다. 그러나 이들에게 한라산의 용암 숲과 동식물들에 대해 설명해주는 자연해설사는 아직 그 이용이 보편화되지 않고 있습니다. 제주의 설화와 역사를 재미있게 설명해 주는 역사문화해설사도 마찬가지입니다.

제주도 해안이나 오름의 경관이 빼어난 곳마다 산뜻한 제복을 입고 관광객들을 안내하는 공원 순찰(park ranger)도 제주도에는 아직 생소합니다. 쓰레기를 아무데나 버려도 아무도 만류하지 않습니다.

아주 작은 예에 불과하지만 1100도로에서 영실을 연결하는 경사진 구간에 모노레일을 설치하면 성수기의 주차문제, 자동차 배기가스 문제를 해결하는 동시에 운전자겸 자연해설사 일자리를 하나 더 창조할 수 있습니다.

일자리 만들기의 해답이 여기에 있습니다. 인간의 섬세한 손과 마음이 더해지는 것을 바라는 소비자의 하이터치 욕구에 부응하는 것이야말로 가장 인간중심적이며 노동집약적인 성장모델입니다. 그 모델을 실현하기에 최적인 곳이 제주도 말고 또 어디겠습니까. 그런 만큼 새 도정에 거는 기대가 큽니다.

(2014.6.26 제주신문)

와이키키 거리

국제자유도시 10년, 라이프스타일 도시를 그린다

미국 지도를 펼쳐 놓고 보면 시애틀은 미국의 서북쪽 가장 끝에 위치한 변방이다. 그런데 그곳에 마이크로소프트, 아마존, 스타벅스, 보잉과 같이 이름만 들어도 금방 알 수 있는 세계적 기업들이 진을 치고 있다.

한 여름날 오후에는 하루의 일을 일찌감치 마친 직장인들이 도심의 호수에 쏟아져 나와 요트를 타고 겨울에는 가까운 산에서 스키를 즐기는 곳이 시애틀이다. '작은 도시 큰 기업'의 저자 모종린은 이런 도시를 '라이프스타일 도시'라고 명명한다. 라이프스타일 도시란 사람 사는 모습이 아름다운 도시, 나름대로 자기의 매력을 가진 도시에 다름 아니다.

첨단과학으로 경쟁하는 기업일수록 사람이 기업의 최고 재산이다. 시애틀은 미국에서 매년 실시되는 설문조사에서 가장 살고 싶은 곳으로 다섯 손가락 안에 꼽힌다. 좋은 회사들이 있어서 그렇기도 하겠지만 젊고 유능한 인재들이 선호하는 곳이 어딘가 하는 점은 기업들이 사무실의 입지를 정하는데 있어 중요한 고려 항목이다. 이 두 가지 요인이 상승 작용을 해 매력적인 라이프스타일을 제공하는 도시에는 미래 인재와 유망 기업들이 몰리게 된다.

제주도는 한때 하와이를 발전 모델로 삼기도 했다. 천혜의 자연환경과 휴양 인프라 면에서 양쪽은 서로 유사하다. 그러나 많은 호텔과 높은 건물들은 일견 화려하고 아름답지만 현지 주민들, 특히 근로자들의 삶의 질은 상당히 열악한 것으로 알려져 있다. 관광에 지나치게 의존해서는 양질의 일자리를 충분히 공급할 수 없음이 하와이의 사례를 통해 입증되고 있다.

제주특별자치도 출범 1주년을 맞아 필자가 당시 제주일보에 기고했던 글(2007년 7월 12일)의 일부를 여기에 그대로 옮긴다.

"건강하고 건전한 고급 두뇌들이 제주도에서 즐겁게 일하면서 아이들을 좋은 선생님들이 기다리고 있는 가까운 학교에 보내고 이곳 저곳 도보나 차로 이동하는 것이 쾌적하고 안전하며 여가에는 고급 레저를 저렴하게 즐길 수 있도록 만들어 주는 것. 구체적으로 말하자면 이런 것들이 제주특별자치도가 지향하는 목표가 돼야 한다. 사람 살기 좋은 곳을 만들면 기업과 자본이 따라오고 관광도 따라온다. 그리고 그것이 제주도가 발전해 나가는 바른 순서일 터이다."

지금의 제주도정은 자연, 사람, 문화를 제주의 라이프스타일로 내걸고 있다. 또한 '2030년 탄소 없는 섬'이라는 구체적인 아젠다에는 제주도의 발전 모델이 탈(脫) 물질주의를 지향하고 있음이 들어나 있다.

그러한 라이프스타일 도시로 발전하기를 바라는 시각에서 바라보았을 때 이제까지 간과되었던 다음 몇 가지가 눈에 들어오는 것을 막을 길이 없다.

첫째, 제주도를 방문하는 사람들이 모두 성인군자일 것을 바라지는 않지만 공중도덕을 지키지 않는 것을 방관해서는 안 된다. 교통 질서 안 지키는 것이나 백주에 쓰레기를 투기하는 것은 제주인의 문화 수준을 무시하는 것이다. 규칙은 규제와 다르다. 규칙이 잘 지켜지는 도시에 좋은 기업과 좋은 사람들이 들어온다.

둘째, 제주도의 오름과 곶자왈은 다른 곳에는 없는 제주도의 핵심적 환경 자산이다. 진보적 가치를 추구하는 고소득 전문직 종사자들에게 이런 환경은 매력적이다. 더욱 잘 보전돼야 한다.

셋째, 국제자유도시라는 말은 자칫 미래적인 것에 가려 제주의 과거와 현재를 가벼이 여기도록 만들 위험이 있다. 바람직한 라이프스타일은 기존의 인문적인 요소들과 함께 형성되는 것이어야 한다.

끝으로 앞으로 제주가 변화하고 발전하는 과정에서 주인과 객(客)이 각각 누구인가는 매우 중요하다. 이 땅에서 삶을 이어갈 후세를 생각하는 자는 주인이고 그렇지 않은 사람은 객이다. 주인은 없고 객만 있는 곳은 황폐화를 면할 수 없을 것이다.

(2016.8.22 제주일보)

한반도 평화

정치적 부족주의(Political Tribes, 2018)의 저자 에이미 추아는 다가오는 세계는 각자도생(各自圖生)의 시대로 접어 들 것이며 이때에는 비슷하게 생긴 얼굴들, 역사와 문화를 공유해 왔던 사람들끼리 뭉치게 된다고 예측한다. 부족들처럼.

우리의 경우 남과 북이 모두 인정해야 한다; 이제는 어느 쪽도 상대방을 무력으로 굴복시킬 수 없음을, 그 많은 세월, 통일을 입에 달고 살면서도 정작 우리의 가장 먼 타국보다도 더 동족을 멀리하고 미워하며 살아왔었음을.

전쟁을 입에 담는 경제학자들

역사학을 전공한 파이낸셜 타임즈의 수석 칼럼니스트 기디언 라크만은 '경제학자들을 그들의 왕좌에서 쓸어 버려라'라는 최근의 기고문에서 경제학자들을 비꼬았다. 코앞에 닥친 경제위기도 예측하지 못했던 주제에 그 동안 복잡한 경제이론과 방정식을 들먹이며 정부와 기업과 투자회사의 중요한 자리를 독차지해왔다는 것이다.

노벨 경제학상을 받은 조셉 스티글리츠 교수도 이를 인정했다. 그러나 "아담 스미스의 '보이지 않는 손'이 그 동안 보이지 않았던 이유는 그런 손이 애당초 없었기 때문이다"라는 그의 고백은 지나쳤다. 좀더 겸손할 필요는 있지만 냉소적이어서는 안될 것이다.

위기의 극복을 위한 처방에 있어서도 경제학이 져야 할 짐이 매우 무겁다. 미국의 증권거래위원회(SEC) 의장을 지낸 크리스토퍼 콕스는 지난주 서울의 한 토론회 기조연설에서 "현 추세대로라면 미 연방정부 부채가 매년 8조달러씩 증가하는데 미국의 개인 및 법인의 총 과세소득은 3조1000억달러에 불과하다"는 믿기 어려운 숫자를 밝혔다. 전 세계적으로 국가채무 문제가 다음 글로벌 위기의 씨앗으로 커지고 있다.

크루그만 식(式) 역사의 교훈

또 다른 노벨경제학상 수상자 폴 크루그만 교수는 이달 초 미국 뉴욕타임즈 지의 '2010년의 1938년'이라는 칼럼에서 오늘의 상황이 세계 대공황의 후폭풍을 벗어나지 못하고 있던 1938년과 놀랄 정도로 유사하다며 다음과 같이 말했다.

"수년간의 막대한 재정 지출에 불구하고 경제회복의 기미는 없고 실업은 여전히 고공행진을 하고 있었다. 점차 정부의 부채누적에 대한 불만이 쌓여갔고 급기야 1938년 실시된 총선에서 집권당인 민주당이 참패하고 상원과 하원을 공화당에게 넘겨주게 된다. 그리고는 전쟁이 왔다. 그 동안 주저해 왔던 재정지출이 폭발적으로 늘어났고 미국 경제는 비로소 침체를 벗어날 수 있었다. GDP가 급성장했기 때문에 미국의 정부부채 비율은 낮아졌고 거기에 인플레이션 덕분으로 부채의 실질가치가 현격하게 줄어들었다. 정부의 거대한 부채는 결국 별 문제가 되지 않았다."

크루그만은 따라서 이러한 역사적 교훈을 거울삼아 재정지출을 과감하게 늘려야 한다는 결론을 내린다. 위기 해법으로서 전쟁, 내지는 전쟁에 버금가는 재정지출의 필요성을 언급하고 있는 그의 이야기에서 우리는 마땅한 해법이 떠오르지 않는 한 경제학자의 고뇌를 느낀다.

작금의 국제정세는 어떤가? 중국은 금년을 기점으로 일본을 넘어서서 세계 제2의 경제대국으로 된다. 그러나 미국은 일본과 우리나라, 그리고 인도, 베트남 등과 함께 소위 민주주의의 축(Axis of Democracy)을 형성해 중국을 견제하려 한다.

그래도 경제학적 해답을 찾아야

일본은 중국정부가 금년 들어 돌연 일본의 국채를 대거 매입하고 있는 의도를 의심하고 있다. 뿐만 아니라 일본 엔화의 환율이 1985년 플라자 합의 이후 최 강세를 기록하고 있는데 여기에 중국의 일본 국채 매입이 일조했다고 보고 있다.

오는 9월 22일은 일본 엔화를 절상시키기로 한 플라자 합의(Plaza Accord)가 체결된 지 25년 되는 날이다. 일본 정부는 엔고(円高)의 충격을 완화하기 위해 초 저금리를 비롯한 양적 완화 정책을 도입했는데 이것이 후일 부동산과 주식의 거품을 낳아 '잃어버린 10년'의 불씨가 되었다는 해석이 지배적이다.

미국은 중국 위안화 환율에 대해 제2의 플라자 합의를 시도하고 있다. 지난주 미국 의회에서는 중국의 환율 조작혐의에 대한 청문회가 열렸다. 정부가 외환시장에 개입해 위안화의 저 평가를 유도한 것은 중국의 수출업체들에게 대한 수출보조금 지급에 해당되므로 이에 대해 상쇄관세를 부과해야 한다는 주장도 제기되었다. 그러나 중국은 일본의 전철을 밟으려 하지 않을 것이다.

11월 G-20 정상회담이 서울에서 개최되는 것은 의미가 크다. 경제 위기는 가장 먼저 벗어났지만 주요국들의 이해가 첨예하게 충돌하고 있는 지정학적 지도의 한가운데에 우리나라가 있다.

의장국으로서 세계의 조화로운 위기 탈출의 길을 모색하기 위해 우리는 발언의 수위를 높여야 한다. 문제가 어려울수록 우리는 경제학적 해답을 포기하지 말아야 하기 때문이다.

(2010.9.20 내일신문)

도시의 일출

수위를 높이는 경제외적 위험

중국은 지난 23일 새벽을 기해 동중국해상에 한반도 크기의 방공(防空) 식별구역(Air Defense Identification Zone)을 전격 선포했다. 방공 식별구역이란 자국의 영공(領空)은 아니지만 영공을 수호하기 위해서는 여기에 진입하는 항공물체의 정체와 의도를 식별하여 필요 시에 군사적인 대응을 해야 한다는 명분으로 세계 여러 나라가 설정하고 있는 공간이다. 문제는 한발 빠르게 일본이 이미 설정해 놓은 방공식별구역(JAIDZ)과 넓게 중첩된다는 점과 중일 양국 간의 분쟁지역인 댜오위 다오(일본 식 이름은 센카쿠 열도)가 이 구역 안에 들어가 있다는 점이다.

이에 대한 일본의 반발은 당연히 거세다. 미국 국방부도 동아시아에서의 스테이터스 쿼(status quo)를 무너뜨림으로써 역내 안정을 해치는 행위라고 비난하고 나섰다. 그러나 금년 5월, 느닷없이 자국의 방공식별구역을 확장하여 중국 본토에 130km까지 접근했던 장본인은 다름아닌 일본이었다.

미국 합참의장 마틴 뎀프시는 지난 18일 월 스트리트 저널이 주최한 워싱턴 CEO 포럼에서 아시아에서의 군사적 긴장 가능성을 묻는 진행자의 질문에 "나는 중국의 항공모함 건설보다는 중국의 경제에 대한 걱정이 더 크다. 중국과 미국은 군사적으로 경쟁(competition)도 하고, 때로는 다투기도(contention) 할 것이지만 맞서 대적(confront)하지는 않을 것"이라고 말했다.

지금, 미국 증권시장은 멜트업(melt up)이라는 신조어가 등장할 정도로 호황이다. 후쿠시마 원전의 경우가 열에 의해 핵연료가 용해되어 녹아내린 멜트다운 사건이었다면 멜트업은 양적완화(熱)에 의해 용해된 구매력이 위로 솟아오르는 형국을 말함이다.

S&P 500 지수는 지난 금요일 사상 처음으로 1800을 돌파했다. 멀티플(기업 이윤과 시가총액의 비율)은 17배로서 사상 최고기록 17.5에 육박했다. 과거기록을 보면 멀티플이 17.5까지 오른 것은 2000년 3월의 닷컴 버블, 그리고 2007년 10월 서브프라임 모기지 버블이 극에 달했을 때였다.

“중국보다는 북한을 경계한다”

이런 시기에 세계 경제의 한 기둥이 다른 기둥이 밉다고 발로 걷어찰 수는 없는 노릇이다. 집이 무너질 것이 뻔하기 때문이다. 뎀프시 의장은 이어서 아시아 지역의 긴장은 핵 무장한 북한의 도발 및 확전 가능성에서 비롯될 수 있다는 의견을 분명히 밝혔다. 우리나라는 22일 스텔스 기능에 방점을 찍어 록히드 F-35기 40대 도입을 결정했다고 발표했다. 일본이 2011년에 이미 이 기종을 선택했다는 사실과 중국이 개발하고 있는 젠-20의 기능에 뒤져서는 안 된다는 생각, 그리고 유사시에는 레이더에 걸리지 않고 북한의 지하 핵 시설을 파괴할 수 있어야 한다는 것이 지구상에서 가장 비싼 전투기를 선택한 이유다.

지난 주말에 또 하나의 중요한 뉴스는 이란과 서방 주요 6개국 사이의 협상 타결이었다. 이란은 우라늄 농축 활동을 대폭 줄이기로 했고 서방은 이에 대한 대가로 그 동안 이란에 가해 왔던 경제 제재의 일부를 풀어준다는 내용이다. 핵 폭탄 제조의 또 다른 경로가 될 수 있는 플루토늄 원전 개발을 허용할 것인가 하는 등의 나머지 문제들도 앞으로 6개월 이내에 타결하기로 약속하고 헤어졌다.

세계적 긴장 지역이 중동에서 아시아로, 특히 한반도로 모아지고 있음은 매우 바람직하지 않은 현상이다. 22일은 또한 미국 케네디 대통령 암살 50주기를 맞는 날이었다. 지난 반세기를 이어온 온갖 음모론과 아울러 미국 CIA에 의해 자행된 것으로 폭로 또는 의심되는 주요 사건들, 그리고 최근까지도 진행되었던 우방국 대통령 감청 사례까지 들먹여졌다.

군사적 긴장이 중동에서 아시아로

오죽했으면 케네디 자신도 생전에 “CIA를 1000개로 찢어 허공에 날리겠다”(1966년11월25일자 뉴욕 타임스, 케네디 사망 3주기 회고기사)고 공언했을까! 그에 의해 파면되었던 알렌 덜레스 CIA국장이 후일 케네디 암살 사건의 조사를 맡는 워렌 위원회 7인중 한 명으로 참가하는 그런 무서운 역사를 갖고 있는 나라가 바로 미국이다.

세계 최강국이 반드시 세계 최선(最善)국이어야 한다는 법은 없다. 미국이나 중국, 나아가 일본의 있는 모습 그대로가 우리에게 주어진 조건이다. 미, 중, 일의 중간에 끼어 있는 우리나라는 균형자로서의 지정학적 이점을 극대화하는 외교적 노력이 어느 때보다 절실히 요구되는 시점이다. 국내 문제들을 가지고 밑도 끝도 없이 집안에서 으르렁거릴 때가 아니다. 평화가 없으면 경제도 없다.

(2013.11.27 내일신문)

삼각파도 위의 한반도

미국의 저명한 외교전문가 리차드 하스는 11월 6일 프로젝트 신디케이트 기고문 "트럼프, 중국에 가다"에서 양국은 북한 문제에 대해서 평화적인 긴장해소 방안을 모색하겠지만 만에 하나 제2의 한국전쟁의 발발이 불가피했을 경우에 대비하여 이번에는 미국과 중국이 서로 총뿌리를 겨누었던 전철을 밟지 않으면서 북한의 핵을 관리하고 한반도를 재건하는 방안을 찾는 능란한 외교(deft diplomacy)를 구사해야 할 것이라고 언급했다.

북한의 핵과 미사일 개발로 인한 한반도의 긴장은 세계를 불안하게 만드는 여러 위험 중 가장 가시적인 것이다. 그러나 이 지정학적 위험 이외에도 두 개의 더 큰 위험들이 여러 전문가들 사이에서 자주 이야기되고 있다.

첫째, 블루버그 통신의 주식시장 리포터인 대니 버거는 이를 "완전히 미친 시장"이라고 표현한다. 크레딧 쉬스 뉴욕 지사의 마크 코너스 상담역도 말한다. 허리케인으로 미국의 정유시설이 무너져도, 일본 위로 북 미사일이 날아가도 문의전화 한통 없다. 사람들은 상승세 막장에서 상투를 잡는 불운보다 막차도 놓치고 혼자 소외되는 것을 더 두려워하는 듯하다.

노벨 경제학상 수상자이며 케이스-쉴러 주택가격지수로 더 많이 알려져 있는 로버트 쉴러 교수는 그가 개발한 신P/E 비율(경기변동 요인을 제거한 주가수익 비율)을 소개하며 이것이 30을 넘었던 것은 역사적으로

1929년과 2000년 두번밖에 없었는데 최근에 다시 이 선이 초과되었다고 지적하고 있다.

공포지수라고도 불리는 "VIX"도 최근 한 자리 숫자로 떨어졌다. 이는 주가 급락의 위험을 낮게 본다는 의미로서 투자자들은 보다 과감하게 주식 회사채 부동산 등의 고수익 고위험 자산에 투자를 하게 됨을 말한다. 현재 이 지수는 2007년 3월 서브프라임 사태가 터지기 직전보다도 낮다.

서로가 막차라도 타려는 '미친 시장'

둘째, 슈퍼파워였던 미국이 리더로서의 위상을 버리고 매사 상대국과의 일대일 이해관계에 집착하며 스스로를 격하시키고 있는 데에 대한 우려가 두번째 위험으로 이야기된다.

크리스토퍼 스마트 하버드대학 케네디스쿨 교수는 11월 8일자 프로젝트 신디케이트 기고문에서 '지정학적 리스크와 글로벌 질서의 변동 중 어느 것이 더 위험한가'라는 주제를 다루며 "과거의 지정학적 위험의 사례로 일본의 진주만 공격은 10%의 주가 하락으로 이어졌지만 시장은 6주 만에 회복되었고 2001년 9.11 사태 직후의 12% 하락은 1개월 후에, 그리고 케네디 대통령 암살 때의 3% 하락은 불과 하루 만에 회복되었다"며 "한반도에서의 전쟁도 인도적 참상은 물론, 한국이 세계 13위 경제대국인 점을 감안하면 국제교역의 교란도 불가피 할 것이지만 세계경제는 머지않아 제자리를 되찾게 될 것"이라고 논술했다.

반면, 슈퍼파워는 규범과 원칙 등을 아우르는 하나의 세계 제도(global institution)이므로 이것이 흔들릴 때는 모든 경제주체들의 미래 예측이 어렵게 되어 경제 일반 및 투자 활동이 위축될 뿐 아니라 언젠가 세계경제의 침체가 재현될 때에도 이를 맞서 국제공조를 이끌 리더십에 공백이 생기는 것을 걱정했다.

마침 대통령 취임 일주년을 기하여 12일간의 아시아 5개국 순방을 마치고 돌아오는 트럼프 대통령을 향해 수전 라이스 전 백악관 국가안보보좌관이 신랄한 비난을 쏟아부었다. 11월 13일자 뉴욕 타임스 "중국을 다시

위대하게 만들어주는 트럼프"라는 제목의 글에서 그는 트럼프가 중국의 극진한 환대에 놀아나 정작 할 말은 한마디도 못했다고 비난했다.

지정학적 위험, 시장 위험, 슈퍼파워의 실종의 위험

그는 필리핀 APEC 총회에서는 미국이 불참하더라도 나머지 11개국들이 환태평양동반자협정(TPP)을 계속 추진하겠다는 분위기였는데도 '미국우선'을 앞세워 인도양과 태평양을 아우르는 거대한 블록의 리더십을 "은쟁반에 담아 중국에 바쳤다"고 꼬집었다.

중국이 미국의 위치를 이어받기에는 아직 이르다. 그러나 미국과 유럽과 일본 등의 경제가 아직 영양제 링거주사에 의존하고 있는 것과 달리 중국은 링거가 아닌 예방주사를 경제에 찔러넣고 있다. 예방주사란 병균의 주입이다. 목적은 부채비율을 줄여 외부 충격에 대비하자는 것으로서 그만큼 중국은 성장의 여유가 있다.

어찌됐건, 지정학적 위험, 미친 시장의 위험, 거기에 슈퍼파워의 실종이라는 위험이 삼각파도를 형성하여 밀려오고 있는 마당에 첫번째 위험을 보는 외부세계의 냉혹한 시각이 소름 끼치게 무서워지는 오늘이다.

(2017.11.15 내일신문)

렌칭 체인지 – 극한 위기를 통한 변화

영어로 렌칭 체인지(wrenching change)란 물리적 및 정신적 고통을 수반하는 매우 고통스러운 변화, 미리 막을 수 있었던 모든 불행한 일들을 다 거친 후 성취되는 변화를 말한다. 인류역사에 점철되었던 이런 변화가 한반도에서 일어나려 한다.

백악관 국가안전보장회의(NSC) 보좌관이 미 언론에서 "트럼프 대통령이 북한의 핵 위협을 제거하기 위한 모든 옵션을 준비할 것을 지시했다"고 밝힌 것이 9일이었고 바로 그 다음날 핵 항공모함 칼빈슨이 기수를 한반도로 돌려 북상하기 시작했다.

같은 날 이태리에서는 G7 외무장관회의가 열렸다. 시리아 사태와 북한 사태가 함께 다루어졌는데 미국이 레드 라인(절대 넘어서는 안 되는 선)을 넘은 시리아에 대해 응징한 것에 대해서는 일치된 지지를 보냈고 돌이켜 2013년 화학무기 폐기를 약속하며 아사드 정권을 미국의 군사 행동으로부터 지켜 주었던 러시아에 대해서는 그 무책임성을 성토했다.

다음달에 이어서 열릴 G7 정상회의에서도 북한 문제는 시리아보다 더 중요하게 다루어질 것이다. 영국 정보기관인 MI6(해외정보국)의 존 소웨어스 전 국장의 발언대로 북핵 문제는 "협상을 통해 평화롭게 해결되지 않으면 미국에게는 한가지 유일한 것, 군사적 선택밖에 남지 않는 심각한 위험"이기 때문이다.

G7 회원국은 아니지만 G2국 중국은 무엇을 원하는가? 지난 주 트럼프-시진핑 회동에서 중국이 제시했던 것으로 알려지는 해법은 비핵화 및 평화협정을 병행화는 쌍궤병행(雙軌竝行)과 핵실험 중단과 한미연합훈련을 중단하는 쌍중단(雙中斷)이었다.

"쌍궤병행 쌍중단"

공교롭게도 이 내용은 노무현 정부에서 첫 외교부 장관을 지냈던 윤영관 서울대 교수가 지난 2월 17일 프로젝트 신디케이트 지에 북핵문제 해법으로 제시했던 글과 일맥상통한다. 중국은 과거 명나라 시절 한반도를 중국 침략의 교두보로 삼으려는 일본과 대적해 싸워야 했고(1592년 임진왜란) 그로부터 3백 년 후에는 한반도를 정복한 일본과 청일전쟁을 치러야 했으며 더 최근의 한국전쟁 때는 압록강 국경까지 북진한 미군과 대치해야 했던 경험이 있으므로 북한과 같이 친중 정권을 국경에 두고 싶어한다. 그러나 북한이 지금처럼 누구에게 위협적인 존재가 되어서는 이러한 완충지역으로서의 역할을 할 수 없다.

중국이 북한에게 핵을 포기하도록 설득하려면 미국이 북한의 체제 전복을 바라지 않음을 공언해야 한다. 그리고 핵 무장을 하지 않더라도 북한 안

보가 보장되는 장치를 마련해야 하는데 이를 위해서는 한국에 대한 침략이 미국에 대한 침략으로 간주되는 한미 방위조약이 있듯이 북한에 대한 침략이 중국에 대한 침략과 동일시되는 북중 방위조약을 미국을 비롯한 당사국들이 존중해야 한다는 취지의 글이었다.

그렇다면 미국이 제시하는 '협상'의 조건은 무엇인가? 지난 9일 틸러슨 장관이 미 ABC방송에서 밝힌 조건은 북한이 미사일 시험발사를 중단하고 미사일 프로그램을 더 이상 진전시키지 않는 것이었다. 미사일 시험발사 중단을 비핵화의 의지로 보겠다는 것으로서 매우 중요한 발전이다. 미국이 북한의 체제 전복을 원하지 않음은 그의 입을 통해 이미 확인된 바 있다. 비핵화가 진전되면 사드(THAAD) 문제는 자동적으로 해소된다.

한반도의 운명이 갈림길에 있다. 이달 15일로 다가오는 태양절 또는 그 이후에 북한이 추가 핵실험이나 탄도미사일 도발을 하고 미국이 이에 무력으로 대응하는 것이 하나의 갈림길이다. 미국이 시리아의 화학무기 사용에 대해 즉각적으로 반응했던 행동을 미루어 보면 충분히 가능한 일이다. 이때 한반도는 전쟁에 휘말리고 막대한 희생을 치르지만 통일은 이룰 수 있을지 모른다.

한반도에 놓인 두 갈림길

다른 갈림길은 북한이 사태의 엄중함을 인식하고 중국과 미국이 요구하는 협상의 조건에 부합하는 행동을 하는 것이다. 이렇게 되면 정전협정은 자연스럽게 평화협정으로 대체된다. 한반도에 두 개의 독립된 나라가 병존하는 그림은 한반도 통일을 바라는 많은 사람들에게 배척되어왔다. 그러나 서로 적대하며 살아온 날이 너무 길었음을 감안하면 원샷의 통일이 아니라 선평화 후통일의 접근이 오히려 통일의 날을 앞당기는 길이 될 수 있다.

위기의 심각성에 비하면 국제 금값과 국내외의 환율 및 주식시장의 반응은 다소 뒤늦은 감이 있다. 지금의 위기가 역설적으로 한반도 평화의 전초가 될 수 있기를 기대한다.

(2017.4.12 내일신문)

해방의 완성

1945년 태평양전쟁에서 패전하여 한반도에서 철수하던 일본총독 아베 노부유키는 "우리는 비록 전쟁에서 졌지만 조선이 승리한 것은 아니다. 장담컨대 조선인이 과거의 위대했던 영광을 되찾으려면 100년이라는 세월이 걸릴 것이다. 우리는 조선인에게 총과 칼보다 더 무서운 식민교육을 심어 놓았기 때문이다"라는 저주의 예언을 남기고 떠났다고 전해진다.

그 100년이 되는 날까지 30년이 채 안 남았다. 그런데 우리는 그 동안 한반도의 반쪽에서 거둔 경제성장을 두고서 마치 해방의 영광을 되찾은 것처럼 자만하고 있지 않았던가?

지난 3월의 문재인-김정은의 판문점 회동과 사흘전 6월 12일의 북미정상회담을 목격하던 많은 사람들의 가슴을 채웠던 감동의 정체는 아마도 해방의 완성, 영광의 회복에 대한 한줄기 눈부신 빛이 아니었을까?

굳이 따지자면 해방 후 한반도의 난관은 2개의 정부(제주도는 남과 북 단독정부에 반대했다) 수립에서 잉태됐다. 그러나 지금의 현실을 괄목하면 무작정 통일이 아니더라도 남과 북 두 나라가 적대를 종식하고 동반 발전하는 것도 엄연한 한반도 영광 회복의 길임에 틀림없다.

적대종식 과정에서 미국의 역할은 크다. 그러나 역대 미국의 대통령들은 미국의 막강한 군산(軍産)복합체제의 영향력에서 자유스럽지 못했다. 무기 산업은 무기 제조업자와 무기상들만을 위한 것이 아니라 미국의 국제수지 균형을 위해 필요한 것이기도 했다.

이번 북미정상회담을 통해 알게 된 트럼프 대통령은 과거의 정치인 출신 대통령과는 다른 모습이었다. 폭격기가 6시간 동안 괌 기지로부터 날아오는 비용, 그 폭격기들이 한반도 바다에 투하하는 폭탄들의 비용들을 한미연합훈련 중단으로 절약할 수 있다고 말했고 미국의 국제수지 적자는 미국을 봉으로 보는 무역 상대국들의 버릇(?)을 뿌리 뽑음으로써 해결해야 한다고 주장한다.

그는 또한 "전문가들은 내가 북한의 김정은을 쉽게 만나주는 것부터가 잘못이라고 트집 잡고 있다. 그들은 겉으로는 평화를 이야기하지만 실제로는 아무것도 이루지 못해왔다. 김정은 위원장과 나는 잘해낼 것"이라고 이번 회담에 대한 기대를 피력했다.

그러나 핵심주제인 '완벽한 비핵화'는 거기에 몇 개의 형용사가 붙건 안 붙건 간에 시간이 걸린다. 우선 기술적으로도 과거 남아공의 핵 해체 및 구소련시대에 벨라루스 등 3국에 배치됐던 핵무기의 러시아 이전의 예에서도 최소 2년에서 4년이 걸렸다고 한다. 트럼프 이후 차기 대통령까지 이어지는 프로세스다,

그것은 또한 기술적인 프로세스이자 신뢰의 프로세스이기도 하다. 공격의 위협이 무장의 위협을 낳았듯이 공격위협의 제거만이 핵무장으로 인한 위협을 제거할 수 있을 것인데 이것은 본질적으로 '닭과 달걀의 문제'이고 보면 비핵화와 체제 보장의 프로세스는 꽤나 까다롭고 장기적인 것이 될 수밖에 없다.

그러는 가운데 어느 한 쪽의 작은 차질 하나가 전체 프로세스를 무산시킬 가능성은 상존한다. 이번 북미정상 합의문의 서명 후 기자회견장에서 트럼프 미 대통령에게 쏟아진 우려와 힐난 섞인 언론들의 질문도 앞으로의 길이 순탄하지 않을 것임을 예고해 주고 있다.

심지어 '리비아식 해법'을 공공연히 거론하는 정서가 한 때나마 미국 핵심부 내에 있었다는 사실도 잊지 말아야 한다. 리비아가 미국 등 서방의 각종 제재에 굴복, 핵무장을 중도 포기한 것이 2003년이었다. 그러나 미국은 여기에 그치지 않고 2011년 튀니지와 이집트를 거쳐 리비아에 불어 닥친 아랍의 봄으로 인하여 가다피 정권이 반란군과 대치했을 때 반란군을 지원하여 결국 가다피의 체포와 처형에까지 이르게 한 유엔결의 1973호와 NATO군의 리비아 투입을 주도한 것이다.

어제 우리는 전국 동시 지방선거를 치렀다. 미북 정상회담과 한반도 비핵화라는 주제는 선거 과정에서와 마찬가지로 선거 후에도 계속 우리 정계의 주요 주제로 남을 것이다. 모든 주저와 냉소들을 해방의 완성을 바라는 소원으로 이겨낼 수 있기를 바란다.

(2018.6.14 제주매일)

제3부

세계 경제의 여러 과제

2008년 이후 현재까지 십 수년에 걸친 위기를 (1) 2007, 2008년을 기점으로 한 미국의 속칭 “서브 프라임” 사태 (2) 2010년을 기점으로 한 유럽 재정 및 유로 존 위기 (3) 2019 12월 이후의 COVID19 팬데믹 사태로 획을 그어 볼 수 있겠다.

첫 위기는 미국 산(産)이다. 두번째 위기는 미국에서 시작하여 전세계로 확대된 금융 위기를 각국의 정부가 재정지출을 늘려 극복하자고 했던 초기의 국제 공조가 엉뚱하게도 유럽 여러 나라들의 부실재정이 만천하에 들어 나는 계기로 작용하였기에 발생한 위기였다. 세번째 위기는 이 두개의 위기가 진정되려는 시점에 발발하여 오늘까지 이어지고 있다.

- 인플레이션에 대한 오해
- 통화 액티비즘
- 통화팽창이라는 이름의 '설국열차'
- 깨지는 금기들
- 마이너스 금리

자산가격 거품

- 소로스의 재귀성(再歸性; reflexivity) 이론
- 무리(herd) 본능
- 거시건전성
- 거품은 영구화되는가?
- 자산 가격 버블
- 초신성

국제통화 질서

- 이란 원유거래소와 달러 화
- 변화하는 국제통화질서
- 외환시장 개입
- 환율조작국은 누구인가?
- 기축통화, 달러화의 지위

위기의 진행

1930년 세계 대공황 이후 가장 그 규모가 컸던 글로벌 금융위기(2007~2008)는 미국의 주택가격 거품과 금융증권화의 합작품이었다. 부동산 가격의 흥망은 있을 수 있는 일이었으나 주택담보증권(MBS)이라는 첨단 금융상품이 개발됨으로써 주택 융자와 주택 매입에 따른 주택 가격 상승이 다시 주택 융자와 주택매입으로 이어져 어느 순간 가격 재조정의 충격이 상상할 수 없는 정도로 증폭되었던 것이다.

위기의 원인으로 흔히 거론되는 금융불균형(Financial Imbalance)은 개인간 소득의 불균형으로부터 국가간 무역수지의 불균형, 나아가 소비자 물가와 자산 가격의 불균형까지 두루뭉실하게 포함하고 있다.

불균형이 균형으로 회귀하는 동력이 시장 내에 존재하는가 여부는 매우 중요한 질문이다. 거품이 지나치게 형성되기 전에 시장 자율에 의해 균형을 찾게 된다면 좋은 일이다. 차선으로 거품이 어느 선에서 깨짐으로써 경제 주체 간에 고통분담 과정을 거쳐 균형을 뒤늦게 찾는 것도 하나의 방법이다.

그러나 거품이 깨지는 것에 대한 두려움 때문에 인위적으로 거품 깨짐을 지연시키는 것은 매우 위험하다. 초저금리 및 중앙은행의 자산매입이라는 두개의 굵은 주사바늘 중 금리는 어느 정도 장상을 찾아가고 있다. 보다 크고 "비 전통적인" 주사바늘 - 중앙은행을 통한 거대한 유동성 공급은 아직 환자의 몸에 꽂혀 있다.

금융불균형의 참을 수 없는 결과

미국 서브 프라임 사태를 계기로 금융불균형(financial imbalance)과 금융 증권화(securitization)의 문제가 새롭게 조명되고 있다.

금년 1월 초 뉴 올리언스에서 개최된 미국경제협의회(American Economic Association) 총회에서 하버드 대학 케네스 로고프 교수는 세계2차대전 이후 경제 부국에서 발생했던 18번의 금융위기를 분석한 결과 위기발생 직전 4년 간의 공통점 네 가지, 즉 주택가격 상승, 주식가격 상승, 외국자본의 유입, 그리고 재정적자의 증가 등이 현재 미국의 경우에 딱 부합하고 그 강도로 말하자면 가장 고통이 심했던 '빅5'에 해당된다고 발표하였다.

미국의 주택가격은 다른 통계(S&P/Case-Shiller index)를 통해 보면 1997년부터 2006년까지 9년 동안 124% 상승하였다. 2001년을 제외하고 매년 10% 이상씩 오른 셈이다.

자산가치 버블 초래

미국의 서브 프라임 고객, 즉 신용등급이나 소득수준이 낮은 사람들까지 부동산 축제에 가담하게 된 것은 모기지 금리가 싼 데다 대출은행들도 주택을 담보로 취득하는 만큼 대출상환 걱정을 하지 않았기 때문이었다.

실제로 미국의 금리는 2003년과 2004년에는 연방준비은행 기준금리가 1%에 불과했다. 국제결제은행(BIS)의 경제학자 클라우디오 보리오는 인플레이션이 낮을 때의 금리 이완이 자칫 신용과 자산가격 버블을 초래할 수 있음을 경고하면서 인플레이션보다 더 경계해야 할 것이 이름하여 '금융불균형'임을 강조한 바 있다.

사태를 더욱 심각하게 만들고 있는 요인은 '증권화'이다. 과거에는 주택소유자 및 그 집을 잡고 돈을 빌려준 은행을 포함하여 특정 이해관계자들에게 그 피해가 국한되었으나 이제는 전세계의 불특정 다수의 금융기관과 기관투자가 및 일반인들에게 그 피해가 분산되었다.

소위 금융공학의 발달 덕분(?)으로 이제는 대출을 취급했던 은행이 만기일까지 그 대출을 가지고 있는 경우는 드물다. 금융자산들을 그 성격 및 신용등급별로 분류, 합성하여 이를 근거자산(underlying asset)으로 하는 유가증권을 탄생시킨다. 주택저당 채권, 신용카드 채권, 심지어 일반 상사채권까지도 이런 방법을 거쳐 유가증권시장에 상장되어 투자자들 사이에서 사고 팔리는 것이다.

이렇게 되다 보니 주요 은행들과 증권사들까지도 거래 상대방이 얼마의 부실요인을 안고 있는지는 물론이고 자기 본사와 자회사의 부실 규모도 정확히 파악하기 어려운 상황이 발생하였다. 금융증권화도 일종의 기술혁신이므로 이를 억지로 막을 수는 없다. 금융증권화는 앞으로도 금융위기 발생 시 그 파급을 더 크고 넓게 만드는 요인으로 남을 것이다.

최근 메릴린치와 씨티그룹이 산유국과 아시아의 국부펀드로부터 210억 달러의 자본금 증자지원을 받은 예에서 보듯 미국은 IMF의 지원 대신 산유국과 개발도상국의 지원을 받아 유동성 위기를 넘기고 있다. 나아가 주목해야 할 것은 MBIA와 Ambac 등, 유가증권 보증을 하여 왔던 보험회사들이 신용평가기관으로부터 요구받은 자본금 증자를 하지 못하고 있다는 사실이다.

보험회사인 ACA사의 신용등급은 작년 말에 이미 A 마이너스에서 투기등급(junk status)으로 떨어진 바 있다. 미국 서브 프라임 대출총액이 약 1조3000억 달러로 추정되는데 비해 이들과 같은 보험회사의 보증을 받아 거래되었던 유가증권의 잔액이 2조4000억 달러에 달한다는 사실이 보는 사람들을 긴장하게 만든다.

증권화로 문제가 더 심각

우리나라에서는 신용카드 대란을 거울삼아 일찍이 주택담보대출에 대한 금융감독 당국의 과민할 정도의 억제가 있어왔다. 다만 우리의 경우 부동산 정책의 시행착오로 인하여 주택가격 상승을 사전에 막지 못하였고 이에 뒤늦게 편승한 많은 사람들에게 대출규제 및 금리부담 상승이라는 괴로움을 주고 있는 점은 아쉬운 부분이다.

어쨌든 다시 서두에서 언급한 로고프 교수의 주장에 의하면 과거 금융위기의 경험에 비추어 이번 미국 금융위기는 경제성장률을 최소 2% 포인트 이상 축소시키고 경기회복에 2년에서 3년이 걸릴 것이라고 한다.

미국은 우리나라의 최대 교역상대국인 중국의 최대 교역상대국이다. 이래저래 우리나라는 큰 영향을 받는다. 새 대통령과 새 시대를 맞는 이 시점에서 타산지석의 의미도 새롭게 새겨보아야 한다.

(2008.1.23 내일신문)

맨해튼 힐튼호텔에서 바라본 브루클린 부두

반(反)세계화의 새 진원지

미국은 매년 2월 세번째 월요일을 '대통령의 날' 공휴일로 하고 있다. 학교에 따라서는 겨울 중간방학이라는 명목으로 일주일을 내리 쉬기도 하는데 백화점마다 큰 세일을 벌이는 날이기도 하다. 버락 오바마 대통령은 금년 대통령의 날인 2월 16일 이전에 8000억달러 규모의 초대형 경기부양 예산안이 의회를 통과하여 본인이 서명할 수 있게 되기를 단단히 바라고 있다.

오바마 새 정부가 야심차게 마련한 이 경기부양 예산의 대부분은 사회간접자본 건설, 신 에너지개발, 그리고 교육 의료 개선사업에 지출되며 일부는 세금환급으로 사용된다. 그런데 이 예산안에 '바이 아메리칸(Buy American)' 조건을 첨가할 것을 의회가 요구하고 있어 유럽과 아시아 여러 나라들이 바짝 긴장하고 있다. 즉 정부 재정지출을 재원으로 시행되는 모든 사업에 미국산 자재만을 사용해야 한다는 것이다.

1930년 세계 대공황 초기에도 미국은 수많은 국내외 경제학자들의 탄원에도 불구하고 악명높은 스무트 홀리 관세법을 제정하여 관세장벽을 쌓아올린 적이 있다. 이것이 필연적으로 무역전쟁을 낳아 세계교역을 더욱 위축시킴으로써 경기회복을 한층 더 어렵게 만들었던 기억이 생생하다.

'바이 아메리칸' 조항에 긴장

보호무역주의라는 비난 때문에 한발 물러선 상원은 지난주 그 조건을 완화한다며 이런 단서조항을 달았다. 미국산만을 사용함으로써 공사비가 25% 이상 비싸진다는 사실을 입증할 경우 외국산 사용을 허가할 수 있다고.

백악관은 바이 아메리칸 조항에 대해 반대하는 입장을 표하고 있다. 다른 나라들의 저항이 불 보듯 뻔하기 때문이다. 그러나 예산안의 신속한 통과를 바라는 오바마 대통령으로서는 이 조항을 가지고 의회의 처리 속도를 늦출 수 없는 형편이다.

이러한 '바이 아메리칸' 움직임은 건설공사 현장에 국한되지 않고 있다. 정부로부터의 구제에 힘입어 연명하고 있는 은행들도 외국에 나간 대출을 줄이고 내국인과 내국 기업에 대출을 지원하라는 유형 무형의 압박을 받고 있다.

그런가 하면 참신하고 유능하다는 티모시 가이트너 신임 재무장관마저도 중국을 향해 환율조작(currency manipulation)국이라는 포문을 뜬금없이 열어 대고 있다.

세계화는 상품과 자본의 자유스러운 이동과 시장의 가격 메커니즘에 의한 자원의 배분이 당사자들에게 이익을 가져온다는 믿음에 기초한다. 세계화에 대한 저항은 개발도상국에서만이 아니라 최강 선진국 미국에서도 오래전부터 있어왔다.

컴퓨터 산업의 여러 소프트웨어를 인도의 기술자들에게 "아웃 소싱"하고 중국의 값싼 노동력으로 생산된 상품을 대량 수입하는 세계화 추세 때문에 미국의 중산층이 사라졌고 소득 양극화가 심화되었다는 불만이 있어 왔다.

워싱턴의 퓨 리서치 센터가 2002년에 실시한 여론조사에서 미국인의 78%가 무역이 미국에 이익이 된다고 답했는데 작년에는 이 비율이 53%로 낮아졌다. 일본 71%, 영국 77%, 프랑스 81%보다 월등히 낮은 것이었다.

미국인들의 소득 불평등이 중국 등 가난한 나라와 교역을 늘렸기 때문인지의 근거 유무와 무관하게 요즘 미국 내 분위기는 세계화 옹호자들을 궁지에 몰아넣고 있다. 민주당 내에서 전통적으로 보호무역의 목소리가 큰 것도 사실이다.

바로 어제(2월10일) 수정안이 상원을 통과하였으므로 2주 전에 하원을 통과한 법안과의 차이를 조정하는 절차를 금주 말까지 거치게 된다. 최종 서명을 앞두고 오바마 대통령이 '바이 아메리칸' 조항에 대해 어떠한 입장을 보일까?

CNN의 오래된 앵커 루 돕스(Lou Dobbs)는 오바마가 선거 유세 때에 한 말-미국 물건을 사자는 것을 어찌 보호무역이라고 하겠는가, 그것은 상식이다-를 뒤집으려 한다는 비난을 서슴지 않는다.

"선거 때 공장 근로자들에게 한 약속보다 외국 정부와의 약속이 더 중요한가? 그들이 WTO에 제소하는 것이 무서운가? 그것이 우리 정부보다 상급기관이란 말인가"라는 유치한 주장을 미국의 TV화면에서 보게 됨은 매우 씁쓸한 노릇이다.

미국의 실험은 인류의 실험

오바마는 이성적인 이상주의자인 것 같다. 미국의 유권자들은 다 꺼진 줄 알았던 정치에 대한 희망의 부활을 목격했다. 그들은 대통령 한 사람을 잘 뽑음으로써 워싱턴 DC의 정치, 로비스트들과 이해 집단들에 의한 정치를 변화시킬 수 있다는 희망을 갖고 오바마를 선택했다.

이들을 또다시 실망시킬 것인가? 귀추를 지켜본다. 미국이 당면한 시장자본주의의 생존실험은 인류가 당면한 실험에 다름 아니기 때문이다.

(2009.2.11 내일신문)

"이번만은 다르다"

1820년 스코틀랜드의 그레고르 맥그레고르(Gregor MacGregor) 장군은 지구 상에 존재하지도 않는 포이에스(Poyais)라는 나라의 땅을 영국인에게 팔아먹었다. 그 땅을 산 의사 변호사 은행원 등 240명의 정착이민자들 태반은 중남미 오지에서 풍토병 또는 자살로 생을 마감했고 60명만이 살아서 고국으로 돌아왔다.

메릴랜드 대학의 카르멘 라인하트 교수와 하바드 대학의 케네스 로고프 교수의 공저 '이번만은 다르다'(This time is different)라는 책에 나오는 일화다. "이번만은 다르겠지"라는 환상 때문에 번번히 속는다는 것이다.

지난 8세기 동안 세계 66개국의 대형 금융위기의 자초지종을 보면 매번 유사한 원인과 경로를 거쳐 문제가 터졌는데도 불구하고 이를 사전에 막을 수 있었던 많은 사람들이 이번만은 다르니까 크게 걱정 안 해도 될 것으로 오판했기 때문에 금융위기가 반복돼왔다는 내용이다. 그 공통적인 위기의 징조는 다름아닌 부채와 자산가격의 급등, 즉 금융과잉 현상이었다.

위기 원인은 항상 같았다

1996년부터 2006년까지 미국의 주택 실질가격 상승률(주택가격상승률에서 물가상승률을 뺀 숫자)은 92%에 달했다. 이는 1890년부터 1996년까지 106년간의 주택가격 상승률 27%의 3배다. 이런 신호에도 불구하고 많은 전문가들은 각종 이유를 대며 이번만은 다르다고 말했다.

금융이 실물 경제를 위한 수단으로 머무르는 한 금융과잉은 빚어지지 않는다. 집을 의식주의 사용가치로 보고 구입하는 경우는 가격이 오르면 수요가 줄어든다. 그러면서 가격이 제자리를 찾는다. 그러나 투자가치를 보고 집을 산다면 이야기는 다르다. 가격이 오를수록 수요가 몰린다. 같은 주택금융이라도 전자는 실물의 경제, 후자는 돈의 경제에 속한다.

은행들도 마찬가지다. 고객들에게 금융 서비스를 제공한다는 영업의 한계를 뛰어넘어 단기적으로 더 많은 이익을 내기 위해서 고객들이 예금한 돈으로 자기들의 돈벌이 영업을 벌인다. 게다가 많은 돈으로 유가증권 등을 사고 팔지 않더라도 금융선물(financial futures)을 이용하면 이자율이나 환율, 또는 주가지수의 변동을 예측만 잘 해도 큰 돈을 벌 수 있다. 'CDS'(신용부도 스왑)는 어느 국가나 회사가 채무불이행 상태로 될 가능성에 돈을 거는 흉칙한 상품이지만 이를 만들어 파는 금융회사(예: AIG)나 이를 사고 팔아 매매차익을 얻으려는 사용자(예: 헤지 펀드) 사이에서 대단한 인기를 누렸고 현재도 성업 중이다.

그러나 금융과잉의 그늘에는 금융소외가 따른다. 그 현장을 영국에서 보자. '사람과 지구를 걱정하는 경제학 모임' NEF(New Economics Foundation)가 작년 11월에 발간한 금융개혁 백서에 의하면 영국의 세 가구 중 한 가구는 은행 예금계좌가 없다. 이들은 온라인 송금이나 자동대체를 이용하지 못한다. 따라서 가스나 전기, 전화 요금을 선납해야 한다. 이용단가는 오히려 10% 더 비싸다. 이들은 연리 160%에서 2000%를 물리는 고리대금업자의 먹이감이 되기도 한다.

금융이 실물 경제를 지원하도록 만드는 방법은 있다. 미국 오바마 대통령이 은행의 헤지 펀드 투자나 유가증권 매매를 막겠다고 하는 것은 이런 취지에서다. 유가증권을 자산으로 가지고 싶으면 기업이 처음 발행할 때 사주라는 것이다. 또한 은행들로 하여금 금융 낙후지역에서의 영업활동을 공개하도록 하는 미국의 지역재투자법(Community Reinvestment Act)도 제대로 운영된다면 많은 도움이 될 수 있을 것이다.

그러나 자연계에 종 다양성의 보존이 중요하듯이 금융계에서도 금융기관의 크기와 성격이 다양하게 존재하도록 키우는 일이 중요해 보인다. 그동안 거대주의(巨大主義)를 좇아 진행되었던 은행의 대형화를 지역화 및 다양화로 전환할 필요가 있다. 그래야만 실물 경제를 잘 지원할 수 있을 것이다. 마치 환자로 들끓는 종합병원보다 동네 의원들이 마을환자들의 병을 더 잘 관리할 수 있듯이 말이다.

금융의 종(種) 다양성

'이번만은 다르다'의 저자들은, 그러나 이번에는 위기로부터의 탈출과정이 전과 다를 수 있다는 경고를 덧붙인다. 전례 없이 '글로벌'하다는 특징, 즉 동시다발적으로 모든 나라가 똑같이 어려움에 처해 있다는 사실, 그리고 인구감소 현상 때문에 과거처럼 '성장'이라는 해결사가 위기탈출을 도와줄 것을 기대하기 어렵다는 이야기다.

이들은 도합 5년간의 실업 증가, 6년간의 집값 하락을 예측한다. 그렇다면 이제 금융은 그 본연의 기능이 더 절실히 요구되는 계절을 맞는 것이다.

(2010.3.15 내일신문)

피케티(Piketty)의 처방

작년에 프랑스에서 첫 출간되었을 때는 세계의 큰 주목을 받지 못했던 "21세기의 자본"이라는 경제학 책이 금년 4월 영어 번역판이 등장하자 선풍적인 인기를 끌며 한달 만에 뉴욕타임스 베스트셀러 1위 자리를 차지했다. 그것은 불평등의 역사와 그 미래에 관한 책이다. 영국의 경제주간지 이코노미스트는 저자인 토마스 피케티를 현대의 칼 마르크스라고 치켜세우기까지 했다.

그가 말하는 자본은 부(富)의 총칭이다. 토지, 건물, 기계뿐 아니라 주식과 채권, 은행예금 등 금융자산까지를 다 포함한다.

거두절미하고 그의 주장은 한 사회의 경제가 전체적으로 일정 비율로 성장하면 생산에 기여한 경영자와 근로자에게도 같은 비율의 대가가 돌아가야 하는데 산업혁명 이후 250년 동안의 자료를 분석한 결과 자본을 가진 자에게 돌아가는 대가가 항상 컸다는 것, 그리고 이로 인한 부의 편중이 오늘날 사회 및 경제가 안정을 찾지 못하는 근본적 원인이라는 것이다.

해결책으로는 국가가 개인의 순자산(자산에서 부채를 뺀 금액)에 대하여 부유세(wealth tax)를 과세하는 것인데 이를 위해서는 부자들의 자산과 부채를 조세당국에게 투명하게 공개하는 것이 중요하다. 조세 민주주의를 통하여 자본주의의 허점인 양극화 현상을 막아야 한다. 그렇게 하지 않으면 자본주의, 나아가 민주주의도 위기를 맞는다는 주장이다.

부유세 이야기는 오래 묵은 것이다. 영국에서는 1974년 노동당이 집권할 때 공약으로 내걸었던 것인데 집권 기간 중 이를 이행하지 못했다. 행정의 비용이 과다하다는 노동당 내외의 반대에 부딪혔기 때문이었다.

"자본주의 및 민주주의의 위기를 막자"

1999년에는 미국의 부동산 거물 도널드 트럼프도 1천만 달러(한화 백억 원) 이상의 순자산 보유자에게 딱 한번 14.25%의 부유세를 징수하여 5조7천억 달러를 걷어 들이자는 제안을 한 적이 있다. 이는 당시 미국 정부의 총 부채에 맞먹는 금액으로서 한 동안은 다른 세금을 일체 면제할 수 있다는 논리였다.

순자산 가액을 평가하는 것은 특히 부자의 경우 매우 어렵다. 월 스트리트 저널은 자산순위 상위 1%의 경우 예금, 주식, 채권 등 금융자산은 상대적으로 적은 반면 비 금융자산이 62%을 점한다고 보도했다(2012.1.11자). 또한 비 금융자산의 3분의 2는 비상장회사 형태로 보유하고 있어 이들이 소유하고 있는 부동산 및 회사 전체의 순자산가액을 평가하는 과정에서 온갖 기만이 끼어들 소지가 큰 점을 우려했다. 그 외에도 세금 납부를 위해 일부 떼어서 처분할 수도 없는 비 금융자산의 속성을 감안하면 피케티 식의 자본주의 해법은 현실성이 떨어진다는 전문가들의 비판은 타당성이 있다.

그럼에도 불구하고 이 책이 베스트 셀러가 된 이유는 현재 세계 도처의 불안과 무관치 않아 보인다. 미국의 경우 2009년 3월의 바닥 이후 만 5년 이상 주식시장의 호황이 이어지고 있고 2009년 6월부터는 밀로는 경기회복이 시작되었다고 하는데 중산층의 경제사정은 좋아지는 기미가 없고 금년 들어서는 동유럽의 우크라이나, 중동의 시리아, 그리고 최근에는 이라크에서의 긴장과 불안이 깊어 가고 있다.

마크 파버(Marc Faber)라는 스위스 출신의 투자전문가에게는 닥터 둠(Doctor Doom)이라는 별명이 붙어있다. 1997년 아시아 경제위기와 2008년 글로벌 금융위기를 그가 사전에 예측 했었기 때문이다. 그는 2012년 이래 줄기차게 주요국의 경기후퇴를 경고해 왔다. 주식 및 채권 시장은 그의 경고를 비웃듯이 호황을 이어왔다. 최근에 그는 그의 예측이 빗나간 것은 미국 연준의 전례 없는 양적완화로 자본주의의 창조적 파괴가 미루어 지고 있기 때문일 뿐이라고 설명한다.

깊어 가는 불안과 긴장

아무튼 사정은 그리 녹녹하지 않다. 미국 금융위기의 전철을 피해가려고 애써 왔던 중국도 최근 양적완화 대열에 가세하고 있다. 7월의 인플레이션 수치가 정부가 타깃으로 삼는 3.5%에 못 미치는 2,3%에 그쳤다는 소식에 경기부양책에 대한 기대감이 높다.

최근 우리나라 새 경제팀의 확장적 거시정책도 양적완화 기조에 뒤늦게 편승하는 것이다. 이제까지 가계부채의 규모 억제에 중심을 두었던 정책의 한계를 솔직히 인정하고 과감한 정책적 선택을 한 것인데 물론 이것은 한시적이고 국부적인 모면책일 뿐 지속 가능한 해결책은 아니다.

피케티의 처방 그 자체는 현실성을 결여할지 모른다. 그러나 자본주의의 양극화 경향에 대한 해법은 계속 인류를 목마르게 할 것 같다.

(2014.8.13 내일신문)

경제학 제국주의(Economics Imperialism)

제국주의란 한 나라의 힘이 매우 커서 다른 많은 나라들과 지역을 지배하는 것을 말한다. 경제학 제국주의에는 양면성이 있다. 한편에서는 경제학이 자기의 고유 영역이 아닌 분야에 경제학의 분석 도구를 들이대 환경경제학 교육경제학 범죄경제학 등으로 연구 분야를 확대해가고 있어 이 분야들을 학술적으로 지원하고 있는 듯이 보인다. 그러나 현실에 있어서 얼마나 기여하고 있는가?

경제학의 '침범'은 그 역효과로서 넓게는 사회 전반, 좁게는 관공서의 각 부처에서 환경 교육 치안 등 분야의 중요도 서열을 '경제' 관련 부커에 비해 한참 떨어진 것으로 만들고 있다. 즉 경제학 제국주의는 경제 이외의 다른 분야들을 부차적이며 열등한 것으로 비하시키는 현상을 낳고 있다.

경제학 안에서도 힘의 균형은 금융화(金融化, financialization) 세태를 반영해 금융경제학 쪽으로 기울고 있다. 금융화란 미래와 현재의 모든 재화를 당장 매매 가능한 금융상품으로 전환시키는 기술, 나아가 그런 기술이 큰 돈을 벌게 되는 사회현상을 말한다.

금리와 환율 등은 경제의 변수들에 불과한데 이것들을 상품으로 만들면 선물, 옵션, 스왑 등의 금융파생상품이 탄생한다. 금융위기 발발 직전 2006년 미국의 금융파생상품 연간 거래량은 미국 GDP 12조 달러의 100배에 해당하는 1200조 달러에 달했다고 한다. 경제학 중에서도 농 공업 경제학이나 노동 경제학을 제치고 금융경제학이 득세할 수밖에 없다.

이런 사회적 배경에서 2009년에 뒤늦게 등장한 것이 '새롭게 생각하는 경제학회'(Institute for New Economic Thinking)다. 조지 소로스가 자금의 많은 부분을 대고 수많은 노벨 경제학상 수상자와 전 세계의 전 현직 고위관료들이 폭넓게 참여하고 있다. 이 학회의 특징은 인류학 심리학 사회학자들에게도 많은 연구비를 할당한다는 점이다.

양극화 가속시킨 금융화 현상

이 학회의 연구비 지원을 받아 완성된 논문 '금융화와 소득불평등의 상관관계'는 금융화가 미국 사회의 양극화를 촉진시켰다고 주장해 2014년 전미사회학회가 수여하는 최우수 논문상을 받았다. 저자인 텍사스대학의 사회학 교수 컨하오 린은 사회학자의 시각으로 불평등 문제에 접근한다.

금융을 주업으로 하지 않는 제조업 등 일반 기업체들이 금융 활동을 통해 벌어들인 순이익의 비중은 1980년 15%에서 2007년에 32%로 늘어났다. 이로 인해 재무 및 경영관리 인원이 우대받고 주 업종에 종사했던 대다수 근로자들은 임금 협상에서 불리한 지위에 서게 되었는데 그 결과 지니계수로 본 미국 국민의 소득불평등 정도가 이란, 중국 또는 멕시코 수준으로 악화되었다는 것이다.

새롭게 생각하는 경제학회는 지난 5일과 6일 양일간 워싱턴에서 '금융과 사회'라는 주제의 컨퍼런스를 개최했다. 주제가 말하듯이 이 자리는 금융에 대한 사회의 비판의 목소리를 내기 위해 마련된 것이다. 토론의 패널로 크리스틴 라가드 IMF 총재, 재닛 옐런 미 연준의장, 그리고 미 의회의 엘리자베스 워런 상원의원 등이 포함되었는데 특히 워런은 금융소비자 보호 및 거대 금융자본의 규제에 가장 큰 목소리를 내고 있는 여성 의원이다.

물론 언론의 많은 관심은 옐런 의장의 "기준금리를 인상하면 채권 시장이 크게 요동할 것" 또는 "지금의 주식은 과대평가된 감이 있다"는 등의 발언에 모아졌지만 이것 역시 금융화의 일면을 보여준 것이었다.

잘사는 사회를 위한 경제학의 한계

경제학의 법칙들에는 세테리스 파리부스(ceteris paribus), 즉 '다른 모든 조건들이 동일하다면'이라는 단서가 따라붙는다. 그러나 종종 세테리스 파리부스의 여러 항목들이 경제학의 주요 변수들보다 더 중요한 열쇠를 쥐곤 한다. 예를 들어 법의 투명하고 엄격한 집행이라던가 범죄와 사고로부터의 안전, 근로자의 기본권보호 등은 경제활동의 효율을 극대화하는 데 필수적이다.

유럽에서 금년 5월은 세계 제2차대전 승전 70주년을 기념하는 달이다. 전쟁의 폐허 위에서 유럽의 경제 이데올로기는 사회민주주의에서 출발해 신자유주의로 전환했다가 이제는 다시 새로운 사상을 모색해야 하는 처지에 당면해 있다.

경제학의 진정한 목표인 잘사는 사회를 만들기 위해서는 먼저 경제학 제국주의에서 해방되어야 한다.

(2015.5.13 내일신문)

위기의 해법 - 양적 완화

긴축의 반대는 부양임에도 부양이라는 말을 들어 보기 힘든 것은 부양다운 부양을 할 재원이 없기 때문이다. 정부마다 재정적으로 적자가 누적되어 있기 때문인데 미국도 예외가 아니다.

양적완화란 시중에 돈의 양을 증가시키겠다는 말과 동의어다. 전통적인 방법은 금리인하다. 그러나 제로금리에 마이너스 금리까지 이미 동원한 바 있으니 소위 "비 전통적인" 방법에 손을 댈 수밖에 없었다. 즉, 발권력을 가진 중앙은행들이 나서서 시중에서 거래되고 있는 채권을 대거 매입해 주는 것이다.

미국의 경우 중앙은행의 이러한 양적완화 조치는 월 최고 8백억 불(코로나 이전)에서 월 최고 4천억 불(코로나 이후)애 달하는 엄청난 규모였다.

한때 8조5천억 불까지 증가했던 채권을 조금씩 시중에 내놓아 팔아왔으나 2025년 9월말 현재 아직도 6조3천억 불의 채권 자산이 연준의 금고에 쌓여 있다.

유럽의 유로시스템(유럽중앙은행과 19개 유로존 중앙은행으로 구성됨)의 경우도 미 연준과 비슷한 과정을 거쳐오면서 현재 6조2천억 유로, 미화 환산 약 9조6천억 달러 어치를 아직 처분하지 못하고 가지고 있다.

경기를 살리기 위해 풀었던 돈을 도로 거두어 들이는 작업은 여간 조심스럽지가 않다. 1929년의 악몽이 생생하게 떠오르기 때문이다.

주식 등 자산 시장 과열을 걱정했던 연준이 유동성 회수에 착안하여 1928년, 3.5%였던 기준금리를 1929년 6%로 인상했고 이어 연준이 보유하고 있던 채권을 시장에 매각하여 통화량 회수에 나섰던 것이다. 같은 해 9월 월 스트리트가 무너지기 시작했고 이어 세계대공황이 촉발되었던 것이다.

양적 완화(QE)의 진로

미국의 중앙은행, 연준이 성업 중이다. 2008년 이후 양적 완화를 한답시고 사들인 채권에서 이자수입이 크게 발생하고 있기 때문이다. 연간 8백억 달러 이상의 순이익을 내고 있다. 돈은 찍어내면 되므로 자금의 조달 코스트는 영(零)이다. 찍는다고 했지만 실제로 인쇄기를 돌리는 것도 아니다. 거래하는 채권 딜러들의 은행계좌에 돈을 입금시켜주면 된다.

순이익은 연방법에 따라 거의 전부 연방정부 재무성 금고에 귀속된다.

그런데 연준이 보유하고 있는 채권은 60%에 해당하는 2조1천억 달러가 재무성이 발행한 국채이고 나머지가 모기지 증권으로 구성되어 있다. 즉 미국 정부의 빚 17조 중 2조는 연방정부의 한 기구인 중앙은행에 대한 빚이며 거기에 냈던 이자도 다시 돌려받는다는 이야기다. 원금을 상환해야 하는 시기도 연준의 2011년 9월 이후의 "오퍼레이션 트위스트" 즉 단기물을 내놓고 장기물을 매입하여 보유하는 조정작업을 통해 여러 해 뒤로 미루어졌다.

지금 시장의 많은 관심은 연준의 채권매입이 언제부터 축소될 것인가에 오로지 모아져 있다. 경기 회복의 기미, 특히 경제성장률과 실업률의 발표에 촉각을 세우고들 있다.

기대이상의 수치가 발표되면 시장은 웃어야 할지 울어야 할지 묘한 장면을 연출한다. 나쁜 뉴스가 좋은 뉴스고 좋은 뉴스가 나쁜 뉴스가 되기도 한다. 그러나 언제부터 축소하느냐 보다 더 중요한 질문은 연준이 그 동안 사들였던 채권들을 언제부터 시장에 내놓기 시작하느냐이다. 이점에 대해서 캘리포니아 주립대 손석원 석좌교수 같은 사람은 영원히 내놓지 못할 것이라고 단언한다.

현재 매입하는 채권의 규모는 미국 재무성증권 연간 발행액의 54%에 해당되는데 이 정도의 매입세력이 시장에서 사라졌을 때의 충격을 완충하는 데만도 여러 해가 걸릴 터인데 하물며 시장의 신규 매도 세력으로 연준이 등장하는 것은 상상하기 어렵다는 것이다.

연준이 보유하는 재무성 증권의 의미

세계 대공황의 와중에 1933년에 집권한 프랭클린 루즈벨트 대통령은 미국 경제를 살리기 위해서는 "무엇이든지" 하겠다고 장담했다. 지금은 무엇이든지 하겠다고 나서는 것은 대통령이 아니라 중앙은행 총재들이다.

케인즈 경제학자들이 말하는 대로 정부가 재정지출을 늘려 민간의 부족한 수요를 보충해 주어야 할 터인데 정부부채가 이미 목에 찼던가 아니면 정치 싸움으로 말미암아 지출예산에 합의를 이루지 못하는 판국에 모든 짐이 중앙은행에게 떠맡겨진 때문이다.

이들이 무엇이든지 하겠다고 벼르고 내놓은 카드는 회수될 길이 막막한 통화의 남발이었는데 이제 비로서 남발의 속도를 줄이자는 단계에 이르렀을 뿐 남발된 통화를 회수하는 일정은 거론조차 못하고 있는 것이다.

소비자 물가만을 보면 아직 인플레이션 타깃에 못 미친다고 안심을 하고 있지만 통화남발은 결국은 통화가치 하락을 수반한다. 기록적인 상승을 이어가고 있는 금융자산의 움직임에서 통화가치 하락의 일면을 엿볼 수 있다. 미국 유럽 할 것 없이 선진 자본주의 국가들의 국가 부채는 이와 같이 인플레이셔니즘, 즉 통화가치 하락에 따른 채무경감이라는 해결책을 복안으로 깔고 방치되고 있는지 모른다.

또 하나의 가상 시나리오로서 미국 연준이 보유하고 있는 재무성 증권을 소각 처리할 수도 있다는 황당한 이야기도 여기저기서 들린다. 연방정부의 한 부처의 손실이 다른 부처의 이익으로 상계되므로 전체적인 이해득실은 없다. 이렇게 되면 부채한도 증액을 두고 의회에서 더 이상 싸울 일도 없어지고 미국 정부로서는 부채가 줄어든 만큼 새로이 재정지출을 늘릴 수 있어 경기활성화에 숨통이 열리게 된다.

문제는 남발된 통화를 회수할 길이 사라진다는 것, 그리고 그만큼 달러화의 가치는 영영 하락하게 된다는 점이다.

회수될 길 요원한 달러화 남발

오래 전 미국이 대외적으로는 베트남 전쟁, 대내적으로는 이른바 위대한 사회 건설을 위해 달러를 남발했을 때 외국정부들이 금 1온스를 미화 35달러와 교환해준다는 브레튼우즈 협정에 의거 금 교환을 대거 요구하고 나선 적이 있다.

이때 미국은 일방적으로 금 교환을 중단시켜 버렸다. 1971년의 닉슨 쇼크가 그것이다. 이를 계기로 국제환율제도는 고정환율제에서 변동환율제로 바뀌어 오늘에 이르고 있다. 금에 다시 몰빵을 해서 손해를 보고 있는 헤지펀드 계의 귀재 존 폴슨이나 작년과 금년 외환보유액 중 금의 비중을 크게 높인 바 있는 우리 한국은행은 행동이 빨랐을 뿐 장기적인 방향은 옳게 파악하고 있다는 생각이 든다.

(2013.11.13 내일신문)

뉴 달러의 행방

지난 18, 19일 미국 연준의 연방공개시장위원회(FOMC)는 연간 8차례 모임 중 두번째였으며 신임 옐렌 의장이 주관하는 첫 모임이었다.

이들의 일은 중앙은행 기준금리, 그리고 중앙은행이 증권시장에 개입하여 얼마만큼의 유가증권을 사고 팔아 시중 통화량을 조절하느냐의 결정이다. 2008년 이후 글로벌금융위기에 대응하는 통화정책으로서 양적완화 조치는 상궤를 벗어난 'QE3'를 낳았다. 그렇게 부르는 이유는 시장개입의 방향이 사고 팔고가 아니라 일방적으로 사들이기 때문이다. 매월 사들이는 금액까지 공개적으로 정해 놓았으니 더욱 이례적이었다.

이번 FOMC는 예상대로 월간 채권매입의 크기를 550억달러로 줄이기로 했다. 나아가 금년의 나머지 6차례의 모임 때마다 100억달러씩 매입규모를 줄여 나가 채권 매입은 금년말로서 끝맺게 됨을 재확인했고 현재의 제로금리는 약 6개월 후까지 유지하겠지만 그 후부터는 인상될 수 있음을 드러내 언급했다.

'테이퍼링' 즉 채권 매입의 규모를 서서히 줄여나가겠다는 시사가 처음 등장한 작년 5월 이후 신흥국 시장에 유입되었던 국제 자본은 꾸준히 빠져나갔다. 이번의 발표로 그 흐름은 더 가속될 것이다. 중남미와 아시아 신흥국들의 환율은 아르헨티나의 55% 하락을 차치하고도 1년 전에 비해 15%에서 23% 사이의 큰 하락을 기록하고 있다.

반사이익을 누린 것은 유로존의 불량국들이다. 아일랜드, 이탈리아, 스페인, 포르투갈 등 연 7%를 넘나들었던 국채의 시장 수익률은 어느덧 3%대로 안정되었고 국가 부도와 유로존 탈퇴까지 우려했던 그리스마저 국채 수익률이 12%대에서 6%대로 대폭 낮아졌다.

테이퍼링 이후 반사이익을 본 유로존

유로존 국가들의 재정 상황이 갑자기 개선된 것도 아니고 그 동안 논의되었던 통합감독기구 등이 발족되어 작동하기 시작한 것도 아니다. 이유가 있다면 신흥국 투자 수익을 앗아간 환 리스크가 유로존 투자에는 없다는 사실이 더 부각되었을 것이다. 독일이나 그리스나 1유로는 똑같은 1유로이기 때문이다.

어제 현재 스페인 정부가 발행한 10년 만기 국채 수익률(3.34%)과 미국 연방정부가 발행한 그것(2.76%)과의 차이는 1% 포인트가 채 안 된다. 전문가들 사이에서는 유로존 국채에 몰린 돈이 지나치다는 말도 나온다.

이와 같이 조금이라도 높은 수익을 찾아 세계를 떠도는 돈의 원산지는 물론 미국이다. 중앙은행은 무슨 돈으로 채권을 매입하는가? 바로 신(新)달러다. 인쇄기를 돌리는 것도 아니고 거래 상대방의 은행 계좌에 입금 기표로 대금결제가 끝난다. 채권 매입으로 중앙은행의 자산이 늘어난다는 것은 그 만큼 새 돈이 시중에 풀렸다는 것이다. 여기에 국내의 저금리에 만족하지 못하는 기존 투자 자금들이 가세하여 고수익을 찾아 나선다.

'테이퍼링'에도 불구하고 3월 19일 현재 미국 중앙은행의 채권매입 잔액은 작년 말에 비해 오히려 2030억 달러가 늘었다. 보유 채권 중 1년 이내에 만기가 되는 채권은 전혀 없을 뿐 아니라 잔여 만기가 5년 이상인 채권이 전체의 약 80%에 달하기 때문에 새로 매입하는 금액만큼 꼬박꼬박 자산이 쌓인다.

이대로 라면 연말에 가서 미국 중앙은행의 자산규모는 지금보다 2500억 달러가 늘어나 4조5000억 달러에 육박할 것이다. 평상시의 미국 중앙은행 자산규모가 8000억 달러 미만이었으니 3조 달러가 넘는 규모의 신달러가 앞으로 약 5년 동안 세계를 누비고 다닐 것이란 계산이 나온다. 이 금액은 프랑스의 연간 GDP 2조6000억 달러보다 훨씬 큰 것이다.

프랑스 GDP 보다 큰 뉴(新) 달러

옐렌 의장은 또한 고용시장 상황을 실업률 하나만으로 판단해선 안되므로 제로금리의 출구 조건이었던 '실업률 6.5%'라는 자승자박의 끈을 잘랐다. 공식 실업률 통계가 최근 6.6%까지 접근했지만 대량의 구직 포기자를 통계에서 배제하는 실업률 측정방법은 인정할 수 없다는 것이다. 그런가 하면 인플레이션 2.5%는 여전히 제로금리 출구조건으로 확인했다. 소비자물가로 측정하는 현재의 인플레이션 속도는 1.2%에 불과하다.

미국이 원산지인 신 달러는 미국의 저금리 기조가 지속되는 한 고향으로 돌아오는 시기가 늦어질 것이다. 그 때까지 신 달러 및 신 달러를 기반으로 한 국제투자자금은 상환 리스크나 환 리스크가 없는 투자처를 찾아 온 세상을 두리번거릴 것이다.

(2014.3.26 내일신문)

뉴욕 센트럴 파크

양적완화의 한계(限界)

양적완화가 한계에 부딪쳤다. 이자율은 더 이상 내려갈 곳이 없고 채권 매입도 더 이상 사들일 채권이 없다. 중앙은행의 금리는 스위스를 필두로 해서 유럽과 일본이 이미 마이너스로 되어 있고 이러다가 중앙은행의 대출 금리도 마이너스로 되는 것 아닌가 하는 지경에 있다. 유럽중앙은행은 채권 매입 규모를 월 800억 유로로 증액하면서 매입대상 채권에 일반 회사채를 포함시키기로 했다. 일본이 계획하고 있는 연 80조 엔의 정부채 매입은 일본 정부가 발행하는 연간 물량의 두 배가 넘는 금액이다.

이들이 양적완화에 이와 같이 매진하는 이유는 어디에 있나? 이 진행은 언제까지 이어질까? 그리고 그 과정에서 무슨 일이 벌어질까?

양적완화 실시의 든든한 논리인 "디플레이션의 도래를 막기 위해"는 얼마만큼의 설득력이 있는가? 자라 보고 놀란 가슴 솥뚜껑 보고 놀란다는 속담처럼 1930년 세계 대공황의 경험이 이들 나라의 지도자들을 심신의학적 환자로 만든 것은 아닌가?

지난 2월말 상하이 G-20에서 각국 정상들은 오늘날의 문제가 만성적 수요부족에 있음을 제대로 인식했다. 이어 경기 회복의 책임을 중앙은행들에게만 부담 지우지 말고 정부도 그 동안 미루었던 구조조정에 힘을 쓰고 적자예산을 통해서 정부지출을 늘이는 등 경기회복 노력의 일선에 나서야 한다고 입을 모았다.

같은 돈이라도 중앙은행의 채권매입과 정부의 지출예산 집행은 경제에 미치는 승수효과(乘數效果)에서 차이가 있다. 정부의 돈은 다리와 도로를 보수하는 데 쓰이고 그 공사에 투입된 사람들의 주머니를 채운다. 가족들은 늘어난 구매력의 더 많은 부분을 그 동안 미루었던 소비를 위해 사용한다.

중앙은행은 이러한 승수효과를 만들어내지 못한다. 채권매입으로 시중에 풀린 돈은 일반 재화를 구입하는 데 사용되지 않는다. 다른 한편에서 중앙은행의 저금리 정책도 이자로 생활하는 중산층 은퇴자들의 소비를 위축시킬 뿐이다.

재정지출이냐 양적완화냐

수요 부족의 원인에 대한 조지프 스티글리츠 교수의 설명도 매우 설득력이 있다. 경제적으로 윤택해질수록 추가소득에 따른 추가소비량이 낮아지는 '한계소비성향 체감의 법칙'이 작용한다. 양적완화는 자산가격 인플레이션을 초래해 자산을 가진 자와 가지지 않은 자의 양극화를 순화시킴으로써 수요 부족의 원인이 되고 있다는 것이다.

실제로 G-20 이후 벌어지고 있는 양상은 중앙은행은 중앙은행대로 양적완화의 매진, 정부는 정부대로 재정적자 축소 쪽으로 가고 있다. G-20에서 입을 모았던 방향과는 딴 판이다. 일본은 판매세 인상 계획을 접지 않고 있고 재정적으로 여유가 있는 독일마저 정부지출 확대는 고려하지 않고 있다.

G-20의 약속(?)에 충실한 것은 중국뿐인 것 같다. 경제성장률이 급격히 낮아지고 있는 와중에 상하이 주가지수가 금년 들어 대폭 하락하는 등 여러 경제지표가 적신호를 보내는데도 중국 중앙은행이 취한 양적완화 조치는 작년 10월의 금리 소폭인하(4.6%에서 4.35%)와 금년 2월의 은행 지준율 0.5% 포인트 인하(17.5%에서 17%)가 전부다. 채권매입 같은 것은 물론 없다.

케인즈 대(對) 신 자유주의

3월초 중국 전국인민대회는 13차 5개년 계획(2016년-2020년)을 발표하며 금년의 적자예산을 GDP의 3%로 늘리는 반면(작년은 2.3%) 통화증가율은 13%로 낮추기로(작년은 13.3%) 했다. 철도, 고속도로, 수력발전, 송유관건설 등에 지출을 늘이고 부가가치세 감면 확대 등으로 세수는 줄인다.

최근 국제투자자금들이 신흥 시장으로 회귀하면서 우리 원화를 비롯한 신흥국 통화강세 및 자산가격 상승의 기미를 보이고 있다. 국제원유가의 회복, 달러화의 약세 이외에 중국 발 수요 창출의 기대도 한 몫을 하고 있다. 이 모든 것은 한계까지 치닫고 있는 양적완화의 결과물로 보인다.

(2016.4.14 내일신문)

인플레이션

물가가 적당히 올라야 경제가 잘 돌아가는 것이라고 한다. 온돌 방 아궁이에 불을 지펴야 방도 따듯해지고 굴뚝에서 연기도 난다. 여기서 연기에 해당하는 것이 인플레이션이다. 그런데 경기가 죽어 온돌 방이 식었는데 굴뚝에서 연기가 나는 모습만 그리워할 것인가?

인플레이션 목표를 설정하고 인플레이션 율이 낮음을 돈을 더 풀어야 하는 이유로 삼는 것, 이른바 "인플레이셔니즘"이 양적 완화의 이론적 무기가 되어주고 있다.

디플레이션(Deflation) 타령

"디플레이션이라는 괴물에게 잡혀 먹히지 않으려면 인플레이션 타깃을 세워야 한다." 연초 워싱턴에서 열린 전미언론인클럽에 참가한 크리스틴 라가드 IMF 총재가 디플레이션을 숲 속의 귀신(ogre)에 비유하며 세계 주요국 중앙은행 및 정책당국자들에게 훈수했다.

특히 미국 연준에게는 양적완화 테이퍼링(채권매입의 단계적 축소)을 신중히 진행하라는 당부도 곁들였다. 1930년 세계대공황 때 통화공급을 과감히 못해준 것이 사태를 악화시켰다는 반성, 현재 진행중인 일본의 장기 디플레이션을 목격하며 느끼는 두려움을 반영한 발언이었을 것이다. 물러나는 버냉키 연준 의장도 임기 내내 인플레이션과 디플레이션 중 더 무서운 것이 디플레이션이라는 말을 했다.

디플레이션이란 인플레이션과 반대로 물가가 내리는 것이다. 현재 미국과 유럽의 물가상승률은 각각 1.2% 및 0.8%로서 엄격히 디플레이션까지는 아닌데도 지레 겁을 먹고 있는 것을 보면 무섭긴 무서운 모양이다. 그러나 일본이나 미국의 디플레이션 경험을 보면 디플레이션은 항상 주식이나 부동산, 때로는 면화 등의 주요품목의 가격이 한동안 높았다가 단기간에 대폭적으로 하락하면서 발생했다.

일본의 경우 1989년에 3만8000포인트를 기록했던 니케이 지수가 2003년에 7000포인트까지 떨어지면서 경제활동이 위축되었고 이것이 고용과 투자, 그리고 소비의 위축을 불러 디플레이션이 발생했다. 미국 역사상 4대 디플레이션의 경험도 크게 다르지 않았다. 1818년에는 기상이변으로 수년간 크게 올랐던 면화 값의 폭락, 1837년에도 직전 수년간의 고도성장기에 폭등했던 면화, 토지, 노예 가격의 폭락, 1873에는 남북전쟁 중 남발했던 화폐 가치의 폭락, 1930년에는 1920년대 극도의 호황을 구가했던 주식시장의 갑작스런 붕괴가 각각 그 이후 수년간의 물가하락을 초래했다.

디플레이션은 인플레이션의 산물

이와 같이 디플레이션이란 인플레이션 때문에 생기는 것이라고 볼 수 있는데 그렇다면 인플레이션과 디플레이션 두 귀신 중 과연 어느 것을 더 무서워해야 할까?

이 관점에 관하여 유럽중앙은행은 미국 연준과 차별되는 행보를 밟아왔다. 미국은 노골적으로 경기부양을 위해 채권을 매입한 것인데 이와는 다르게 유럽에서는 재정취약국의 국채를 매입하면서도 완전소독(full sterilization)의 원칙을 준수했다. '소독'이란 같은 크기의 우량채권을 시장에 매각함으로써 유로 화의 통화량을 일정 수준에서 유지되도록 하는 통화정책 기법을 말한다.

그 용어에는 통화 증발로 인하여 인플레이션이라는 병원균에 감염되어서는 안 된다는 저의가 깔려 있다. 채권매입의 목적이 재정취약국의 채권가격 하락을 노리는 투기세력을 차단하여 시장을 안정시키기 위한 것임을 뚜렷이 하는 조치다.

2010년 5월부터 2012년 2월까지 4회에 걸쳐 총 2100억 유로의 채권을 매입하여 현재 1800억 유로(2300억 달러)의 채권이 유럽중앙은행에 잔고로 남아 있다. 미국 연준이 현재 보유하고 있는 2조2000억 달러의 미국 국채는 이것의 약 열 배에 달하는 엄청난 크기인데 전혀 소독되지 않은 물량이다. 양적완화가 목적인 만큼 소독을 할 생각은 애당초 없었다.

유럽중앙은행이 이처럼 인플레이션을 두려워하는 것은 독일의 영향이 크다. 1차 세계대전의 패전국으로서 바이마르공화국이 당했던 하이퍼인플레이션의 기억이 사라졌을 리 없다. 전쟁배상금을 석탄 등의 실물, 또는 미국 달러로 지불하면서 한 조각의 빵, 한 덩어리의 고기가 30억 마르크, 한 잔의 맥주가 40억 마르크였던 1923년의 기록이 메달로 새겨져 있는 나라다. 그런 아픈 기억을 지니고 있는 독일이 유럽 내지는 유로 존의 통합을 이끌고 있다.

하이퍼 인플레이션의 악몽을 기억하는 유럽

미국을 중심으로 하여 세계 주요 언론과 학자들이 양적완화를 섣불리 중단하지 말 것을 주문하는 세태를 어떻게 해석해야 하나? 파이낸셜 타임스의 수석 투자칼럼니스트 존 오서스(John Authers)는 최근 HSBC의 수석 이코노미스트 스테픈 킹과의 대담에서 "지금은 소비자물가의 디플레이션과 자산가격의 인플레이션이 공존하고 있어 문제해결이 쉽지 않다"고 털어 놓았다.

사실상 화폐의 가치는 하락할 대로 하락하고 있다. 다만 소비자물가가 지표상으로 안 오르고 있을 따름이다. 엉뚱하게 디플레이션 타령을 하는 것은 인플레이션으로 상황타개를 하려는 미국식 시나리오에 영합하려는 곡학아세(曲學阿世)가 아닐까?

(2014.1.22 내일신문)

인플레이션이라는 신기루

지난 월요일 일본 정부는 3월로 끝난 2013회계연도의 무역 적자가 13조7000억엔(1,340억달러)에 달했다고 발표했다. 이는 3년 연속 적자이며 역대 최대다. 일본중앙은행 쿠로다 총재는 '아베노믹스'의 최선봉에 서 있다. 부임 직후인 작년 4월 그는 물가상승률 2%를 2년 내에 달성하여 20년을 이어온 디플레이션에 종지부를 찍겠다고 공언했다. 이를 위해서 매달 일본 정부가 발행한 국채를 매입하여 일년 후 중앙은행 자산을 50조엔 늘리겠다고 말했다. 중앙은행의 자산을 늘리는 유일한 방법은 돈을 찍어내는 것이다. 돈을 찍어내어 통화량이 늘면 물가가 상승하고 아울러서 엔화 가치도 평가절하(환율인상) 될 것으로 보는 것이다.

일년이 지난 오늘, 실제로 일본 중앙은행의 자산은 242조 엔으로 일년 전에 비해 80조 엔이나 늘었다. 월 평균 6조6000억엔(650억 달러)씩 증가한 것인데 이것은 현재 미국 연준이 매월 매입하는 금액 550억 달러보다도 큰 것이다. 일본 국채만 매입한 것이 아니고 주식도 매입했다. 주식의 경우는 불공정성의 문제를 피하기 위해 인덱스 펀드를 택했다.

그 결과 물가상승률은 1.3%로 목표의 절반 이상을 달성했고 니케이 주가지수도 57%나 상승했다. 환율도 최근 달러당 102엔으로 일년 전에 비해 9% 인상되었다. 아베 수상이 취임한 2012년 12월(달러당 85엔)과 비교하면 엔화의 인상폭은 20%가 넘는다. 그러나 '굴뚝에서 인플레이션이라는 연기가 피어오르기를 희망한 나머지 엉뚱한 아궁이에 군불을 때고 있다'는 비유가 지금의 일본만큼 어울리는 경우도 없을 것 같다.

엉뚱한 아궁이에 군불 때기

첫째, 물가상승을 원했던 이유 중에 하나는 공장이 돌아가기를 바랐기 때문이다. 즉 지금 물건을 만들어 팔면 더 좋은 가격을 받을 수 있다는 기대 때문에 공장이 활기를 띨 것이라는 바람이다. 그러나 국내업체의 생산품 가격이 인상된 것이 아니고 수입 에너지 가격이 상승한 것이므로 국내 경기 부양에는 도움이 되지 않는다.

둘째, 환율이 인상되면 수출이 늘고 수입이 줄어 무역수지가 개선되는데 일본의 경우는 오히려 악화되었다. 에너지 공급원의 30% 비중을 차지해 왔던 원자력발전이 전면 중단된 상태에서 외국으로부터 원유와 천연가스 수입에 의존해야 하는데 더 비싼 값을 지불하며 이것을 들여와야 했다. 또한 일본의 제조업 기반도 이미 오래 전에 해외로 이전된 상태여서 환율 인상이 공산품 수출에 기여하는 바가 예전과 같지 않다는 분석이다.

셋째, 물가 상승을 원하는 또 하나의 이유는 소비자의 소비 촉진을 바랐기 때문이다. 즉 어차피 살 물건이라면 더 오르기 전에 사야겠다는 심리 때문에 소비가 늘지 않겠나 하고 기대하는 것이다. 그러나 어려울수록 허리띠를 더 졸라매는 것이 일본인들이다. 더구나 이달부터는 소비세도 더 물어야 한다.

일본 가계의 저축률이 높은 것은 주지의 사실이다. 저축총액이 1645조 엔에 달한다고 하는데 이는 약 16조 달러로 미국의 연간 GDP 규모다. 그 구성비를 보면 현금 및 은행예금 비중이 53%로 OECD 국가 중 월등하게 높다. 물가가 오르지 않았으므로 돈의 가치가 그만큼 컸기 때문이다. 이제 일본에서 물가가 오른다고 일본인들이 이 저축을 허물 것으로 아베노믹스는 기대하였을까?

인플레이션이 경제를 살릴 것이라는 기대는 허상에 불과하다. 소비가 늘면 불가가 상승하지만 물가가 상승하면 소비가 늘어는 것은 아니다.

물가 상승한다고 소비 늘지 않아

아베노믹스 이후 이 커다란 덩치의 저축이 움직이는 것은 사실이다. 가치가 떨어지는 현금이나 은행 예금으로 놔둘 수는 없는 노릇이다.

엔 케리 트레이드 등 재(財)테크에 열중하는 일본의 가정주부들을 이르는 애칭 '와타나베 부인'들이 다시 나서고 있다. 엔화를 빌려 투자하는 것이 아니라 예금을 달러로 환전하여 외화채권 등을 사두자는 것이다. 엔화가 평가절하되더라도 이렇게 하면 저축의 가치를 보전할 수 있다. 외환거래 계좌 신규개설이 지난 한 해 28%나 늘어나고 있다는 통계가 이들 가정주부들의 고뇌를 짐작하게 만든다.

연초 한때 105엔까지 갔던 환율이 계속 인상되어 120엔까지 간다는 불안감이 와타나베 부인들 사이에서 나돌기도 한다.

블룸버그가 실시하는 경제전문가 설문조사에 따르면 일본 GDP는 2분기에 다시 마이너스 성장을 할 것으로 보인다. 경제는 후퇴하는데 인플레이션이라는 신기루를 쫓아 올인하는 것이 얼마나 허망한 것인가! 반드시 일본에 국한되는 이야기는 아닐 것이다.

(2014.4.23 내일신문)

"인플레이셔니즘(Inflationism)"

6월 5일 유럽중앙은행이 중대한 결정을 했다. 대출금리는 0.25%에서 0.15%로 더 낮추고 예금금리는 더 이상 낮출 수가 없어 마이너스 0.1%로 정했다. 즉, 법정지불준비금을 초과해 자금을 중앙은행에 예치하면 연 0.1%의 이자를 거꾸로 물어야 한다. 이와 병행해 4000억 유로(약 5400억 달러)의 장기저리 대출을 은행들에게 풀기로 했다. 2011년 12월 및 2012년 3월 두 번에 걸친 장기저리대출 1조 유로에 이어 세 번째의 대형 장기저리대출이다.

마이너스 금리는 작년부터 미루어오던 어려운 결정이었다. 뒷걸음질치고 있던 유럽 경제 성장률이 금년 1분기에 겨우 플러스로 돌아섰지만 독일의 0.8% 성장이 아니었다면 여전히 마이너스의 늪에서 벗어나지 못할 뻔했다.

그나마 독일마저도 성장 잠재력이 한계에 부딪치고 있다. 통독 이후 11%까지 올랐던 실업률이 5.2%로 낮아진 것은 좋은 일이지만 노동예비군이 줄어들면서 한 나라의 잠재성장률이 낮아진다는 것은 아이러니다. OECD에 의하면 인구통계학적 요인으로 독일의 잠재성장률은 연 1%에 불과하다.

이와 같은 유럽의 침체상을 보여주는 것이 인플레이션 율이다. 금년에 0.7%에 그칠 것으로 예상되고 있는 유럽의 소비자물가상승률은 유럽중앙은행의 타깃 2%의 절반에도 못 미치는 것으로서 이번의 결정을 재촉하는 중요한 요인이 되었다. 미국에 이어 유럽도 세계경제를 인플레이셔니즘(inflationism)의 소용돌이로 몰아가고 있다.

한때 미국의 중앙은행, 연방준비이사회(연준)가 양적완화의 테이퍼링(채권매입 규모의 단계적 축소)을 발표해 국제자본 및 외환시장에 혼선을 가져오기도 했다. 국내외 많은 전문가들은 연준이 사주지 않으면 미국의 장기금리가 상승하고 신흥국에 몰렸던 국제자본도 제자리를 찾을 것이라고 예측했으나 이 예측은 빗나가고 말았다.

마이너스 예금금리 결정한 유럽중앙은행

연준은 사들이는 금액만 줄었을 뿐 여전히 사들이고 있다. 연준 홈페이지에 의하면 연준 보유 미국 국채와 주택 모기지 증권(MBS)은 6월 5일 현재 4조260억 달러로 전년 말에 비해 3200억 달러, 최근 한달 만에 440억 달러 증가한 것이다. 그리스의 연간 총생산이 2400억 달러인 것과 비교하면 그 크기가 가늠이 된다.

거기에 가세해 기관투자가들도 달러의 단기 금리가 한동안 오르지 않을 것이라고 보고 단기차입 장기운용하는 만기 미스매치(maturity mismatch) 방법을 사용해 땅짚고 헤엄치기로 장기 채권 매수 세력에 가담했다. 당연히 가격은 오르고 금리(yield)는 떨어진다.

만기 미스매치는 금리인상에 따른 리스크가 너무 커서 여간해서는 사용 안 하는 자금운용 방법이지만 지금과 같이 연준이 금리의 인상 시점을 확실히 가르쳐주는 포워드 가이던스(forward guidance)가 존재하는 한 마다할 이유가 없다.

'물가안정'이라는 말의 의미가 변하고 있다. 물가가 너무 오르지 않게 하는 것은 옛 이야기고 물가가 안 오르는 것을 악(惡)으로 보는 시대에 세계경제는 들어서고 있는 것이다. 연준은 미국의 실업률이 당초 목표로 내걸었던 6%에 접근하려 하자 이제는 인플레이션 타깃 2%의 달성이 아직 멀었음을 초저금리를 유지하는 명분으로 붙들고 있다.

소비자물가상승률이 낮음을 구실로 돈을 더 풀어 돈의 가치를 떨어뜨리는 행위. 그렇게 해 서민들의 장바구니를 넘어 부동산과 채권과 주식 가격들을 포함해 모든 물가를 끌어올리려는 정책 수단이 바로 인플레이셔니즘이다.

너도 나도 매수(買收)

돈의 가치가 낮아지는 것의 혜택은 채무자들이 본다. 미국의 경우 그것은 미국정부 자신이고 유럽의 경우는 부채 비율이 높은 정부와 기업과 가계들이다.

재정위기 때문에 가려져 있던 유럽의 가계부채 문제가 최근 새로운 불안의 요인으로 대두하고 있다. 2006년 미국의 가계부채는 미국 GDP의 128%로 정점을 기록했는데 지금 유럽연합 27개국 중에 15개 나라의 가계부채비율이 매우 위험한 160% 선을 넘고 있다.

미국은 서브프라임 사태를 겪으면서 크게 혼이 났는데 유럽은 불발탄을 깔고 앉아 있다. 그럼에도 불구하고 저금리와 인플레이션 촉진, 그리고 은행대출 장려 정책에 몰두하고 있다.

저금리는 약(藥)이지만 부채가 늘어나는 것은 독(毒)이다. 그것을 모를리 없는 미국과 유럽의 금융 당국이 이러한 극약 처방을 선택할 수밖에 없는 현실이 문득 두려워진다.

(2014.6.11 내일신문)

뉴욕 연준이 내려다보이는 거리

인플레이션에 대한 오해

미국 정부가 발행하는 채권 중에 TIPS(Treasury Inflation Protected Securities), 직역하면 인플레이션으로부터 보호되는 재무성증권이란 것이 있다. 내용을 보면 소비자물가지수만큼 원금을 얹어서 상환해주는 채권이다. 인플레이션은 물가상승을 말함인데 인플레이션을 측정하는 방법으로서 소비자물가지수를 사용하는 관행이 여전함을 적나라하게 보여주는 예다.

사람들은 소비자물가지수를 구성하는 여러 항목들에만 돈을 지출하는 것이 아니다. 이런 항목들을 구입해야 하는 것은 사실이지만 한편으로는 일상의 지출을 줄여 저축도 해야 하고 저축한 돈으로 주식도 사고 또 식구가 늘면 좀 더 큰 집도 사야 한다.

그러나 안타깝게도 소비자물가 외에 이런 자산가격까지 포함하는 물가지수는 아직 개발된 것이 없다. 문제는 정책 당국자들이 오직 소비자물가지수에 불과한 이 인플레이션 수치에 지나친 무게를 싣고 있다는 데 있다.

'번번히 속았던 지난 80년간의 경험'이라는 부제가 붙은 책 "이번만은 다르다"의 저자 케네스 로고프 교수는, 일정한 징후를 보면서도 이번만은 다르겠지 하는 생각 때문에 대형 금융위기가 되풀이되었다면서 그 공통된 위기의 징후로 자산가격의 거품을 지목했다. 그가 지적했듯이 1930년 대공황의 경우는 물론이고 그 이후 최악의 위기로 일컬어지는 지금의 위기에 있어서도 장바구니의 가격이 아니라 자산의 가격이 대형 금융위기의 주범이었음은 이제 주지의 사실로 되었다.

그런데 참 이상한 일이다. 현재 많은 관심을 끌고 있는 주제 중의 하나로서 미국이 양적 완화를 언제 거두어 들일 것인가, 또는 제로 연준 금리는 언제까지 지속될 것인가 등의 이야기가 등장할 때마다 인플레이션이 여전히 중요한 위치를 점하고 있으니 말이다. 인플레이션 수치는 G7 국가 중 영국을 제외하고는 모두 2% 미만에 머물러 있다.

소비자물가지수에 불과한 인플레이션

고용 증진과 경기 활성화를 위해서는 이것이 2%는 되어야 하므로 그 이상으로 더 오르지만 않는다면 앞으로 더 돈을 풀어야 한다는 것이 미국을 중심으로 한 이들 주요국 정책 당국자들의 한결같은 목소리다. 그런데 다들 자산가격 상승에 대해서는 애써 외면하는 모습이다.

S&P 500 지수는 금년 들어 20% 이상 상승했고 2007년의 역대 최고점 1560보다도 약 10% 더 높은 수준에 와 있다. 미국 20개 도시 케이스-쉴러 주택가격 지수도 일년 사이에 12.2% 상승했다. 전체적으로는 금융위기 이전 수준에 아직 미달하고 있으나 샌프란시스코와 라스베가스는 각각 24.5% 및 23.3% 상승하였고 댈러스와 덴버의 경우는 그동안 어느새 과거 기록을 갱신하였다.

2% 정도의 소비자물가지수를 보상해 주며 인플레이션 보호 운운하는 채권시장은 언어도단의 극치라 할 수 있다. 그럼에도 불구하고 내년 1월 연준의장의 후임으로 거론되고 있는 제닛 옐런과 래리 서머스 중 누가 지명되더라도 낮은 인플레이션을 빌미로 하여 양적완화를 지속하려는 분위기는 바뀔 것 같지 않다.

연준이 매달 시중에서 매입하는 채권규모는 예상대로 조금씩 줄어들 것으로 보이지만 그 동안 매입하여 보유하고 있는 거대한 물량을 시장에 다시 내놓지 않는 한 이것은 양적완화의 지속으로 보아야 한다.

또한 지금의 저금리도 최소한 2015년까지 지속될 것으로 보인다. 그렇다면 자산가격 거품의 재발 가능성을 알면서 이를 무시하고 돈을 푸는 이유를 어떻게 해석해야 할까?

우선, 인플레이션 타깃을 2%에 두고 돈을 풀겠다는 것은 되도록 오랫동안 돈을 풀겠다는 취지로밖에 볼 수 없다. 왜냐하면 풀린 돈이 일상의 장바구니로 가기보다는 자산가격 상승에 이바지하는 한 소비자 물가지수는 지금의 1.5%에서 크게 오를 것으로 기대하기 어려울 것이기 때문이다.

자산가격 거품을 외면하는 숨은 이유

자산가격이 오르는 만큼 돈의 가치는 하락한다. 이것이 꼭 나쁜 것은 아니다. 미국 정부에 대해서는 부채 부담을 경감해 주고 고용시장에서는 실질임금을 낮추는 효과가 있다. 그것이 고용증대에 기여할 것으로 기대하는 것도 이해가 안 되는 것은 아니다.

그러나 언젠가 다시 깨지고야 말 자산가격의 거품이 이 모든 것의 대가로 한쪽에서 형성되고 있다는 것은 무시할 수 없는 엄연한 진실이다. 재미(?) 있는 것은 위에 언급했던 케네스 로고프 교수마저도 차기 연준 의장에는 너무 인플레이션에 연연하지 않는 사람을 앉혀야 한다고 말했다는 것이다. 이번만은 다를 것이라는 환상에 그도 빠져들고 있는 것인가?

(2013.8.14 내일신문)

통화 액티비즘

재정적자가 목에 차서 아무 일도 못하고 있는 행정부를 대신해 중앙은행이 각종 통화정책 수단들을 통해 그 나라의 경제를 살려보려고 하는 '통화 액티비즘'(monetary activism)이 미국을 거쳐 일본으로, 그리고 유럽으로 확대되고 있다.

연초 유럽의 중앙은행인 ECB의 마리오 드라기 총재는 금년 3월부터 내년 9월까지 18개월에 걸쳐 매달 600억유로(미화 약 700억달러)에 달하는 채권을 시장에서 매입할 것임을 사전 공표했다. 미국 연준의 QE(양적완화)가 최고조에 달했을 때의 월간 채권 매입 규모 850억달러에 필적하는 수준이다.

그러나 유럽은 미국이나 일본과 달리 단일 국가가 아니고 통화 단일화를 달성한 19개 나라들 사이에서도 재정통합은커녕 금융통합도 거의 이루어지지 않는 상태여서 ECB의 통화정책은 그 시행이 결코 쉽지가 않을 것으로 보인다.

막상 시장에 나가 채권매입을 하려 할 때 과연 어느 나라, 어느 회사의 채권을 사주느냐를 결정하는 것부터가 어렵다. 미국의 경우는 매입대상 채권을 미 정부발행 국채와 모기지 증권에 한정시킴으로써 이 문제를 해결했다.

뿐만 아니라 그 효과에 대한 의문도 벌써 고개를 들고 있다. 미국이 채권 매입을 시작했던 2008년에는 장기금리의 기준이 되는 10년 만기 국채의 시장금리가 약 4%에 달했다. 채권매입은 이것을 1.5%로 끌어내리는 데 결정적인 역할을 했다. 그러나 유럽의 경우는 주요국의 국채가 이미 1.5% 또는 그 이하다.

또한 미국의 경우는 이러한 양적완화 정책이 부동산과 주식의 가격을 부추김으로써 많은 기업과 가계에게 웰스 효과(wealth effect)를 가져왔고 이것이 다시 소비진작으로 이어졌던 것이 사실이다. 그러나 유럽의 경우는 위의 국채뿐 아니라 일반 금융자산 및 부동산까지도 가격이 오를 대로 오른 상태다. 미국의 저금리와 양적 완화의 파장이 이미 유럽에까지 미친 결과다.

출구 없는 통화 액티비즘

통화 액티비즘은 후일 출구전략의 시행도 어렵다. 극약은 금단현상이 더 위험한 법이다. 바로 10년 전의 경험, 즉 2004년에서 2006년에 걸친 금리 정상화(금리인상) 시도만으로도 미국의 서브 프라임 금융위기를 일으키기에 충분했던 기억이 뇌리에 생생하다.

현재 진행중인 통화 액티비즘은 저금리에 더해 노골적인 통화 증발을 그 수단으로 채택하고 있기 때문에 그 출구전략은 세계경제에 엄청난 충격을 감수하거나 아니면 장기간 미루어질 수밖에 없다.

프린스톤대학 대니 로드릭 교수의 이야기를 들어보자. 한때 공산주의라는 이름의 귀신이 유럽 상공을 날아다닌 적이 있지만 이것은 그 동안 시민권의 확대 및 수정자본주의의 도입으로 물리쳤다. 그런데 지금은 인간의 노동을 불필요한 것으로 만들어버리는 '기술문명'이라는 귀신이 전세계 상공을 떠돌고 있다.

기술발달이 가져온 생산성 향상의 과실은 기술과 자본을 소유한 계층으로 귀속되고 일반 대중은 생산현장으로부터 축출된다. 일찍이 케인즈가 우려했던 '기술요인적 실업'(technological unemployment)이 대량으로 발생하고 있다.

이 기술문명이라는 이름의 귀신을 어떻게 퇴치하느냐에 따라 이제까지 쌓아온 시장경제 시스템, 그리고 더 궁극적으로는 민주주의의 진로가 좌우될 것이다.

기술문명이라는 이름의 귀신

"6년 사이에 통화량이 400% 증가하고 국채의 70%를 그 나라 중앙은행이 사주는 나라를 과연 정상적이라고 말할 수 있을까요? 금융위기와는 비교도 되지 않는 통화위기가 임박했습니다. 2020년 이후까지 살아남으려면 우리의 안내를 받으셔야 합니다." 금융상품 홈쇼핑계에서 미국최대를 자부하는 스탠스베리 투자자문사의 광고는 이런 말로 시작된다.

케인즈의 말대로, 앞으로의 인류의 생존경쟁은 기술이 인간을 대체하는 속도와 인간의 노동만이 생산할 수 있는 새로운 분야가 생성되는 속도, 이 두 개의 속도 사이의 경쟁이 될 것이라고 한다면 과연 각 나라들의 정부는 지금 무엇을 하고 있어야 하는 것인가?

경제 살리기라는 과분한 짐을 중앙은행에 지우고 있는 여러 나라들의 모습을 보고 있자면 스탠스베리의 음성이 단지 하나의 장사꾼의 그것을 넘어, 벌거벗은 임금님의 행렬 앞에서 아무도 감히 말하지 못하는 말을 외치는 어린이의 소리인 것 같아 매우 씁쓸하다.

(2015.2.25 내일신문)

통화팽창이라는 이름의 '설국열차'

2월 24일 재닛 옐런 의장의 미 의회 증언이 작지 않은 파장을 일으켰던 것은 달러 금리의 정상화 시기가 더 늦추어 질 것이라는 그의 암시 때문이었다. 달러화는 미국의 양적완화 종식이 거론되던 작년 6월 이후 줄기차게 강세를 보여왔다. 주요 10개국 통화에 대한 '블룸버그 달러 인덱스'의 상승폭은 16%에 달한다.

오는 6월쯤 달러 금리가 인상될 것이라는 예측도 달러화 강세에 한몫을 했는데 여기에 찬물을 끼얹은 것이다. 그는 실업률은 개선되었지만 임금 상승이 미흡하다는 점 외에도 인플레이션이 마이너스 영역을 벗어나지 못하고 있는 것을 금리인상의 시기를 결정하기 어려운 이유로 들었다.

4조5000억 달러에 달하는 전대미문의 대차대조표 잔액을 어떻게 감축해 나갈 것인가라는 의원들의 관심에 대해서는 현재의 채권 포트폴리오를 "적극적으로 관리하지 않겠다"라고 일축했다. 미국이 구사했던 저금리정책은 간접적인 수단에 불과했고 그에 비해 채권매입(QE3)은 매우 노골적이며 직접적인 통화팽창 수단이었는데 이들 채권들을 계속 보유하겠다는 뜻이다. 또한 옐런은 "강한 달러는 미국의 경제에 도움이 되지 않는다"는 토를 달아 금리 인상을 미루는 또 하나의 속내를 드러내 보였다.

다시 멀어진 양적완화 출구

여기서 왜 주요국 중앙은행들이 한결같이 인플레이션 타깃 2% 달성에 몰입하는지, 하버드대 원로교수 마틴 펠드스틴의 말을 들어보자. 미국의 경우 인플레에션은 현재 마이너스 0.1%로 진행 중이지만 이는 국제원유가격 하락과 달러화 강세에 따른 수입상품 가격 인하에 기인한 것이다. 이를 배제한 근원 인플레이션(core inflation)은 이미 1.6%에 달해 있다. 에너지 가격의 반등 또는 달러화 하락의 경우에는 쉽게 2%를 넘을 수 있다.

인플레이션을 통화팽창의 구실로 내세우는 이면에서는 환율전쟁이 벌어지고 있다. 통화가치를 떨어뜨려야 환율이 떨어져서 수출이 늘어난다. 즉 속셈은 인플레이션이 아니라 환율에 있다는 것이 그의 지적이다. 실제로 물가는 오를대로 오르고 있다. 다만 서민들의 주머니 사정 때문에 장바구니 물가가 오르지 않았을 뿐이다.

실물경제의 뚜렷한 개선이 없는데도 금융자산과 주택가격에 거품이 다시 형성되고 있다는 우려가 등장하고 있는 것이 현실이다. 인플레이션 통계를 낼 때 저축과 투자 항목을 빼고 소비자물가만을 계상하는 방식은 임금을 물가에 연동시켜야 한다는 노동경제학적 사고, 즉 노동을 제공하는 자에게는 저축과 투자보다는 의식주의 가격 안정이 관심사일 것이라는 잘못된 선입관에서 연유된 것이다.

금융 역사상 큰 금융위기를 불렀던 것은 소비자물가가 아니라 자산가격이었다. 1930년 세계 대공황이나 서브프라임 금융위기도 소비자물가와는 전혀 무관했다. 서민들의 주머니 사정이 좋아지지 않는 한 인플레이션은 오지 않을 것이고 자산가격을 외면하는 인플레이션 숫자 놀음은 양적완화 정책을 유지하는 구실로 계속 이용될 것이다.

환율전쟁이 숨겨진 통화팽창 경쟁

최근에는 IMF도 미국이 성급하게 금리인상을 하지 않기를 바라는 발언을 했다. 이유는 달랐다. 작년 12월 국제결제은행 BIS는 미국의 양적완화 정책이 다른 나라들에 미친 영향을 분석하면서 미국 밖에서 비금융기관 달러 부채가 9조 달러에 달한다고 발표했다.

2008년 이전의 규모 약 6조 달러에 비하면 3조 달러가 늘어난 것인데 이는 미국 중앙은행 연준이 지난 6년 동안 새로 찍어낸 돈의 상당 부분을 차지하는 것으로 이 중 57%는 신흥국가에 집중되어 있다고 한다.

늘어난 돈이 고금리를 찾아 사방으로 흘러 나갔음을 보여주는 통계다. 이 자금들은 미국 본토에서 금리가 인상되면 본국으로 송환될 수 있다. 상환을 할 때는 인상된 달러 환율로 인한 환차손도 감수해야 한다.

더 고약한 것은 국제 자본시장의 무리본능(herd instinct)으로 인하여 자금회수 시도가 쇄도할 수 있다는 점이다. 1980년대의 라틴 아메리카, 1990년대의 아시아 외환위기의 양상이 재현될 가능성이 없지 않은 상황인데 IMF의 경고는 이것을 염두에 둔 것이다.

지난 월요일부터 유럽중앙은행도 채권매입, 즉 돈 찍어내기에 본격 돌입함으로써 통화팽창이라는 이름의, 멈출 수도 없고 내릴 수도 없는 '설국열차'가 한동안 지구를 전속력으로 질주하게 될 것으로 보인다.

(2015.3.11 내일신문)

깨지는 금기(禁忌)들

미국에서 금리인상 이야기가 나온 지가 꽤 오래 되었다. 제로금리를 곧 정상화한다고 운을 떼고는 정작 행동으로 옮기지 못하는 상황이 2년째 되풀이되고 있다. 미국 이외의 나라에서도, 그리고 금융전문가들뿐 아니라 일반인들 사이에서도 금리인상 시기에 대한 관심이 최고조에 달하고 있다.

일반인의 경우, 한편으로는 은행금리에 만족하지 못한 자금들이 약간씩 위험한 금융자산에 투자되어 있으며 다른 한편으로는 초 저금리라는 점에 용기를 내어 각종 사업에 착수한 사람들의 부채 규모가 만만치 않게 커져 있기 때문이다.

또한 금융전문가들, 특히 채권형 자산운용을 하는 기관들의 경우도 펀드의 수익률을 극대화하기 위해 은행차입을 크게 늘렸거나 자금의 일부를 금리선물, 옵션 등 파생상품에 투자한 결과, 금리 리스크에 과도하게 노출되어 있어 금리인상에 대한 걱정은 이만저만이 아니다.

그런데 어데어 터너 전(前) 영국 금융감독청장은 금리인상 시기에 연연하는 뭇 사람들과는 한 차원이 다른 화두를 꺼낸다.

그는 우선 금리인상을 최대한 늦춰야 한다는 주장에 동참하면서도 저금리에 의존하는 정책은 자칫 자산가격 거품을 조장할 뿐 실물경제에 도움이 되지 않는다고 주장한다.

정작 필요한 정부의 재정지출은 기왕의 부채비율이 높다는 이유로 엄두를 내지 못해 왔는데 이러한 족쇄에서 벗어나는 방법으로 '머니타이제이션'(monetization), 즉 '정부 부채를 중앙은행이 떠안아주기'를 주문한다.

이는 과거에도 몇몇 논객들의 입에서 간간히 흘러나왔던 아이디어로서 정부나 중앙은행이나 어차피 한 국가기관의 소속이니 양자 사이의 채권 채무는 없던 것으로 해도 크게 문제될 것이 없다는 발상이다. 그것이 드디어 터너 청장과 같은 비중 있는 자에 의해 발설되기 시작했다는 사실이 놀랍다.

정부부채는 재정지출의 족쇄

머니타이제이션은 20세기 초 바이마르 공화국의 하이퍼 인플레이션을 낳은 주범으로 낙인 찍혀 있는 것으로서 이제까지 철저히 금기(禁忌)시 되어 왔다. 독일 연방은행의 젊은 총재 옌스 바이드만은 유럽중앙은행이 미국 연준에 이어 대규모로 정부채권 매입에 나서자 이를 악마 메피스토펠레스의 수작에 비유하기도 했다.

어데어 터너 청장은 작년 3월에 처음 "머니타이제이션 금기를 재고(再顧)해야 한다"라는 제목의 글을 올리더니 이달 6일에도 같은 언론매체(프로젝트 신디케이트)에 그 주장을 칼럼으로 실었다.

일본은행은 정부부채의 29%에 해당하는 309조 엔의 국채를 보유하고 있는데 이 금액은 일본 GDP의 63%에 달하는 크기다. 일본은행은 아마 영원히 이 국채의 상환을 정부에 요구하거나 이를 시장에 되팔려고 내놓을 수 없을 것이다. 이 상태는 이미 정부의 부채와 중앙은행의 채권이 상계 처리되고 있는 것과 다름이 없다. 이점을 기정사실화 하면 일본 정부의 부채비율은 GDP의 214%가 아니라 151%로 낮아진다.

미국의 경우도 마찬가지다. 그 동안 연준이 매입해 보유하고 있는 정부채권은 2조4000억 달러로 이는 미국 정부부채의 19%, 미국 GDP의 14%에 해당한다. 이것을 상계 처리하는 순간 미국 정부의 부채비율은 GDP 대비 75%에서 61%로 뚝 떨어지게 된다.

긴축재정, 연금축소, 세율인상 등 어떤 오스테리티(austerity)도 이보다 더 큰 효과를 발휘할 수 없다. 부채비율이 개선된 만큼 재정 지출을 늘일 여유가 생긴다는 것이 터너 청장이 권고하는 해법이다.

부채비율 간단히 낮출 수 있어

각국 중앙은행들이 유동성을 공급한다는 명분하에 시중 채권을 대대적으로 매입했을 때 이미 이런 각본이 마련되었다고 넘겨짚는 것은 지나친 상상일 수도 있겠다. 중요한 것은 매입한 채권을 다시 시중에 내놓지 않으면 늘어난 유동성은 회수되지 않는다는 사실이다.

또한 최근 벤 버냉키 미국 전 연준의장까지 나서서 미국이 1%의 금리

인상을 견뎌낼 힘이 있는지 분명치 않다는 발언을 하는 것을 보면 이들 통화당국의 정책방향이 통화적 요인에 의한 인플레이션 조장에 맞추어져 있음을 알 수 있다.

콩나물 값이 안 오른다고 통화가치가 안정된 것은 아니다. 통화의 가치는 떨어지고 있고 이에 따라 자산의 값은 오르게 마련이다. 자산 중에서도 망하지 않는 회사의 주식, 부동산, 귀금속, 그리고 원자재 중에서 보관 비용이 크게 들지 않아 자산 노릇을 톡톡히 할 만한 것들의 가격 동향을 오래도록 주시해야 할 것 같다.

(2015.10.14 내일신문)

마이너스 금리

실비오 게젤(Silvio Gesell)은 케인즈의 유동성선호 이론에 영향을 미친 사람으로 평가되기도 하는 20세기 초 독일의 경제학자다. 그는 프라이겔트(Freigeld) 즉 모든 현찰에 유효기간을 표시해 그 기간 내에 사용하지 않으면 휴지조각이 되도록 하는 법안을 제안했다.

돈을 가지고 있지 말고 될수록 빨리 사용하도록 만들기 위한 고육지책은 과거에도 필요했던 모양이다. 마이너스 금리는 은행에 예금하면 이자를 받는 것이 아니라 이자를 내는 것이다. '이상한 나라의 엘리스'에서나 있을 법한 이야기인데 돈의 사용을 장려한다는 점에서는 프라이겔트와 목적하는 바가 같다.

금리가 제로로 내려가면 더 이상 내려갈 곳이 없으므로 통화정책이 막바지에 간 것이라고 걱정했던 것은 옛말이다. 금리가 영(零) 이하로 내려갈 수 있다는 상상력이 등장하면서 판도가 바뀌고 있다. 부분적으로는 마이너스 금리가 이미 현실로 되고 있다.

유럽중앙은행이 작년 6월에 마이너스 금리를 적용하기 시작함으로써 유로화를 사용하는 유럽 여러 나라에서는 시중은행이 중앙은행에 돈을 예치하면 이자를 물어야 하고, 자기의 통화를 계속 사용하고 있는 유럽의 다른 나라들 중에서는 덴마크가 9월, 스위스가 12월, 그리고 스웨덴이 금년 2월부터 마이너스 금리를 적용하고 있다.

마이너스 금리는 중앙은행이 시중은행들에 대해 적용하는 금리에 그치지 않고 독일, 오스트리아, 덴마크, 네덜란드, 스위스 등의 경우에는 국채 시장수익률이 금년 상반기부터 마이너스 영역으로 진입하고 있다. 채권에 투자해 돈이 늘어나는 게 아니고 줄어드는 것이다. 금년 6월에 발표된 세계은행의 글로벌경제전망 보고서는 이와 같은 기현상의 배경을 낮은 인플레이션, 안전자산 선호, 및 ECB의 채권매입 활동, 세가지로 정리했다.

상상력을 넘어 현실로 나타나

유로화로 발행되는 독일 등의 국채는 유로 존 해체 등 유사시에 독일 마르크와 같이 안전한 화폐로 전화될 것이라는 기대로 프리미엄이 붙었고, 유로화가 아닌 통화로 발행된 스위스, 덴마크 등의 국채는 이들 통화가 강세라는 점이 프리미엄의 원인으로 작용했다. 원금에서 손해를 보더라도 환율에서 이익을 기대하기 때문이다.

10년 만기 스위스 국채를 매입해 원금에서 1%의 손실을 보더라도 스위스 프랑 환율이 5% 상승하면 4%의 순이익을 거둔다. 외견상으로는 마이너스가 아니더라도 실질금리 면에서 마이너스로 되는 경우는 빈번하게 경험되었던 바다. 명목금리가 물가상승률을 밑도는 경우는 투자 원리금의 구매력이 투자 이전보다 적어지게 된다. 단지 물가상승률이 사후적으로 확인되는 지표이기 때문에 실제로 실질금리가 마이너스인지 언뜻 피부에 와 닿지 않았을 뿐이다.

저금리 또는 마이너스 금리의 매력은 우선, 사업자에게는 대출을 받아 투자를 하도록 부추기며 소비자들에게는 돈을 쓰게 만들어 수요를 증가시킨다는 데 있다. 그래서 인플레이션을 조성해 실질금리를 마이너스로 만들었고 이제 물가가 뜻대로 오르지 않자 명목금리 자체를 마이너스로 가져가자는 것이다.

미국에서도 연내 금리인상을 예상하는 사람들이 어느덧 소수로 전락하는가 했더니 미국도 중앙은행이 시중은행의 예치금에 대해 마이너스 금리를 적용해야 한다는 의견이 등장하기 시작했다. 미니애폴리스 연방준비은행의 나라야나 코철러코타 총재는 10월 8일 CNBC 방송과의 인터뷰에서 시중은행들이 연준에 맡겨 놓은 예치금에 대해 0.25%의 이자를 주고 있는데 이것을 중단하고 적은 금액이라도 금전적 불이익을 주는 방안을 처음으로 언급했다. 그는 영국 이코노미스트가 2015년 미국에서 가장 영향력 있는 경제학자 순위에서 6위로 선정된 인물이다.

돈을 쓰게 만들려는 고육지책

여유자금을 제발 중앙은행에 놔두지 말고 대출해 주라는 하소연에 다름 아니다. 그러나 그것으로 은행의 대출이 늘어날 것이라는 희망은 순진한 것이다. 부실대출로 인한 손실의 폭이 더 크다고 생각되면 은행들은 굳이 대출을 늘이지 않을 것이다. 마찬가지로 소비자 대중이 어느 정도는 돈을 가지고 있다는 전제도 오류가 아닐까?

미국의 최대 체인점 월마트나 맥도날드의 신입사원들이 법정 최저임금인 시간당 9달러를 겨우 받고 있다. 문제의 핵심과 정면 대결하려는 해법은 보이지 않고 임기응변과 전대미문의 처방들이 난무하고 있다.

(2015.10.28 내일신문)

몰려오는 소나기

자산가격 거품

소비자 가격과 자산 가격의 움직임은 다르게 접근해야 한다. 콩나물 값이 오르면 콩 나물 대신에 다른 나물을 산다. 그러나 부동산이나 주식 또는 금과 같이 소비가 아니라 재산 취득의 경우는 다르다. 나에게는 없고 남들은 가지고 있는 자산의 가격이 오르는 것을 보는 것은 참을 수 없다. 그래서 자산의 경우는 가격이 오르면 수요가 오히려 더 늘어나기도 한다.

조지 소로스의 재귀성(再歸性; reflexivity) 이론

국제 규모의 튤립 축제가 네덜란드와 터키, 미국과 캐나다 등에 걸쳐 이달부터 연이어 열린다. 튤립은 '시장가격 거품'을 일컫는 대명사로도 사용되곤 한다. 그것은 17세기 초 네덜란드에서 벌어진 튤립 매니아(tulip mania)에서 연유한다.

사람들은 몇 덩어리의 튤립 구근(산 뿌리)을 갖기 위해 땅이나 집 문서, 심지어 가축까지 내놓았다. 당시 근로자 연간소득이 150플로린 정도였는데 튤립 한뿌리가 1000~2000플로린에 거래되었기 때문이다. 돈 계산에 밝다는 화란인들 사이에서 어떻게 이런 일이 벌어졌는지 불가사의하기만 하다.

1636년에는 튤립이 네덜란드 증권거래소에 상장되기에 이르렀고 바로 다음해 몇몇 상인들이 튤립을 처분하기 시작하자 십 수년에 걸쳤던 거품은 이내 꺼졌다. 인도되지 않은 계약은 집행불능 상태가 되었고 많은 개인들이 큰 피해를 입은 것은 물론 그 후 수년 간에 걸친 불황의 원인이 되었다.

비관적 세계경제전망

조지 소로스는 최근 '금융시장의 새로운 패러다임' 이라는 책에서 이번 미국의 주택 및 금융위기 상황을 재귀성(再歸性; reflexivity)이라는 프리즘을 통해 조명한다. 집을 사려는 사람이 많으면 집값이 오르고 이 집을 담보로 제공하면 더 많은 융자를 받을 수 있다. 융자가 쉬워지면 더 많은 사람이 집을 사려고 한다. 주택가격 상승과 은행대출의 증가라는 두 변수가 이러한 상호작용을 반복하게 되면 시장은 일정한 균형을 상실한 채 한 방향으로 치우친 발전을 한다. 이것이 재귀성 이론의 줄거리다.

재귀성 이론이란 주식 시장의 정보는 언제나 불완전해 시장 참여자들의 오류와 편견이 펀더멘털을 계속해서 왜곡한다는 학설을 말한다. 즉, 주가가 상승할 것이라고 믿으면 상승 추세가 더욱 거세지면서 거품이 발생한다. 반대로 떨어질 것이라고 편견을 가지면 끝없이 하락해 저평가 받게 된다는 주장이다. 경제적 의사결정은 결코 인간의 합리적 판단을 토대로 이뤄지지 않는다는 행동경제학과 큰 틀에서 일치한다.

나아가 그는 미국의 금융당국이 이러한 재귀성을 간과함으로써 시장근본주의(market fundamentalism)에 빠졌고 그 때문에 오늘날의 파국이 생겼다고 비난한다.

미국을 비롯한 선진 주요국의 관심이 지난 십년 간 온통 인플레이션에 쏠려 있었고 일단 인플레이션의 징후가 미미하다는 판단 아래 저금리 기조를 오래 끌어왔던 것은 사실이다. 또 이 기간 중에 주택가격과 금융시장의 쌍둥이 거품이 발생한 것도 사실이다. 문제는 이 쌍둥이 거품이 언제 해소되느냐인데 둘 다 만만치 않다는 것으로 여러 전문가들의 견해가 모아지고 있다.

IMF는 9일 세계경제전망 보고서를 내놓으면서 불과 3개월 전의 예상을 더 비관적으로 수정했다. 금년에는 경기가 계속 위축되어 4분기에는 작년 4분기 대비 0.7% 마이너스 성장을 기록할 것으로 전망했다. 종합적으로는 금년 0.5%, 내년 0.6%의 GDP성장을 전망했지만 이는 잠재 성장률을 밑도는 것으로 미국 경제가 적어도 2009년 말까지는 불황에서 벗어나지 못할 것이라는 이야기가 된다.

미국의 10대 수도권 주택가격도 이미 2년 전에 비해 평균 12% 하락했지만 앞으로 1년 후 14%에서 22%까지 더 하락할 것이며 금융기관들의 부실자산도 아직 절반 정도밖에 손실 처리되지 않았을 것이라는 분석을 제시한 연구기관도 있다.

내년 1월에 취임할 미국의 새 대통령은 침체된 경제를 숙제로 떠안게 된다. 어느 후보가 당선되더라도 새 행정부는 국제정치보다는 국내경제로 내향적 치중을 할 것이고 다분히 포퓰리즘과 보호무역 방향으로의 선회가 불가피할 것이다. 이런 움직임이 세계경제에 드리우는 그림자는 이제 피하기보다는 대비해야 할 상황에 이른 것으로 보인다.

불황은 자기성찰의 기회를 제공한다. 80년대 이후 선진국 경제에서 가장 눈에 띄는 변화는 금융산업의 번창이라고 한다. 월 스트리트의 금융회사 시가총액이 8%에서 20%로 늘어난 것이 이를 입증한다.

지난 10년 간 영국과 미국의 집값이 각각 214% 및 135% 증가한 배후에는 실물경제의 영역을 벗어난 '돈의 경제' 가 있었을 것이다. 빚을 내어 새 집을 장만하는 것은 실물경제지만 집을 사고 팔아 가치증식 수단으로 삼았다면 이는 다른 재테크와 마찬가지로 돈의 경제가 된다.

불황에는 실물경제적 시각을

산업생산, 고용, 실질소득 등은 실물경제의 지표로 모두 국민소득과 직결된다.

그런데 새 책을 사는 데 지출된 돈은 국민소득으로 계산되지만 헌 책을 산 돈은 계상되지 않는다. 마찬가지로 새 집 마련에 지출된 돈은 그 나라의 GDP를 증가시키지만 전매된 집은 그렇지 않다. 전자는 실물의 경제요 후자는 돈의 경제다.

주식시장에서 오고 간 돈도 그 자체로는 GDP와 무관하다. 주식거래에서 얻은 이익은 그 것이 다른 상품을 구매하기 위해 사용될 때 비로소 국민소득을 증가시키는 것이다. 불황기일수록 돈의 경제보다 실물의 경제를 중요시해야 한다고 보는 이유다.

(2008.4.15 내일신문)

무리(herd) 본능

19세기의 펀드 매니저는 회계사나 변호사가 맡았다. 조심성이랄까 신중함이랄까 하는 것이 재산관리인의 가장 중요한 덕목이었다. 이들에게는 최선의 성적을 추구하기보다 최악의 결과로부터 고객의 자산을 보호하는 일이 더 중요했다.

리스크 관리의 초점은 열 개 중의 하나라도 관리하던 재산이 잘못되는 일이 없도록 애쓰는 것이었다. 그러나 오늘날의 펀드 매니저는 수익률로 경쟁한다. 자기가 운용하는 펀드의 수익률이 경쟁자보다 낮아 고객을 빼앗기는 것이야 말로 현대 펀드 매니저들이 당면하는 리스크가 되었다.

여기에 기차가 있다. 종착역까지 열 개의 역이 있는데 그 중간 어디에서 건 사고가 날 확률이 높은 것을 펀드 매니저는 알고 있다고 하자. 이때 이 기차를 탈 것인가, 탄다면 끝까지 타고 갈 것인가 아니면 중간 어느 정거장에서 내릴 것인가?

이런 게임에서는 기차를 처음부터 타지 말자고 말하는 것이 19세기의 펀드 매니저다. 오늘의 펀드 매니저는 예컨대 다섯 번째 역에서 하차해서 사고를 피했던 것을 자랑으로 삼는다.

'무리 본능'은 현대의 병리학

속도의 시대, 정보의 시대는 '소속의 시대'(era of belongingness)로 가고 있는 모양이다. 홀로 있는 것은 뒤처지는 것에 다름 아니게 되었다. 다수의 남들과 함께 할 때는 큰 안도감을 느끼게 된다.

현대의 병리학이다. 망하더라도 여럿이서 다같이 망하면 덜 억울한 것이 인지상정이다. 남들이 기차를 타면 일단은 타고 봐야 한다. 이것을 국제금융계에서 동물의 '무리 본능'(herd instinct)이라고 부른 지 오래 됐다.

지난 2000년에 5000포인트를 상회한 후 2001년에 1400포인트까지 폭락했던 미국 나스닥 시장의 닷컴 버블을 사람들은 쉽게 잊어버린다. 미국 주택가격의 추이를 대변하는 S&P/Case-Schiller 인덱스가 최근 또다시 한달 사이 2.85% 하락함으로써 2006년 6월 주택가격 버블이 깨지기 시작한 이래 가장 큰 하락폭을 시현했다. 서브프라임 사태가 아직도 한참 진행 중임을 알 수 있는 대목이다. 서브프라임 모기지 담보부증권의 수익률이 두 자리 숫자일 때 많은 펀드 매니저들이 '신중함'을 택할 수 없었던 것은 결국 투자 고객들의 무리본능이 그것을 원했기 때문이었다고 보아야 한다.

우리나라 자본시장의 지각변동을 가져올 '자본시장과 금융투자업에 관한 법률'(자본시장통합법)이 내년 2월부터 본격 시행된다. 과거의 칸막이식 규제를 풀어 대형화와 전문화를 유도하기 위한 큰 발걸음이다. 취급 가능한 금융투자상품도 열거주의에서 포괄주의로 전환되므로 다양한 신상품이 쏟아져 나올 수 있게 된다.

당연히 금융공학을 활용한 파생상품 내지 구조화 투자상품의 출현이 기대된다. 그러나 상품판매와 자산운용을 겸하는 경우 이해 상충의 문제를 어떻게 해결해야 할지, 그리고 개인투자자들이 상품의 성격과 내용을 제대로 파악하고 돈을 맡길 수 있도록 하는 투자자 보호의 문제가 새로운 관심의 초점이 되고 있다.

예를 들면 CDS(채무불이행 스왑), CDO(담보부 채무증서)등 금융공학적 파생상품의 위험을 어떻게 측정하는가, 이에 상응한 적정 자기자본은 어떻게 산정하는가, 모기지 담보부 증권과 같이 다른 일차적 자산을 기초로 하여 조립된 다단계 상품인 경우 기초자산에 대한 정보가 언더라이터, 모노라인 보험회사, 신용평가회사, 그리고 최종투자자들에게 어떻게 지속적으로 제공되도록 하는가 하는 과제들이다.

대개는 금년말 이전에 바젤위원회(Basel Committee)가 구체적인 권고안을 완성하기로 하였고 이 내용을 각국의 중앙은행 및 감독당국이 자국 내에서 시행하도록 하고 있다.

규제의 초점은 투자자 보호

우리나라는 주택금융 취급을 담보 감정가격의 일정비율 이하로 비교적 엄격하게 제한하여 왔을 뿐 아니라 수년 전부터는 비록 담보비율 이내 더라도 소득의 일정 비율 이상을 대출하지 않도록 하는 선의의 규제를 실시하여 왔다.

사람이 들어 사는 집이 걸려 있는 문제이기 때문에 적절한 감독이었다는 것이 미국의 서브프라임 사태 이후의 평가인 것 같다. 자본시장통합법의 시행을 앞두고 미국 금융위기를 촉발한 그 외의 불투명성의 사례도 우리에게는 시의적절한 가르침으로 명심 될 수 있을 것이다.

어차피 인간의 무리본능을 교정하려 하기보다는 이러한 본능에 편승하여 이익을 취하여야 하는 시장을 교정하는 것이 더 적절하지 않겠는가?

(2008.5.16 내일신문)

거시건전성(Macro-prudential)

미국 다우지수가 지난주 1만7000 선을 사상 처음 돌파했다. 6월 중 신규고용이 예상을 초과하면서 실업률이 6.1%로 하락했는데 이것을 호재로 받아들이고 있는 것 같다. 금년 초 한때는 이런 소식이 악재로 작용했다.

실업률이 개선되면 중앙은행이 경기부양의 필요성을 덜 느끼게 되어 그동안의 저금리 정책을 조기에 중단하지 않을까 걱정하기 때문이다. 그런데 연준이 당분간 금리인상을 하지 않겠다는 약속을 되풀이하며 금융시장을 안심시키자 주식시장은 다시 호황을 구가하고 있다.

엄밀히 말하면 고용상황이 크게 좋아진 것도 아니다. 노동시장참여율이 62.8%로서 위기 이전의 66.1%를 회복하지 못했고 실업률의 또 다른 지표인 U-6(구직포기자 및 비자발적 파트타임 취업자를 실업에 포함)도 위기 이전의 8.8%를 크게 초과하는 12.1%에 머물러 있다.

어차피 금융시장의 관심은 조달금리와 운용금리의 차를 극대화하는 것이다. 노동시장의 개선에 관심을 갖는 것은 그것이 조달금리의 향방을 말해주기 때문일 뿐이다.

낮은 조달금리가 당분간 보장되는 이상 남은 일은 수익을 향해 손 뻗기

(Reaching for yield)다. 마땅한 자금운용처가 없는 마당에 넘쳐나는 유동성은 주식으로, 정크 본드로, 레버리지 론(leveraged loan)으로, 그리고 부동산으로 향한다.

저금리와 자산가격 거품 사이의 인과관계는 유령처럼 정책당국자들을 따라다닌다. 금융자산이든 부동산이든 자산가격에 끼는 거품이야말로 후일 다가올 금융위기의 씨앗이다.

통화정책 하나를 가지고 경기도 부양해야 하고 자산가격 거품도 막아야 하는 중앙은행들은 괴롭다. 이제까지는 경기부양이 급할 때에는 디플레이션의 위험을 부각시키면서 금리를 낮추고, 반대로 가계부채와 자산가격 거품을 막아야 할 때에는 이를 금리 인상의 이유로 들었다.

2008년 이후 미국과 유럽, 영국과 일본 중앙은행들의 정책의 무게는 경기부양이었다.

금리정책의 딜레마

인플레이션 타깃 달성 또는 디플레이션 방지를 위해서는 다소간의 자산가격 거품을 감수하더라도 저금리의 지속이 불가피하다는 어색한 설명을 해왔다.

그런데 언제부턴가 이런 설명방법이 미묘하게 변하고 있다. 중앙은행은 인플레이션 타깃에 집중하고 금융시장의 건전성을 감독하는 일은 금융감독당국이 책임지도록 하자는 묘안(?)이 등장하고 있다.

이와 관련하여 '거시건전성 감독', 영어로는 '매크로프루덴셜(macro-prudential) 감독'이라는 용어가 최근 자주 쓰이고 있다.

미 연준의 옐런 의장은 지난 2일 IMF가 신설한 '미셸 깡드쉬 세계 중앙은행장 연차 포럼'의 첫해 첫 강사로 초빙된 자리에서 이 용어를 사용했다. 금리를 수단으로 하는 통화정책 하나로는 한계가 있으므로 현재의 상황은 매크로프루덴셜 은행감독과 병행하여 풀어나가야 한다는 취지였다.

그의 발언으로 통화정책과 매크로프루덴셜 정책은 그 경계가 명확해졌다. 전자는 금리를 다루고 후자는 은행 및 은행의 채무자인 기업과 가계의 건전성을 다룬다. 매크로프루덴셜의 정책 수단에는 자본비율, 유동성비율 외에 대출의 소득대비 부채비율(DTI), 담보대비 대출비율(LTV) 규제가 포함된다.

약속이나 한 듯 같은 날 스웨덴 중앙은행도 기준금리를 대폭적으로 인하하며 의미 있는 정책 발언을 덧붙였다. 스웨덴은 1990년대 초, 부동산과 금융자산의 거품이 깨지면서 세계대공황 이후 최악의 경제위기를 경험했다.

저금리 부작용은 매크로프루덴셜 책임?

경기가 어느 정도 회복되었다고 판단한 2010년부터 스웨덴은 유럽에서는 처음으로 금리를 정상화(인상)하기 시작했는데 물가가 디플레이션 영역으로 들어서는가 하면 실업도 덩달아 늘어나 나라 안팎으로 많은 공격을 받아왔던 터였다.

스웨덴 중앙은행의 변은 이렇다. "실업률이 높은 것은 디플레이션 때문이고 디플레이션을 막기 위해서는 금리를 낮춰야 한다. 그러나 금리는 어느 한쪽의 문제만 해결할 수 있다. 이번의 금리 인하가 가계부채와 부동산에 미치는 악영향에 대해서는 정부가 따로 필요한 조치를 취해야 한다."

전세계적인 은행감독기구는 국제결제은행(BIS)에 사무국을 둔 바젤 위원회다. 이들은 금리인상이 너무 늦으면 안 된다고 꾸준히 역설해왔다. 공교롭게도 바젤 위원회의 위원장은 스웨덴 중앙은행장이 겸임하고 있다. 매크로프루덴셜 감독의 중요성을 환기한 것까지는 이해가 되지만 과연 그것이 얼마나 저금리의 악영향을 막는 방패가 되어줄지는 미지수다.

(2014.7.9 내일신문)

거품은 영구(永久)화 되는가?

미국 연준의장 재닛 옐런이 지난주 그의 모교 브라운 대학이 있는 프로비던스에서 한 발언은 조심스러움을 넘어 그가 얼마나 새가슴이 되어 있는

가를 보여준다. 금리 정상화의 수순을 미루는 구실로, 실업률이 현저하게 떨어졌지만 임금인상 정도가 미흡하며 소비자물가 상승이 목표 2%에 못 미쳤음을 든 것은 여전하고 거기에 금리인상은 자동차 할부금리, 주택모기지 금리 등 일반 대중의 금전적 부담을 늘린다는 걱정까지 덧붙였다.

이런 부담을 최소화하기 위해 금리인상은 천천히 소폭 및 단계적으로 하겠고 정상수준까지 복귀하는 데 걸리는 시간을 충분히 길게 잡겠다고 더 듬어 말했다. 이로써 다음달 달러 기준금리 인상은 없는 일이 되었고 9월에나 있을 인상도 극히 소폭일 것으로 전망된다. 그러나 옐런의 수사(修辭)는 그가 자산거품이 일거에 꺼지는 걸 겁내고 있음을 감추고 있다.

우선, 자산가격 거품은 왜 생기는가? 대부분의 소비재는 값이 너무 비싸지면 공급은 늘지만 수요가 줄어들기 때문에 가격이 한없이 오르지 않고 적절한 선에서 균형을 찾는다. 그러나 주식이나 부동산의 경우는 가격이 오르면 그에 따라 수요도 덩달아 증가한다. 주식이나 부동산을 위해 사용하는 돈은 소비지출이 아니라 자본적 지출이다. 소비하고 없어지는 것이 아니라 '자산'을 형성하는 지출이다.

서브프라임 모기지 대란 직후 조지 소로스는 자산 가격의 이런 특성을 '재귀성(再歸性 reflexivity)'이라고 명명한 바 있다. 집을 사려는 사람이 많으면 집값이 오르고 그것을 담보로 제공하면 더 많은 융자를 받을 수 있다. 융자가 쉬워지면 더 많은 사람이 집을 사려고 한다. 이렇게 주택가격 상승과 은행대출의 증가라는 두 변수가 상호작용을 반복하게 되면 시장은 균형을 상실한 채 가격상승이라는 하나의 방향으로 간다는 것이다.

금리정상화에 뜸들이는 옐런 의장

거품은 조용히 꺼지는 법이 없다. 집값의 경우, 케이스 쉴러 인덱스가 2000년 1월의 100에서 2006년 7월 206으로 폭등했는데 연준이 2004년 1%에 머물러 있던 금리를 2006년에 6%까지 끌어올리자 집값 거품이 깨졌고 이것이 글로벌금융위기로 확대되었던 것이 불과 10년 전이다. 이번에는 미국의 기준금리가 0.0%~0.25% 구간에서 6년 5개월을 이어오고 있는 동안 강세 장(불 마켓)이 주식시장에서 벌어졌다는 점이 다르다면 다르다.

유사 이래 최저, 최장기간 지속되고 있는 비정상적인 연준 금리를 정상화하기에는 경제가 너무 취약하다는 것이 옐런 의장의 진단이라면 다우존스 공업평균 주가지수가 최근 5년 동안 무려 80%나 상승한 것에 대해 거품 이외의 어떠한 설명이 있을 수 있겠는가? 양적완화의 몸통인, 돈을 찍어 시중의 채권을 사들이는 중앙은행의 행위를 멈추면 주식시장에도 조정이 있을 것이라는 예상도 빗나갔다. 더욱이 유럽중앙은행이 2016년 9월까지 채권매입과 제로금리 처방을 계속하겠다는 마당에 미국주식 수요는 수그러들지 않을 것이다.

강세 장이 금리 인상으로 곧 진정되지 않을 수 있다는 견해도 있다. 씨티그룹 투자전략팀의 로버트 버클랜드는 1999년 6월부터 2000년 3월까지 연준 금리를 다섯 차례에 걸쳐 인상했지만 닷컴 주가는 그 동안 상승을 멈추지 않았다며 금리인상이 주식시장에 영향을 미치는 데는 반년 이상의 시차가 있다고 말한다.

황소는 덩치가 클수록 관성의 법칙을 이기기가 힘들다. 미국 중앙은행이 금리 정상화에 뜸을 들이는 동안은 물론이고 금리 인상을 개시한 이후에도 거품의 크기는 자랄 것이다. 그리고 거품이 커질수록 그것이 꺼질 때의 소리는 더 요란할 것이다.

불 마켓 황소의 관성

영원히 꺼지지 않는 거품이나 조용히 꺼지는 거품을 바랄 수는 없으니 거품이 꺼지는 시기를 최대한 늦추려고 하는 것일 테다.

그 사이에 경제가 바닥에서부터 조금씩이라도 되살아나기를 바라는 처절한 속내를 이해 못하는 것은 아니지만 금융의 붐이 실물경제의 붐으로 이어지는 연결고리는 너무나 약해 보인다.

금융자본의 부는 다시 금융투자로 이어진다. 그것이 더 손쉽게 부를 재창조한다고 생각하기 때문이다. 그런데 투자금융업은 가장 노동의존도가 낮은 산업으로서 사회전반에 걸쳐 구매력을 증가시키는 기여도가 가장 작다는 비판을 받는다.

비정상의 정상화를 하자니 거품이 꺼지는 것이 겁나는 중앙은행, 그것이 지금 G-1 국가 미국의 이야기이다.

(2015.5.27 내일신문)

자산가격 버블

수요 공급 곡선이 "X"자로 교차하는 가격균형 이론은 일반상품을 대상으로 한 것이다. 가격이 오르면 사려는 사람은 줄어들고 물건을 내놓으려는 사람은 늘어나는 것은 당연한 인간심리다. 어떤 상품이나 서비스의 가격은 그 때문에 시장에서 적정한 균형점을 찾게 된다.

그러나 재산 형성의 목적이 포함된 자산의 가격에 있어서는 이런 가격 메커니즘이 통하지 않는다. 가격이 오르면 수요가 덩달아 오르는 경우가 빈번하기 때문이다. 즉 집값이 오르면 더 오르기 전에 사려고 많은 사람들이 달려들어 가격이 더 오른다. 그래서 누군가는 찬물을 끼얹어 주어야 한다. 금융당국일 수도 있고 아니면 어떤 시장 외생적 변수일 수도 있다. 그러나 찬물을 끼얹을 시점을 제대로 아는 일은 쉽지 않다. 너무 늦게 되면 마치 풍선을 너무 크게 불다가 마지막에 뻥 터지는 것처럼 '버블' 현상이 발생하고 결국은 터지게 된다.

1990년 일본의 부동산 버블, 2001년 인터넷 버블, 2007년 서브프라임 버블 등이 모두 그런 사례였다. 터지기 직전의 풍선의 크기와 터질 때의 요란한 소리는 정비례한다. 피해의 크기와 복구에 소요되는 기간도 그에 정비례한다.

지금은 어떤 시점인가? 미국부터 보자. S&P 500과 다우존스가 어제 2152 및 18347 포인트를 기록하며 작년 5월의 고점을 갱신했다. 두 지수의 역사상 최고점이다. 문제의 주택가격도 케이스쉴러 10개 도시 주택가격지수가 201에 달해 2000년 대비 2배를 넘어섰고 서브프라임 버블 때의

226에 재접근하고 있다.

미국 국채도 동반상승하고 있다. 채권은 위험회피형 투자이고 주식은 위험선호형 투자이므로 둘이 같이 가는 법이 없는데 이것은 기현상이다. 양적완화의 '테이퍼링' 이야기가 나올 때만 해도 미국 국채가격의 폭락을 염려하는 목소리가 컸다. 그러나 작년 12월 금리인상 직전과 비교하면 오히려 8.2%나 가격이 올랐다.

시장 자체능력으로는 버블 막지 못해

브렉시트(Brexit)로 세상을 놀라게 했던 영국은 어떤가? EU 탈퇴결정 직후 6% 하락했던 FTSE 100 주가지수는 보름 사이에 12% 반등하여 어제 현재 6680포인트를 기록했다.

일본은 정부부채가 GDP의 229%에 달해 OECD 국가 중 최악의 재정적자국이다. 그런 정부가 발행한 채권이 웃돈을 주지 않으면 사지 못할 정도로 수요가 많다. 쿠폰금리 0.1%인 10년 만기 국채가 액면의 103%에 거래되어 투자수익률(Yield)은 마이너스를 보이고 있다. 문제는 이런 자산가격 상승이 실물시장과는 무관하다는 데 있다.

미국의 경우 연준의 6월 회의록에서 밝혀진 대로 고용시장에서 임금인상의 징후가 보이지 않고 소비자물가도 기대에 못 미치고 있다. 다른 나라들도 글로벌 대침체에서 벗어나지 못하고 있는 것이 사실이다.

주가 평가의 방법에 PE(가격/이윤) 외에 PS(가격/매출액)가 있는데 S&P 500 기업의 평균 PS는 2000년 및 2007년의 버블 때보다 높은 2.2배에 달하고 있다. 지금의 상황을 1930년의 세계대공황 직전의 미국 금융시장과 비교하는 사람들이 많다. 1920년대의 후반에 이르면 주식불패의 신화 때문에 매입액의 10%만 있으면 나머지는 은행에서 빌려주었다. 1928년 한 해 동안 주식가격이 39% 상승했다.

여기에 찬물을 끼얹기 위해 연준은 1928년 1월에서 7월에 걸쳐 할인율을 3.5%에서 5%로 인상했고 그럼에도 진정이 안되자 1929년 8월에 다시 6%로 인상하는 동시에 연준이 보유하고 있던 미국 국채의 대부분을 시장에 매각하여 통화량 회수에 나섰다. 영국과 프랑스 등은 자국의 환율을 방어하기 위해 어쩔 수 없이 미국을 따라 금리 인상을 했다. 같은 해 10월 월스트리트가 붕괴했고 세계 대공황으로 번져 나갔다.

1930년 세계대공황의 기억

이런 역사를 누구보다도 잘 알고 있는 옐런 의장은 조심스러울 수밖에 없다. 일단 그는 버블이 아니라고 말한다. 민간부문의 부채가 크지 않다는 것이 가장 큰 이유다. 그러면서도 "경제회복세가 더 분명해진 후에 금리를 정상화하겠다"는 말로 지나치게 오래 지속되고 있는 양적완화가 새로운 위기의 씨앗으로 자라나고 있음을 어느 정도 인정하고 있다.

1928년 연준의 금리인상 자체는 잘못이 아니었으나 시기가 너무 늦었을 뿐이었다. 이번에도 찬물을 뿌리는 시기를 놓치면 버블은 더 커지고 그에 비례하여 폭발음은 더 요란할 것이다. 작은 겁은 큰 겁을 부르는 법이다.

(2016.7.13 내일신문)

소등된 사무실

초신성(超新星), Supernova

미국의 S&P 500지수가 역사적인 고점 2400을 넘나들며 진퇴를 거듭하고 있는데 이를 자산가격 거품으로 보는 걱정은 어제 오늘 이야기가 아니다. 너무 오래 지속되고 있는 저금리 사태의 후유증의 하나로 보는 것이다.

그러나 시카고 상품거래소(CBOT)가 주가지수와 관련해 형성되는 여러 파생금융상품의 거래 동향을 실시간으로 분석해 고시하는 VIX(변동성 지수)는 최근 10% 밑으로 내려갔다. VIX 지수 10%란 S&P 500의 일년 간의 변동성을 위 아래 10%로 보는 것이다.

이를 월 단위로 환산하면 향후 1개월 간의 변동성은 2.9%(연간 변동성을 루트 12로 나눔)가 된다. 이는 1993년 이후 가장 낮은 수준으로 시장 참여자들의 실제 시각이 얼마나 다른가를 여실히 보여주는 현상이다.

미국 발 글로벌 금융위기를 누구보다 먼저 예언했던 뉴욕대학교의 누리엘 루비니 교수는 불길한 예언을 하는 것으로 정평이 나 있다. 그래서 비운의 박사(Dr. Doom)라는 닉네임을 얻을 정도인데, 그가 금융자산의 가격 거품을 말하는 것은 새로운 일이 아니다.

그러나 세계 최대 채권운용 전문회사 PIMCO의 설립자이며 현재 야누스 캐피털의 대표를 맡고 있는 빌 크로스 같은 사람까지 이러한 불안을 노골적으로 표현하는 것은 예사 일이 아니다. 그는 금융 자산의 거품을 '초신성'(超新星 supernova)에 비유했다(2016년 6월 파이낸셜 타임스 기고). 초신성은 소멸하기 직전 그 동안 가지고 있던 모든 에너지를 발산해버리는 별인데, 마치 새로 나타난 별과 같이 밝아서 붙여진 이름이다.

그럼에도 불구하고 VIX 지수가 이처럼 낮아지고 있는 것은 무엇 때문일까? 프랑스 대선에서 중도파의 승리, 영국 브렉시트의 충격 완화 등 다른 변수들도 있지만 이것만으로는 설명이 안 된다.

새 별보다 더 밝은 별, 죽어가는 별

더 큰 이유는 "크라잉 울프"라는 이솝 우화에서와 같이 이들의 어두운

전망이 들어 맞지 않았기 때문이 아닐까! 한두번 속고 나면 점차 위험에 둔감해진다.

그 전망이 들어맞지 않은 이유는 무엇인가? 이에 관해서는 런던의 헤지펀드 '유라이즌 캐피털'의 스테픈 젠 사장의 "모든 고산 등반은 올라갈 때보다 내려올 때 더 위험하다. 치명적인 사고는 하산 중에 발생한다"라는 비유가 매우 적절해 보인다. 10년 전 미국발 서브프라임 사태를 이 정도나마 수습한 일등공신이 중앙은행의 돈 찍기였다면 이 돈을 회수하는 것은 등산으로 말하면 하산에 해당된다.

지금까지 미국 유럽 일본의 중앙은행들이 풀어놓은 돈의 크기는 약 13조달러로 추산된다(Investopia 4월 27일 기사). 이 중 미국이 4조달러인데, 이는 독일의 1년 국민총생산, 중국의 총 외환보유고를 넘어선다.

주목할 것은 이 돈의 규모가 한번도 줄어든 적이 없다는 점이다. 미국의 경우 2014년 10월 마지막으로 채권을 매입할 당시의 잔액이 현재까지 전혀 변동이 없으며 유럽이나 일본은 채권 매입이 아직 진행 중이다. 다시 말하면 아직 하산이 시작되지 않았기 때문에 불안의 실체는 아직 모습을 드러내지 않고 있다.

미국의 경우 부풀어진 연준의 장부가 언제 정상 수준으로 복귀할 것인가 하는 질문은 기피대상이었다. 일명 '축소파동'(taper tantrum), 즉 채권매입을 단계적으로 축소하겠다는 전 연준의장의 발언이 불러일으켰던 금융파동을 기억한다면 연준이 보유한 채권이 역으로 시장에 풀렸을 때의 상황은 상상하기도 싫다. 2013년 6월 버냉키 발표 후 주식은 3영업일 사이에 4%, 국채 가격은 3개월에 걸쳐 약 9% 하락했다.

하산(下山)은 아직 시작되지 않았다

미국에 비해 중국은 당국이 나서서 늑대의 출현을 앞당기고 있는 모습이다. 채권 매입이라는 비전통적 통화정책 수단을 동원한 적이 없는 중국은 시중은행 앞 대출창구를 옥죔으로써 통화긴축 상황을 유도하고 있다.

금년 들어 10년 만기 소버린 본드의 수익률이 2.7%에서 3,7%로 급등

함으로써 거래가격이 10% 가까이 폭락했다. 중국 정부는 자산가격 거품을 제거하기 위해 수시로 찬물을 끼얹어왔다.

미국의 공화당계 의원들은 물론 트럼프 대통령은 연준의 거대한 장부를 수용하지 않을 태세여서 연준 장부 정상화 시기는 의외로 앞당겨질 수 있다.

이솝 우화의 끝에는 결국 늑대가 나온다. 위험한 것은 늑대 그 자체가 아니라 위험한 상황에 대한 무방비 상태다.

(2017.5.17 내일신문)

국제통화 질서

금화나 은화를 사용하던 시대도 지났고 각국의 통화가 금의 가치와 연결되던 시대도 지났고, 마지막으로 미 달러화만 금의 가치에 연동시키고 다른 나라들의 통화는 달러화와의 환율을 고정시킴으로써 간접적으로 금의 가치에 연결시켰던 시대(Bretton Woods 협정)도 과거지사가 되었다.

이제는 금이라는 제3자의 가치 기준이 아니라 국제거래 당사자 중의 하나인 한 나라의 통화가 가치의 중심에 서게 되었다. 이 부자연스러움은 국제 경제질서에 어떤 영향을 주고 있는가? 당사국인 미국은 기축통화의 나라로서 어떤 이득이 있는가? 과연 득만 있는 것일까?

무역 적자국은 환율인상(자국화폐의 평가절하)이라는 과정을 거쳐 수출 경쟁력을 회복하게 되는데 이런 시장 메커니즘은 미국 달러화의 경우에는 작동하지 않는다. 수십년 누적되는 무역적자를 지탱할 수 있게 만드는 달러의 특권은 한 나라의 무역수지 면에서는 아편과 같은 존재가 아닐 수 없다.

중립적인 국제결제 수단을 위해서라면 SDR과 같은 복합 통화의 출현이 있어야 한다.

이란 원유거래소와 달러 화(貨)

9일과 10일의 이란 미사일 시험발사 이후 국제유가가 기록을 경신하고 있다. 이란이 국영 TV를 통해 이스라엘의 수도 텔아비브를 불바다로 만들겠다고 위협한 바로 다음 날이었다.

지난 6월 중에는 이스라엘의 무력 시위가 있었다. 약 100대의 전폭기가 지중해 동부 상공에서 장거리 비행훈련을 했다. 이스라엘은 1981년에 이라크의 핵 원자로를 기습 폭파했고 작년에는 시리아의 핵 의심시설을 침공했던 전례가 있어 이번에도 이란에 대한 선제 공격의 개연성이 전혀 없는 것은 아닌 모양이다.

이스라엘 입장에서는 가장 든든한 지원자인 미국에서 새 대통령이 나오면 이란에 대한 자세가 이전처럼 강경하지 않을 수도 있다는 우려가 있을 수 있다. 또한 이란의 새 핵원자로에 핵 원료가 채워지는 시점이 10월이며 이번에 시험 발사한 러시아제 신형 미사일의 전면배치가 완료되는 시점이 내년 초라는 시기적 촉박감도 이스라엘의 결단을 부채질할 위험이 존재한다.

이란 압박으로 달러화 추락

그러나 실제로 이란은 미사일보다 더 강력한 국방 수단을 가지고 있다. 바로 세계 두번째의 원유 강국이라는 사실이다. 이란에 문제가 생기면 전세계의 경제가 파탄에 이를 수 있다. 이란은 이를 믿어서인지 노골적으로 미 달러화를 배척하고 그렇게 함으로써 미국을 압박하고 있다. 이란은 이미 2007년 7월 일본에 대해 원유대금을 미 달러화로 받지 않겠음을 선포했고 이어 12월부터는 다른 모든 나라들에 이를 적용했다.

또한 금년 2월에 문을 연 '이란 원유 거래소'(IOB)는 미 달러가 아닌 유로화를 결제통화로 지정하였다. IOB는 런던의 국제석유거래소(IPE), 뉴욕의 뉴욕 상품거래소(NYMEX), 두바이의 두바이 상업거래소(DBE)에 이어 세계 4번째의 국제 원유거래소가 된다.

세계경제의 기축통화로서의 미 달러화의 위상은 이란의 이러한 행보로 인하여 손상을 입지 않을 수 없다. 이제까지는 산유국 및 일본, 중국 등의 경상수지 흑자국들이 벌어들인 미 달러화가 결국은 다시 미국으로 흘러 들어오게 되어 있는 구도였다.

이 구도가 흔들릴 수 있다는 사실은 미국으로서는 상상하기 괴로운 일이며 이는 동시에 세계의 다른 나라들의 눈에 비친 미 달러화의 위상을 추락시키고 있다. 거기에다 미국은 서브프라임 사태에 따른 유동성 위기에 대처하기 위해 달러 금리의 대폭 인하가 불가피했는데 이것도 달러화의 추락에 가세했다. 그런가 하면 미국 워싱턴의 '피터슨 국제경제연구소' 존 윌리엄슨은 최근에 펀더멘털-균형 환율 (FEER)이라는 이론을 내놓았다.

FEER 환율은 경상수지의 균형에 부합하는 환율을 말한다. GDP의 3%

가 넘는 흑자 또는 적자는 오래 지속될 수 없는 것이므로 FEER 환율에 접근시켜야 한다는 것이다. 이 이론에 따르면 아직도 GDP의 5%를 넘는 미국의 경상수지 적자를 해소하려면 미 달러화는 좀 더 하락해야 한다.

3차 오일 쇼크라는 말이 자주 등장하는 요즘, 급등한 원유가의 어디까지가 실질 가격인상이고 어디까지가 달러화 가치하락에 따른 명목 인상인지 구분하기 어렵다.

이번 오일 쇼크의 원인을 중국과 인도 등 신흥 공업국의 과도한 석유 수요로 돌리는 것은 적절하지 않다. 원유의 수요 공급 불균형 못지 않게 미 달러화의 전 방위적 가치하락이 오일 쇼크의 중요한 원인을 제공하고 있다. 투기세력에 의한 원유선물 매입은 원유 현물가격 상승에 별 영향을 주지 않는다는 것이 전문가들 사이의 정설이다.

우리의 경우는 작년까지 10년 간 연평균 150억달러의 경상수지 흑자를 기록했는데 이는 같은 기간 중의 우리나라 GDP 평균의 2.3%에 해당한다. 금년에 100억 달러의 적자를 기록한다면 GDP의 1% 정도가 된다. 비교적 안정적인 대역 내에서 순환하고 있다고 보아야 한다.

원화 동반하락으로 부담 커져

원화가 미 달러화와 함께 추락할 이유가 없다. 그런데도 작년 8월말 이후 원화는 유로 및 엔화에 대하여 각각 23.1% 및 15.3% 하락했다. 이는 같은 기간 미 달러의 하락 폭을 오히려 크게 넘는 비율이다. 그만큼 우리는 수입원유의 경제적 부담이 이들 나라에 비해 훨씬 더 커졌다는 이야기다.

금년의 경상수지 적자 전환을 보는 시각이 중요하다. 이것을 피하려고 하는 조급함에서 원화의 약세가 불거졌다. 그보다는 이것을 경기변동의 순환으로 받아들이는 자세, 그리고 우리 경제의 복구능력에 대한 자신감을 우리 스스로 가져야 한다. 그럴 때에 국제 시장에서도 원화가 보다 합당한 구매력을 행사할 것이다.

(2008.7.15 내일신문)

변화하는 국제통화질서

다우존스 지수가 지난주 1만 포인트를 돌파했다. 모건 스탠리 캐피털 인터내셔널이 작성 발표하는 MSCI 세계주가지수도 금년 3월에 저점을 통과한 이후 7개월 사이에 무려 71% 급등했다. 이에 따라 국내외에 걸쳐 출구전략에 대한 논의가 활발하다.

위기상황으로부터 탈출하기 위해 각국 정부와 중앙은행이 서둘러 시행했던 특단의 재정 및 통화정책들을 위기모드에서 정상모드로 전환하는 것이라고 풀이하면 좋을 것 같다. 정부의 재정지출도 적당히 거두어 들이고 그 동안 영(零)에 가까웠던 중앙은행 기준금리도 상식적인 수준으로 인상해야 하겠는데 '전략'이라는 수식어가 붙었다. 조급한 시행이 경기회복에 찬물을 끼얹지 않을까 하는 우려가 크기 때문이 아닌가 한다. 그러나 출구전략은 출구전략일 뿐이다. 글로벌 경제위기의 재발을 막기 위해서는 무언가 근본적으로 달라지는 것이 있어야 한다.

지난주 매일경제신문이 주관하는 세계지식포럼에 참석한 폴 크루그만 교수는 이번 세계 경제위기의 원인으로 미국의 주택가격 거품, 가계부채 및 글로벌 불균형을 들었다.

'글로벌 불균형'의 숙제

그가 말하는 글로벌 불균형이란 중국과 같이 저축을 하는 나라와 미국과 같이 소비하는 나라 사이의 불균형으로 이것이 무역과 부채의 불균형을 심하게 누적시켜 왔다는 것이다. 세계경제는 당장의 위기는 모면할 수 있을 것이지만 인류는 이제 훨씬 더 어려운 이 불균형의 숙제를 풀어야 한다. 20년 정도의 시간이 필요할지 모르지만 그 이전 어느 시점에서 안 좋은 모양으로 이 불균형이 깨질 수도 있다는 경고도 그는 남겼다.

이와 관련 포린 어페어즈(Foreign Affairs)지 11/12월호에 실린 프레드 벅스텐(Fred Bergsten)의 '달러화와 무역적자: 워싱턴은 어떻게 다음 위기를 막을 것인가'라는 글이 눈을 끈다.

일반적으로 허용 가능한 연간 경상수지 적자의 한계는 GDP의 3%인데 미국은 현재는 6%, 2030년에는 15%가 되며, 국가 순대외채무도 허용한계는 GDP의 40%라고 하는데 미국은 현재 90%, 2030년에는 140%로 늘어나게 된다는 내이다. 대체로 이런 문제에 대한 처방은 중국 등 신흥국들의 '수출억제 및 내수진작'이었다. 그러나 벅스텐 박사는 보다 실질적인 권고를 덧붙인다.

첫째, 미국 달러화가 누리는 국제결제통화라는 지위가 미국의 무역적자를 지속가능하게 만들었다. 그러므로 국제시장에서 달러화의 역할이 축소되는 것을 반대할 것이 아니라 오히려 이를 환영하는 것이 미국의 이익에 부합한다. 둘째, 미국이 세계무역에서 '의지할 수 있는 마지막 소비자'(Consumer of last resort)라는 위치에서 벗어나야 한다. 이를 위해서 소득세 대신 소비세를 강화해야 한다.

글로벌 불균형을 개선하는 해법으로 벅스텐 박사가 미국 달러화의 다운사이징을 거론한 것은 매우 중요하고 적절한 착상으로 보인다. 사실 달러화의 지위와 미국의 수입 의존성은 불가분의 관계에 있었다. 환율이 수출경쟁력에 미치는 영향은 지대하기 때문에 다툼이 끊일 날이 없는데 미국은 이 싸움에서 항상 피동적일 수밖에 없었다. 미국 달러의 달러에 대한 환율은 항상 '1'이기 때문이다.

각국 정부가 일률적으로 달러화의 고평가(자국통화의 저평가)를 바라는 현상, 이것이 80년대 이후 수십 년간 달러화의 거품(strong dollar)을 떠받쳐온 또 하나의 신기루가 아니었을까? 무역적자국의 화폐가 저평가되어 다시 수출경쟁력을 회복하게 된다는 시장 메커니즘은 달러화에 관한 한 작동하지 못했던 것이다.

현재 약 20조 달러가 외국인의 수중에 있다. 여러 나라들의 외환보유고도 64% 정도가 달러화로 구성되어 있다. 앞으로 미국이 소비의존형 모델에서 수출주도형 모델로 방향전환을 하고 마지막 소비자로서의 역할을 단호히 거부하려 할 때 이 엄청난 양의 달러화 가치는 어떻게 될 것인가?

미국의 최종소비자 역할 끝나

그러나 이런 문제들은 지구온난화의 문제와 마찬가지로 당장 살아가는데 큰 문제가 없으므로 우리의 관심에서 멀어질 수 있다. 그러기에 우리는 지금부터 대비해야 할 필요가 있다.

수출은 어디까지 내수시장으로 대체 가능한 것인가? 한중일 경제협력체제를 향해 더 적극적으로 접근해야 하지 않는가? 일본 정계의 민주당 등장이 동북아 지역 화합에 얼마나 유리한 조건을 형성할까?

크루그만 교수가 던진 인류의 '지혜와 용기'가 필요한 숙제라는 단어가 적지 않은 두려움으로 다가오지만 우리는 이런 미래를 내다보며 희망을 마련해야 한다.

(2009.10.20 내일신문)

외환시장 개입

9월 29일 미 하원이 압도적으로 통과시킨 통상법안은 중국 위안화가 저평가된 만큼 상쇄관세를 부과하겠다는 내용이었다. 이 법안에 대해는 이견이 많았다. 심지어 미국의 통상대표부를 이끌었던 미키 캔터(클린턴 행정부)와 수잔 슈왑(부시 행정부)같은 전문가들마저 이에 반대하는 입장을 공개적으로 표시했다. 과거 경험에 비추어 입법을 통해서 보다는 시장접근적인 방법을 취해야 한다는 것이었다.

미국 의회가 대 중국 환율압박을 가하는 가운데 연방준비은행 버냉키 총재는 다음달부터 제2의 양적 완화(QE2; Quantitative Easing 2)를 기정사실화했다. 2년 전 금융위기 발발 이래 금년 3월까지 총 1조7000억 달러에 달하는 재무부 증권, 모기지 증권 등을 시장 매입함으로써 유동성을 크게 증가시켰는데 그것으로 부족하다는 것이다. 앞으로 "필요한 만큼"이라는 단서가 붙지만 약 1조 달러를 내년 말까지 투입할 것으로 알려지고 있다. 이에 따른 달러화 가치하락은 당연하다.

외환보유액 증가의 이유

달러의 가치하락은 미국의 교역 상대국 입장에서는 자국 통화의 가치 상승을 의미한다. 과거에도 이것을 막기 위해 많은 경우 이들 국가들은 자국 통화를 시장에 내다팔고 달러를 사들임으로써 외환시장에 개입해왔다. 이러한 대응 행위는 그 나라의 외환보유액을 증가시킨다. 전세계의 외환보유액은 1999년1월 1조6000억 달러였던 것이 금년 5월 현재 8조3000억 달러로 5배 이상 늘었다.

그 중 중국의 외환보유액이 2조4000억 달러로 전체의 30%를 차지한다. 이 금액은 중국의 연간 GDP의 거의 절반의 크기다. 미국이 중국의 환율조작 행위의 증거로 중국 외환보유액의 급격한 증가를 들고 있음도 무리는 아니다.

그러나 미국의 QE(양적완화)와 다른 나라들의 외환시장 개입은 서로 원인과 결과로 맞물려 있다. 최근 주요 국제회의장에서 환율논쟁이 뜨거워지고 있는 이유가 여기에 있다. 그 와중에 비교적 차분하게 상황을 정리하고 있는 사람은 클로드 트리셰 유럽중앙은행 총재다.

그는 환율은 경제 펀더멘털을 반영해야 하지만 과도한 환율의 변동성과 무질서한 움직임은 경제와 금융 안정성에 악영향을 줄 수 있음을 강조한다.

중국 상품의 국제경쟁력이 높은 것은 근원적인 것이다. 이에 관해 HSBC 은행의 수석 이코노미스트, 스테픈 킹(미국의 저명한 소설가와 동명이인)의 지적이 적절해 보인다. 미국의 1인당 국민 소득은 연 4만 달러, 이에 비해 중국은 3000달러로 중국상품의 경쟁력은 방대한 낮은 임금의 노동과 첨단기술의 만남에 있다. 이것은 환율의 조절로 없앨 수 있는 것이 아니라는 것이 그의 설명이다.

해결의 출발은 중국의 경쟁력을 인정하는 데 있는 것 같다. 위안화를 급격히 절상시켜 중국의 경쟁력을 말살시키려는 노력은 무모할 뿐 아니라 시장 역행적이다. 또한 환율의 조정은 점진적으로 진행되어야 한다. 조지 소로스는 최근 파이낸셜 타임즈 기고를 통해 연 10%를 중국이 감내할 수 있는 속도로 제시하기도 했다.

위안화 환율과 관련해 중국 자본시장 개방을 촉구하는 목소리는 의외로 적다. 중국은 금년 8월에야 비로소 자본시장을 극히 일부분 개방했다.

중국과 통화 스왑 협정을 체결한 8개 나라(우리나라 포함) 중앙은행에 한해 위안화 표시 채권을 매입할 수 있게 허용한 것이 그 내용이다. 외국인이 위안화 표시 채권을 매입할 수 있도록 개방하는 조치는 자연스럽게 위안화 절상을 이끌 것이다.

환율 논쟁의 타깃에 중국만 있지는 않다. 가이트너 미재무성 장관은 싱가포르, 타이완, 한국 등 다른 국가들의 동참이 중국의 행동을 이끌어 내는 필수조건임을 강조하고 있다.

한국 원화도 타깃이다

우리나라는 2008년 한 해를 제외하곤 과거 10년간 매년 평균 150억 달러의 경상수지 흑자를 기록해왔다. 그럼에도 불구하고 최근 3년간 일본과 중국의 통화는 각각 27.2% 및 9.7% 평가절상 됐으나 유독 우리나라만 26.7% 평가절하(환율 인상)됐다.

외환보유액도 2000년 말 962억 달러에서 작년 말 2699억 달러로 급증했다. 이 중 상당부분이 원/달러 환율안정을 위한 시장개입의 결과였음을 부인하지 못한다. 다음달 서울 G20 정상회의는 새로운 환율 레짐(regime)을 찾는 과제를 짊어지고 있다. 우리나라는 마침 의장국으로서 숨을 곳이 없다. 숨을 곳이 없으면 주도해야 하고 과감하고 철저하게 대비해야 한다.

(2010.10.12 내일신문)

환율조작(currency manipulation)국은 누구인가?

금리가 높은 나라의 통화는 시간이 흐를수록 약세가 되고, 그와 반대로 금리가 낮은 나라의 통화는 강세로 되는 것이 시장의 순리다. 그렇게 시장은 시간을 지나며 균형을 잡아나간다. 대표적인 예가 스위스 프랑이다. 금리는 주요국 통화 중 항상 제일 가장 낮았지만 통화 가치는 꾸준하게 증가해 1980년대에는 1달러에 2프랑을 지불하던 것이 지금은 1달러를 사는 데 1 프랑이 채 안 든다. 그러나 고금리 통화가 약세로 된다는 것은 장기에 걸쳐 입증되는 공식일 뿐이다. 단기적으로는 금리와 환율의 관계는 정반대다. 즉 중앙은행이 기준금리를 올리면 환율도 강세로 보인다.

제로 금리를 무기한 지속할 수 없는 미국은 금리 정상화 시점을 재고 있다. 시장에서 그 시기가 임박했음이 감지되면서부터 달러 환율이 강세를 띠고 있다. 달러 강세는 미국 수출에는 독소다. 미국의 무역적자 규모는 이미 최악이다. 미국 통계청이 이달 초 발표한 4월 한달 동안의 무역적자는 409억 달러로 미국의 평균 월간 적자금액 129억 달러를 크게 초과하는 것이며 월간 적자 최고기록인 1946년 6월의 670억 달러에 근접한 수치다.

미국 의회가 뜬금없이 환율조작국에 대한 특별관세를 부과하겠다고 나선 것은 이러한 배경에서다. 국익 앞에서 미국만큼 여야가 따로 없이 하나로 뭉치는 나라도 없을 것이다. 마침 미국과 아시아 태평양 국가들을 대상으로 하는 환태평양 경제동반자 협정(TPP)과 미국과 유럽을 대상으로 하는 범대서양 무역투자 동반자 협정(TTIP)이라는 두 개의 중요한 협정이 추진 중에 있는데 미국은 여기에 환율조작국에 대한 제재 조항을 삽입하자고 강력하게 주장하고 있다.

그러나 막상 누구를 환율조작국으로 지목할 지에 대해서는 중국과 일본과 유럽 어느 하나 만만치 않다. 중국 중앙은행이 위안화의 절상속도를 조절하기 위해 외환시장에 개입해 왔던 것은 주지의 사실이다.

전가(傳家)의 보도(寶刀)

지난 10년 동안 위안화는 정부의 시장개입 비난을 받는 와중에서도 이미 33% 절상되었고 중국의 성장전략이 수출에서 내수로 변화되었던 2014년을 기점으로 달러 매입을 더 이상 하지 않고 있다. 일본의 경우는 중국과 반대로 엔화가 절하되었다. 아베노믹스 시행 초기인 2012년 12월에 1달러당 84엔 하던 환율이 지금은 120엔으로 뛰었다. 노골적으로 엔화 약세를 타깃으로 하는 일본의 양적완화 정책을 미국을 비롯한 G-7이 용인했기 때문에 가능했다.

유럽의 경우도 마찬가지다. 유로 환율은 유럽 재정위기 시발 시점인 2009년 말의 1달러46센트에서 금년 5월의 1달러11센트로 24% 약화되었다. 역시 유럽중앙은행의 양적완화 조치가 그 배경에 있다.

중앙은행이 외환시장에 개입하는 것만이 환율조작이 아니다. 양적완화 즉 금리인하와 자산매입을 통해 통화가치를 하락시키는 것은 고차원의 환율조작 행위다. 정부가 산업적인 방법이 아니라 통화적인 방법으로 환율을 약화시켜 수출을 지원하려고 한다는 점에서는 똑같은 것이다.

브라질 등 신흥국들은 미국의 양적완화 조치가 한참 진행 중이던 2010년을 전후로 자기 나라들의 환율이 초 강세를 보여 수출에 피해를 입게 되자 미국의 통화정책이 환율전쟁을 야기하는 무책임한 행위라고 비난했는데 이것은 틀린 주장이 아니었다.

폴란드의 경제학자이자 관료인 스테판 카왈렉(Stefan Kawalec)은 전 세계 5000개 언론사를 회원으로으로 두고 있는 프로젝트 신디케이트 칼럼을 통해 "유럽이야말로 대표적인 환율조작국"이라고 적나라하게 지적했다.

유럽의 2014년 경상수지 흑자 폭 3000억 달러는 GDP의 2.4%에 달하는 수준으로 금액과 비율에서 중국보다 더 크다는 사실을 그렇게 주장하는 이유로 들었다.

"유럽이야말로 대표적인 환율조작국"

중국은 1 인당 국민소득이 1만 불이 채 안 되는 저소득국가다. 못사는 나라의 물가는 상대적으로 저렴할 수밖에 없다. 인건비가 싸고 노동력의 국가 간 이동은 자유스럽지 못하기 때문이다. 언젠가 서로 동등하게 부유한 나라가 되어 물가의 차이가 사라질 때까지는 물가가 저렴한 만큼 수출경쟁력이 생기는 것은 환율로도 막을 도리가 없는 것이다.

중국의 물가를 미국과 같은 수준이라고 가정하면 중국의 GDP는 17.6

조달러가 되어 미국의 17.4조 달러를 넘는다. 이렇게 구매력 평가(平價) 방식으로 IMF가 금년 4월에 발표한 순위는 중국, 미국 다음에 인도 3위, 일본 4위로 이어진다.

(2015.6.24 내일신문)

사이판의 낙조

기축통화, 달러화의 지위

세계 여러 나라들의 외환보유고 중 많은 부분을 차지하고 있는 미국국채(T/B)의 가격이 크게 하락하고 있다. 11월 들어 10년 만기 채권과 30년 만기 채권이 각각 4.2% 및 8.4%씩 폭락했다(25일 현재).

물론 이와 같은 채권가격의 하락은 각국 중앙은행들이 그들의 자산을 시가평가(市價評價)했을 때에만 손실로 나타나는 평가손(評價損)에 불과하다. 그러나 당장 달러화가 필요해 이 채권을 현금화해야 할 처지에 있는 경우라면 큰 손해를 보아야 한다.

여러 조건들이 미국 채권가격의 하락을 위해 성숙되어 있다. 우선 12월 중 단기 기준금리인상은 기정사실로 받아들여지고 있는데다 정부지출은 늘리고 법인세는 줄이는 소위 트럼포노믹스(Trumponomics)의 적자예산은 대규모 국채발행을 불가피하게 만들 전망이다. 거기에 트럼프가 후보시절에 내뱉은 "당선되면 미국국채를 할인된 가격으로 환매하겠다"는 말도 미국채권가격 하락과 차입금리 상승에 일조하고 있다. 이것은 망한 기업이 채권자들을 불러 모아놓고 곤잘 써먹는 수법이다. 더구나 국제금융시장에서 구조조정 협상은 그 자체가 디폴트 사건에 해당된다.

그러나 이 모든 흔들림에도 불구하고 미 달러화의 환율(정확히 표현하면 달러 인덱스: 6개의 다른 나라 통화에 대한 미 달러의 가격 비교)은 견고하다. 그 이유는 달러가 기축통화이기 때문이다. 기축통화는 국제 상거래의 결제수단의 기능과 외환보유의 기능이라는 두 개의 역할을 수행하기 때문에 가치가 있다. 금 본위제가 유지되던 1914년까지는 이 기능이 이원화되어 있었다. 결제통화 기능은 세계무역의 70%를 차지하던 영국의 파운드화가 수행했지만 외환보유 기능을 수행하는 통화는 따로 없었다. 주요국의 모든 종이 돈이 금 보관증서와 다름없었기 때문이다.

기축통화에는 환율의 선(善) 기능이 없다

미국 달러가 이 두 가지 역할을 한꺼번에 떠 안은 것은 금 본위제가 깨진 이후부터다. 그런데 미국은 그로 인하여 덕만 보았던 것은 아니다. 가장 큰 단점(?)은 무역적자를 개선하는 환율의 기능이 미국 달러화의 경우에는 작동하지 않는다는 점이다. 수십년 누적되는 무역적자에 불구하고 달러화 가치는 요지부동이었는데 이것은 적자를 메우는 아편과 같은 것으로서 수출 경쟁력 면에서는 저주였다.

중국 위안화가 언제 미 달러의 지위를 대체할 것인가를 놓고 호사가들이 입방아를 찧기도 하지만 앞으로는 중국이 아니라 어느 나라도 기축통화의 지위에 도전장을 내밀기는 어려워 보인다. 그러나 어느 한 나라의 통화가 아니라 여러 나라의 복합통화가 기축통화로 되는 것은 이야기가 다르다. 예를 들면 IMF의 특별인출권(SDR) 같은 것이다. SDR은 하이브리드 통화다. 1969년 만들어진 이후 뚜렷한 용도를 찾지 못하고 있었는데 금년 10월부터 중국 위안화가 그 합성에 포함됨으로써 새롭게 주목을 받게 되었다. SDR 합성에는 달러화와 유로화를 비롯하여 영국 파운드화와 일본 엔화가 일정 비율로 포함되어 있었는데 여기에 중국 위안화가 비집고 들어가는 데 성공했다.

비율의 크기로는 달러화와 유로화 바로 다음이다. SDR과 다른 통화와의 교환비율, 즉 SDR 환율은 여느 통화와 마찬가지로 시장에서 결정된다. SDR과 미 달러화의 사이에서도 시장환율에 따른 매매가 이루어진다. SDR이 기축통화로 발전하여 세계 많은 나라들이 외환보유 및 무역결제의 수단으로 달러 대신 SDR을 선호하게 되면 미국은 무역적자를 예전처럼 달러로 결제하는 대신 SDR을 매입하여 결제해야 한다.

하이브리드 통화의 출현 가능성

단일국의 통화가 아닌 복합통화가 기축통화로 등장하는 날이 언제 올지 아무도 모른다. 그러나 미국 우선(America First)을 표방하는 트럼프 대통령 시대는 이 시기를 앞당기는 데 기여할 것이다. 보호무역으로의 선회가 달러화의 결제 통화로서의 필요성을 반감시킬 것이기 때문이다. 국제 정치 외교에서의 고립주의도 미국의 슈퍼파워 위상을 위축시킬 것이다. "미국 우선"은 "위대한 미국(Great America)"과 양립할 수 없다.

거기에다 지난 8년 동안 양적 완화의 명분으로 행한 4조달러가 넘는 통화증발도 달러화의 가치 훼손(debasement)의 뇌관으로 그대로 남아있다. 미 달러의 장기적인 약세는 부정하기 힘든 추세로 판단된다. 아직까지는 달러화가 무역결제 등 국제 상거래에서 차지하는 비중은 88%로 여전히 높지만 세계 외환보유고 중 달러화의 지난 15년 간에 걸쳐 이미 71%에서 63%로 감소가 진행되어 왔음도 주목해야 할 것이다.

(2016.11.30 내일신문)

제4부

지역별 과제

내용이 어느 특정 지역이나 나라에 국한된 칼럼들을 마지막 제4부에 한데 모았다. 미국에 경우는 이 책의 이제까지의 여러 맥락에서 다루어지지 않았던 몇 개의 과제들을 맨 끝에 배치했다.

중국

- 베이징 올림픽의 흑묘백묘
- 중국을 바라보는 이유
- “글로벌 위어딩”
- 차이메리카
- G2 중국의 무거운 어깨
- 중국 경제성장 모델의 변화
- 아시아인프라투자은행
- 슈퍼파워
- 서방과 중국의 다른 세계관
- 샤오캉
- 반대 방향으로 가는 미국과 중국

유럽 여러나라

- 그리스
- 아일랜드
- 그리스 (2)
- 그리스 (3)
- 그리스 (4)
- 그리스 (5)
- 그리스 (6)
- 그리스 (7)
- 그리스 (8)

- 이탈리아를 구하라
- 프랑스의 올랑드
- 유로존의 진화
- 라인 캐피탈리즘
- “오스테리티”
- 금의 대서양 횡단
- 미국과 독일 비교
- 통일 독일의 효자
- 천연가스와 러시아 흑해함대
- 슈퍼파워의 선택
- 우크라이나 사태
- 유가하락과 러시아
- 21세기의 “프랑스혁명”

중동 여러나라

- 무지의 베일을 통한 선택을
- 아랍 민주화
- 미국과 이란의 불편한 근대사
- 이란에 관한 시각 차이
- 핵보다 더 큰 의미

미국

- 오바마 케어
- 금융개혁 입법
- 오바마 케어(2)
- 재정절벽
- 무급휴가 명령
- 디트로이트 시 파산
- 오바마 케어(3)
- 제로 금리의 득과 실
- 소프트 파워
- 트럼프의 트럼프 카드
- 트럼프(2)
- 트럼프(3)
- 현대화폐론의 등장
- 각자도생의 시대로 가는가?

중국

1839년 도광(道光) 황제로부터 아편수입 근절 명을 받은 임칙서 대신은 영국의 빅토리아 여왕에게 탄원서(memorial)을 보낸다. 중도에 분실(?)되어 여왕에게까지 전달은 안 되었다고 하나 후일 런던 타임스(Times)지에 게재되었다. 위키피디아 "Lin Zexu" 편을 검색해 보았다.

"6~7만리 떨어진 귀하의 나라에서 상인들이 중국까지 오는 것은 필경 취할 이윤이 적지 않기 때문일 것입니다. 차, 대황, 비단, 도자기 등은 사람의 일상생활에 필요한 유익한 것들입니다. 이러한 것들을 중국인에게서 가져가면서 어찌하여 그 대가로 오직 인간에게 해로운 독약을 중국인에게 가져오는 것입니까? 의도적으로 남을 해치려는 것은 아니겠지만 물질적 이득에 탐닉한 나머지 상대방이 입을 피해는 상관치 않습니다.

귀하는 영국에서 아편 사용을 금지하였습니다. 그 해로움을 잘 아시기 때문일 것입니다. 왜 자국민에게는 금지하는 것을 중국과 같은 타국에 전하는 것입니까?

영국인들은 귀국에서 양귀비 농사를 하지 못하므로 폐하의 속국인 인도에서 양귀비 농사와 아편 제조를 하고 있습니다. 독(毒)의 농도는 해가 갈수록 강해지고 그 악취는 하늘에 닿았습니다. 하느님은 진노하셨고 모든 신령들은 고통으로 신음합니다.

이에 탄원하는 바입니다. 양귀비 재배와 아편 가공에 사용된 쟁기와 시설들을 전부 식량 생산으로 전환시키고 다시 양귀비를 재배하는 자들을 엄벌에 처해 주십시오.

사람을 죽인 자에게는 죽음의 벌을 내려 마땅합니다. 아편으로 사망한 사람의 숫자를 상상해 보십시요. 중국은 법을 새로이 제정하여 아편을 중국에 들여오는 외국인에게 교수 또는 참수의 형을 선고할 것입니다. 인류 전체의 이익을 위해, 이 독약을 완전히 뿌리 뽑으려는 것입니다."

임칙서는 그 직후 영국 선박에 실려 온 대량의 아편을 몰수하여 바다에 수장했고 이것을 기화로 영국은 같은 해 9월 아편전쟁을 일으켰다.

중국은 2008년 미국 발 금융위기 및 유럽 재정 위기를 모면하였으며 2010년 일본을 제치고 세계 제2의 경제대국이 되었다.

강대국 사이의 관계가 경쟁을 넘어 적대(敵對)로 치닫는 것은 시대착오적이다. 18세기 프랑스 혁명은 주위의 군주국들에게는 분명한 위협이었다. 히틀러 독일의 위협, 소련의 위협들은 이들이 자유, 민주, 자본주의와 공존할 수 없었기에 적대관계의 형성이 불가피했다. 그러면 중국의 부상이 세계에 던지는 위협은 무엇인가?

미국의 조 바이든 대통령은 코로나 19 사태의 수습을 위한 정부의 대규모 재정지출 법안이 상 하 양원에서 심의가 늦어지자 “중국의 독재와 미국의 민주주의 중 어느 쪽이 우월한가”를 입증해 달라고 호소했다. 구분하자면 이는 경쟁의 차원에 머무른 것이었다.

베이징올림픽의 흑묘백묘(黑猫白猫)

최근 인터내셔널 헤럴드 트리뷴에 실린 한 서양인의 글은 베이징 올림픽을 2세기에 걸친 긴 역사의 눈으로 바라보고 있다. 19세기 초 까지만 해도 세계 경제에서 중국의 비중이 30%에 달했던 것이 어떻게 하여 1% 선까지 내려갔던가? 그래서 그는 1839년 중국과 영국 사이에 벌어졌던 악명 높은 전쟁, 오늘날의 기준으로는 상상하기 불가능한 영국인에 의한 아편 밀매(密賣)와 이를 막으려는 중국 정부의 충돌을 현대인들이 읽기에 쑥스러울 정도로 자세하고 비중 있게 서술하였다.

대체로 자급자족 경제 체제를 유지하고 있었던 중국에게 영국 동인도회사가 실어오는 상품들은 별 수요가 없었다. 반면에 중국의 차(茶)나 도자기, 그리고 비단은 유럽에서 큰 인기가 있었다. 영국은 이를 결제하기 위하여 은(銀)을 사용해야 했는데 이 때문에 한때 중국으로 들어오는 선박 화물의 80%가 은이었다고 한다.

아편이 중국인들에게 퍼지기 시작한 것은 18세기말 부터였는데 중국은 아편 재배를 금하고 있었으므로 영국은 인도에서 대량생산을 해서 중국에 팔았다. 즉 영국은 중국무역의 구조적 적자를 아편 무역의 흑자로 메웠다.

근대사의 한풀이였던 개막식

말하자면 중국 비단을 사기 위해 중국에 건너갔던 은이 도로 영국으로 돌아오는 구조였다. 아편전쟁 이후에 벌어진 열강들의 중국 침탈사는

1876년 강화도조약 이후 우리나라에 대한 일본의 침략사와 다르지 않았다. 이러한 중국이 청조의 멸망, 항일전쟁, 그리고 종전 후 자기들끼리의 내전을 거쳐 오늘의 국가를 수립한 것은 1949년, 유엔으로부터 중국대륙의 합법적 정부로 인정받은 것은 그보다 훨씬 후인 1972년이었다.

이러한 아픈 역사를 지닌 중국에게 베이징 올림픽은 한풀이일 수 있다. 중국의 가장 가까운 이웃이며 열강의 부당한 핍박을 받았다는 근대사의 공통점을 지닌 한국인의 한 사람으로서 베이징 올림픽을 바라보는 필자의 시각은 다분히 양면적이다. 그 첫째는 따뜻한 시각이다.

350억 달러라는 엄청난 비용이 들었기 때문에 이래저래 기록적인 적자 올림픽이 될 가능성이 높을 뿐 아니라 포스트 올림픽 신드롬에 앞으로 몇 년 동안을 시달리지도 모른다. 그러나 사회주의 국가에서 적자는 큰 문제가 아닐 수도 있다. 자국의 유구한 역사와 문화, 거기에다 첨단기술까지 곁들인 멋진 모습을 세계에 보여줌으로써 자존심을 회복하려 했던 개막식을 따뜻한 시각으로 바라볼 수밖에 없었다.

그 둘째는 우려의 시각이다. 베이징 도심의 밤하늘을 가로질러 뚜벅뚜벅 걸음을 내딛던 거인의 발자국은 TV로 전세계에 보도되어 상당한 감동을 주었지만 실제로는 폭죽이 아닌 컴퓨터 그래픽이었다는 사실이 밝혀졌다. 또한 예쁜 눈의 린냐오커 어린이는 자기의 노래가 아닌 다른 아이의 녹음된 노래에 입술모양(립싱크)만 냈다고 하여 짝퉁이라는 비난을 받았다.

이것을 일개 영화감독 장예모의 어설픈 재주로 치부하기에는 그 함축이 너무 커 보인다. TV 방영은 어디까지나 현장을 보도하는 것이다. 현장에는 있지 않았던 폭죽 장면을 있었던 것처럼 보도한 일, 목소리는 좋으나 좀 뚱뚱하다고 다른 아이를 내보낸 것. 이것을 등소평의 실용주의로 치부할 수 있을까? 검은 고양이든 흰 고양이든 쥐만 잘 잡으면 된다는 흑묘백묘(黑猫白猫)는 과연 이런 것을 허용함인가?

포스트 올림픽 신드롬을 우려하는 목소리는 대개 경제적인 요소를 거론한다. 차기 올림픽 개최지로 선정되었던 2001년 이후 계속되었던 고용과 투자를 새롭게 대체할 만한 산업이 없다는 것, 그 동안 자산가격 거품을 형성했던 주식시장과 부동산 시장에서 가격 하락이 불가피하다는 것 등이다. 그러나 정작 더 우려되는 것은 중국의 개혁개방이 지나치게 경제적인 성과에 치중하여 왔다는 사실이다. 쥐가 많던 집도 웬만큼 잘 살게 되면 쥐를 보기 힘들어지는 법이다.

못사는 집 고양이가 쥐 잘 잡아

이제 쥐만 잘 잡는 고양이 대신에 다른 무언가가 필요하다. 용(用)도 중요하지만 이제 체(體)를 되돌아볼 때가 되었다는 이야기도 된다. 전자는 응용을 말함이고 후자는 원칙에 해당한다. 결과가 수단을 정당화한다는 주장도 후진적인 사회에서 일시적으로 통하는 주장일 뿐이다. 말년의 모택동이 유소기와 등소평의 경제중심주의를 공격하기 위해 주도했던 문화대혁명은 홍위병의 모택동 개인숭배에 휘말려 중국을 오히려 후퇴시켰을 뿐이었지만 실용주의는 그 사회의 문화적인 밑받침이 없이는 일정한 한계를 벗어나지 못할 것이라는 생각이 든다. 우리나라에도 그대로 적용되는 내용이 아닐까 한다.

(2008.8.20 내일신문)

중국을 바라보는 이유

"유럽 은행들도 '스트레스 테스트'를 받아야 한다"는 주위의 권고를 당사자들은 받아들이려 하지 않았다. 그러나 지난달 G20 모임에서 중국이 유럽은행들의 건전성을 문제삼자 태도가 바뀌었다. 91개 은행의 명단이 확정되어 곧 이들에 대한 테스트 결과가 공개된다.

중국의 외환보유액은 2조4000억 달러에 달해 세계최대다. 이중 3분의 2를 달러표시 유가증권으로 보유하고 있다. 이를 관리하는 단일기구인 중국외환관리청(SAFE)의 한 관리가 "중국은 핵폭탄 옵션(nuclear option)을 행사할 의향이 없다"고 말한 것이 언론에 인용된 적이 있다. 중국이 미국

채권을 시장에 갑자기 쏟아낼 경우 발생할 미국 채권가격 및 달러화 가치 폭락 사태를 핵폭탄에 비유한 것이었다.

돈이 많은 중국

그러나 중국 자신의 실상은 어떠한가? 지난주 중국농업은행 기업공개는 그 일면을 보여준다. 중국의 5개 국유은행의 기업공개는 이번의 농업은행으로 일단락된다. 기업공개(IPO)에서는 공개 후 거래소에서의 거래가격이 큰 관심사다. 5년 전 건설은행과 통신은행의 경우 수요가 크게 몰려 거래 첫날 각각 32% 및 71%씩 주가가 올랐던 경험이 있다.

농업은행의 공개는 달러 환산 221억 달러에 달하는 신주발행을 수반했다. 규모로도 세계기록을 갱신하는 것이었지만 시기적으로 보아 이것의 성공은 중국 경제에 대한 시장의 평가를 확인할 수 있는 기회였다. 전문가들은 10% 정도의 가격 상승을 점쳤었다. 그러나 7월 15일 상하이 거래소와 다음날 홍콩 거래소에서의 첫 거래는 기관투자가들을 동원한 정부의 시장개입에 불구하고 발행가 대비 2% 내외의 상승에 그쳤다. 큰 실망이었다.

농업은행은 2007년까지 '불량은행' 수준을 벗어나지 못했다. 중국은 이 은행을 공개하기 위해 총자산의 4분의 1에 맞먹는 8000억 위안(미화 약 1000억달러)을 쏟아 부어 부실자산을 정리했다. 그리고 작년 한 해에 다시 이 은행을 통해 1조4000억 달러의 신규대출을 풀었다. 이는 농업은행 총 대출금의 3분의1에 해당하는 규모였다.

중국의 앞날을 바라보는 시각은 다양하다. 부정적인 시각은 은행 부실의 재발과 주택가격 거품을 염려한다. 은행 부실의 문제는 1990년대 이후 일관되어 온 사항이다.

정부주도의 신용 배급은 부실을 양산하기에 적합한 모델이다. 1998년 이후 5대 은행의 부실을 정리하기 위해 엄청난 예산을 투입하고서도 중국은 이번 위기극복 처방으로 은행을 통한 유동성 공급에 전력했다. 2008년 말 GDP의 102%이었던 은행 총 대출은 작년 말에는 GDP의 127%로 증가했다. 그 결과 중의 하나로 상하이의 주택가격은 약 30%의 거품이 형성되어 있다고 스탠다드 차터드 은행은 분석하고 있다.

긍정적인 시각도 있다. 주택가격은 4~5월 중 연 12% 상승하다가 6월에 11.4%로 상승률이 둔화됐고 월간으로는 6월 중의 가격이 전월 대비 0.1% 하락했다. 또한 은행의 주택 저당대출 합계액은 아직 GDP의 15% 선으로서 유럽이나 미국에 비해 현저히 낮다. 중국 경제는 금년 1/4분기와 2/4분기에 각각 11.9% 및 10.3%의 속도로 성장하고 있지만 연간 인플레이션은 5월은 3.1%, 6월은 2.9%로 안정되고 있다는 점 등을 든다.

지금 세계경제의 세 축인 미국과 유럽과 중국은 서로 상대방에게 성장정책의 지속을 요구하고 있다. 특히 중국에 대해서 그런 자세를 취한다. 남들이 열심히 소비해서 나의 물건을 사주기를 바라는 형국이다.

중국도 집안단속으로 기울어

그러나 이제는 중국도 홀로 세계시장의 견인차가 되는 것을 두려워하고 있다. 중국의 상하이 종합지수는 금년 들어서 24%의 하락을 기록하고 있다. 그럼에도 불구하고 중국의 선택은 '집안 단속' 쪽으로 기울고 있다. 거품붕괴의 충격을 겁내면서도 주택가격을 끌어내리기 위한 정책을 과감히 동원하고 있다. 은행의 자기자본비율("tier 1" 기준)도 9%로 높이도록 은행들을 압박하고 있다.

국제결제은행(BIS) 바젤위원회는 은행자본금 강화지침을 금년 11월경 발표할 예정이지만 이에 앞서 중국이 선수를 치고 있는 것이다. 세계경제가 어떻게 거시적 균형을 이루어야 할지 최소한의 해법을 찾아야 하는 와중에 중국은 나름대로 자신의 해법을 현실 세계에서 찾아가고 있는 모습이다.

(2010.7.19 내일신문)

천진관산(天津觀山)

"글로벌 위어딩"

작년 겨울 세계 곳곳을 휩쓴 폭설과 추위를 보면서 일부에서는 지구 온난화가 역행하는 게 아니냐고 했다는 웃지 못할 에피소드가 있었다. 그래서 뉴욕 타임스의 칼럼니스트 토마스 프리드만 같은 사람은 지구의 기후변화를 글로벌 워밍(global warming)이 아니라 글로벌 위어딩(global weirding)이라고 불러야 한다고 말한다.

중앙러시아의 가뭄, 섭씨 40도에 근접하는 모스크바의 폭염, 파키스탄의 홍수, 그리고 다른 한편에선 아르헨티나의 극한 추위 등의 기사를 동시에 접하게 되면서 역시 지구가 더워지고 있기보다는 이상해(weird) 지고 있다는 말이 더 맞는 것 같다는 생각이 든다.

그런데 세계 주요국들이 기후변화에 대처하는 모습은 서로 크게 다르다. 유럽은 일찍이 온실가스 배출거래제도(Emissions Trading Scheme)를 출범시켰다. 1만개 이상의 대형 온실가스 배출업소를 선정해 배출허용량을 할당하고 각 업소는 할당 받은 배출 허용량의 부족이나 여유분을 상호간에 매매하는 제도(cap and trade)다.

변화 외면하는 미국

국가가 세금을 부과해 막는 전통적 방법과는 달리 시장에서의 이윤동기를 이용해 더 효과적으로 온실가스 배출을 줄이자는 시도다. 이 제도는 에너지 가격을 높였고 높은 에너지 가격은 지속가능 에너지 연구 개발로 이어졌다. 독일이나 덴마크의 환경 산업기술이 다른 나라보다 크게 앞설 수 있었던 것은 이런 배경 덕분이기도 하다.

미국은 온실가스 최대 배출국이었으면서 유독 교토 의정서에 비준하지 않았다. 중국과 인도가 빠진 온실가스 감축 노력은 무의미할 뿐 아니라 불공정하다는 것이 미국의 주장이었다.

지역적으로는 뉴욕 주를 중심으로 북동부 10개 주가 유럽의 배출거래제도를 도입해 시카고에 기후거래소를 만들었고 캘리포니아 주도 의욕적인 감축계획을 추진하고 있다. 작년 6월에는 유럽식 배출거래제도를 연방법으로 정하는 법안을 하원이 통과시킨 바도 있다.

그러나 이 법안은 상원에서 제대로 법안으로 상정되지도 못한 채 지난달 폐기 처리됐다. 외견상으로는 공화당의 반대를 이유로 들었지만 내막을 들여다보면 석탄 등 구(舊) 에너지 산업의 비중이 높은 지역 출신의 민주당 의원들이 반기를 들었다고 한다.

금년 3월 미국인들을 대상으로 한 갤럽 조사에 의하면 '기후변화의 심각성이 언론에서 과장되고 있다'는 대답이 48%에 달했는데 이는 2년 전 같은 응답률 35%보다 크게 증가한 것이다.

최근 LA 타임스는 에너지 관련 기업들과 상공회의소를 중심으로 대규모의 정치자금을 모으고 있으며 오는 11월 중간선거에서는 상하 양원의 다수당이 뒤바뀔 가능성이 높다고 보도하기도 했다. 캘리포니아의 의욕적인 온실가스 감축 계획도 이번 중간 선거와 동시에 실시되는 주민투표에 의해 철회될 가능성이 높다고 한다.

2007년부터 미국을 뛰어 넘어 세계 최대의 온실가스 배출국으로 등장한 중국은 한편으로는 선진국들로부터 많은 압박을 받으면서도 다른 한편으로는 기후변화를 사업의 기회로 삼고 있는 듯하다. 작년 겨울 코펜하겐

기후 회의에서 중국은 총량 기준으로 배출가스를 감축하자는 선진국들의 논리에 대항해 GDP 단위당 배출량을 줄여 나가는 대안을 제시했다. 뒤늦게 경제성장을 하다 보면 총 배출량은 오히려 늘어날 수도 있다는 것이다.

알리앙스 금융그룹의 펀드매니저 보제나 얀코스카는 환경 분야에 특히 밝은 사람이다. 그에 따르면 중국의 경쟁력은 기술보다는 저렴한 제조원가에 있다.

현재 온실가스 절감비용은 탄소 1톤당 30유로인데 거래소에서 살 수 있는 온실가스 배출 허용권이 톤당 13유로에 불과하기 때문에 그린 테크놀로지는 아직까지는 채산성이 없다. 그러나 중국이 이 구도를 조만간 깨뜨릴 수 있다고 그는 기대한다.

중국의 소리없는 웃음

유럽과 중국은 나름대로의 방식으로 멀리 내다보고 있다. 미국은 개인의 자유가 가장 존중되는 나라다. 오바마 류(流)의 국가개입에 대해 유럽적(的)이라는 비판을 서슴지 않았던 나라다. 그러나 자유와 민주라는 것은 그 사회의 구성원이 아는 만큼, 느끼는 만큼 성과를 낼 뿐이다.

미국의 여론은 '경제'에 인질이 되어 있는 듯하다. 멀리 내다보지 못하는 미국의 모습을 보며 중국은 지금 소리 없이 웃고 있을지도 모른다.

(2010.8.9 내일신문)

차이메리카(Chimerica)

중국의 2010년 경제성장률이 예상보다 훨씬 높은 10.3%로 밝혀졌는데 이것이 중국 발 악재로 둔갑하여 주요국들의 진정시키고 물가를 잡기 위해 과도한 긴축을 하지 않을까 하는 불안이 작용하고 있다고 하니 중국이 경제적으로 그만큼 커진 것이다.

그러나 중국의 문화 및 정치에 대한 서방세계의 인식은 다르다. 티엔안

먼(天安門) 시위대의 무력진압 사건은 이미 20년 전의 일이라 치더라도 어린이 장난감에서 납 성분이 나왔다던가, 오염된 사료를 먹고 애완동물이 죽었다던가 하는 이야기는 비교적 최근의 기억이다.

올림픽을 치른 2008년에는 티베트의 분리독립을 주장하는 시위대의 폭력진압이 세계인의 눈살을 찌푸리게 했는데 급기야는 프랑스 파리에서 올림픽 성화가 소화기 세례를 받아 꺼지는 수난을 당하기도 했었다.

힘이 커지면 책임도 커진다. 중국의 발전이 주위의 날카로운 시선에 노출되는 것은 그 규모와 속도가 워낙 크고 빠르기 때문일 것이다. 중국은 이미 공산주의국가가 아니다. 기업파산시 채권자의 권리가 체불노임보다 우선하도록 파산법을 개정했고(2006년) 이어 물권법을 제정하여 사유재산이 국공유 재산과 똑같이 보호되도록 하였다.(2007년) 새로운 물권법에는 토지사용권의 자동연장 제도가 신설되어 주택은 70년, 공장과 상가는 각각 50년 및 40년으로 정해진 사용기간이 끝나도 임차인이 원하면 자동 연장된다.

일당독재이긴 하다. 그러나 300만 명의 당원이 지방과 중앙 각 단계에서 지도자를 표결로 선출하고 공산당 정치국과 최고 권력기구의 지도자는 임기가 제한된다. 서구적 민주주의와는 다르지만 합의에 의한 결정이다. 단지 소수의 인구가 결정한다는 것이 다르다. 중국이 스스로를, 진화하는 민주주의의 한 형태라고 주장하는 이유다.

더 이상 냉전은 없다

제5세대 지도자로 낙점되어 있는 씨진핑(習近平)은 멕시코에서의 한 연설에서 중국은 혁명을 수출하는 나라가 아님을 강조했다. 그렇다면 중국과 미국 사이에 과거와 같은 냉전은 있을 수 없다는 이야기다. 금년부터 시작하는 중국의 제12차 5개년 계획은 주요 임무 8개항 첫 번째 항목으로 내수진작을 통한 소비수요 확대를 꼽고 있다. 위안화 절상은 중국인의 구매력을 높여주는 것으로 이미 중국의 큰 계획 속에 반영되어 있다.

덩샤오핑(鄧小平)은 3단계 발전론을 유훈으로 남겼다. 온보(溫步)는 의식주를 해결하는 수준, 소강(小康)은 그 외의 작은 욕구들이 충족되는 중산층의 수준, 대동(大同)은 예기(禮記)에서 말하는 이상사회다. 1979년부터 1999년까지는 온보 단계로 GDP 1조달러, 개인소득 900달러를 돌파하고 2020년 이전까지 GDP 5조달러, 개인소득 4000달러를 달성하여 소강 단계에 이른다는 것이다. 공식적으로 2009년에 이미 GDP 4조9000억달러, 개인소득 3735달러를 기록하였으니 일정보다 많이 앞당겨지고 있는 셈이다.

그는 또한 도광양회(韜光養晦), 즉 "빛을 감추어 밖에 비치지 않도록 한 뒤 어둠 속에서 힘을 기른다"는 외교지침을 유훈으로 남겼다. 그는 1997년 사망직전까지도 '30년은 더 기다려야 한다, 그때까지는 절대로 미국에 맞서지 말라'고 당부하였다. 미국의 대침체(great recession) 발발로 인해 중국의 세계무대에의 현란한 등장이 크게 앞당겨졌을 수 있다. 그러나 이번 미중 정상회담을 통해 분명해진 것은 중국은 이미 남이 주목하지 않는 가운데 부를 쌓는 단계를 지났다는 사실이다.

차이메리카(China+America)는 영국의 니알 퍼거슨이 2006년에 처음 만들어낸 합성어다. 중국과 미국이 합치면 지구전체 면적의 13%, 인구의 4분의 1, GDP의 3분의 1을 차지하는 거대한 경제세력이 된다는 것이다. 그런데 재커리 캐러벨의 책 "슈퍼 퓨전"의 내용에 의하면 미국과 중국은 2008년 글로벌 금융위기 이후 '초융합'을 거쳐 이미 하나의 유기체가 되었다고 한다.

미중 정상회담이 그은 획(劃)

중국과의 융합을 받아들일 것인가, 아니면 중국의 상승은 미국의 하락을 의미한다고 믿으며 융합을 부인하고 내칠 것인가가 미국인이 대답해야 할 근본 문제다. 반대로 미국을 자본주의 침략국가라는 불신의 눈으로 바라보면서 중국이 이룬 경제적 지위를, 억울했던 근대사의 한풀이 기회로 삼을 것인가, 아니면 한반도 평화를 비롯한 지구촌의 숙제를 해결하는 데 있어 힘에 걸맞는 책임, 그리고 그에 따른 일정한 비용을 함께 부담할 것인가는 신묘년 새해 들어 중국인들이 대답해야 할 문제로 남는다.

(2011.1.24 내일신문)

G2 중국의 무거운 어깨

보시라이(薄熙來)는 충칭(重慶)시 당서기로 부임하며 조직폭력과의 전쟁을 선포했다. 3년 사이에 2000명을 체포하고 13명을 즉결 사형에 처했고 농촌에서 이주한 도시 무주택자의 거주 문제를 해결해 주었으며 농민들에게도 도시노동자와 같은 의료보험을 갖도록 했다.

그러나 어릴 때의 행적은 출세 지향적인 그의 일면을 보여준다. 그의 아버지 보이보(薄一波)는 중국혁명 1세대 원로지만 문화혁명기에는 반동분자로 몰려 홍위병들에게 두들겨 맞았는데 이 때 17세의 보시라이는 홍위병에 가담하여 아버지의 가슴을 발로 밟아 늑골을 부러뜨렸다는 것은 잘 알려진 이야기다.

오늘날 그의 아들 보구아구아는 영국에서 명문 해로우 고등학교와 옥스포드 대학을 거쳐 현재는 미국 하버드 대학원을 다니고 있는데 초호화 스포츠카 페라리를 몰고 다니는 사진으로 구설수에 오르기도 했다. 그의 두 번째 부인 구카이라이는 그 자신도 명문 집안 딸인 데다 남편의 후광을 입어 베이징에서 카이라이 법률사무소를 성공적으로 운영하고 있다.

베이징의 중앙 기율위원회의 초기 조사 결과가 당 내부에 보고되었는데 그가 자기 가족에 대한 공안국의 수사에 개입하여 압력을 행사했음이 밝혀졌다. 게다가 원래 그의 심복이었던 공안국장 왕리쥔이 그에게 이를 항의하다 오히려 생명의 위협을 느껴 미국 대사관에 정치적 망명을 구하는 드라마가 연출되었다.

그러나 금년 가을 중국최고 권력기구인 정치국상무위원으로 낙점이 확실시되던 그를 숙청하기에는 이런 혐의만으론 충분하지 않아 보인다.

지금의 중국의 최고권력 구조는 덩샤오핑이 마오쩌둥의 1인 독재를 부정하면서 만들어졌다. 그 기저에는 대약진운동(무리한 철강생산을 할당하여 최소 1800만명의 아사자를 낳았음)과 문화대혁명(홍위병의 난동과 전 지식인의 일괄 숙청)이 저지른 엄청난 실책은 오직 절대적 카리스마를 지닌 1인 때문에 가능했었다는 역사적 반성이 자리하고 있다.

홍위병 전력의 보시라이

1인 독재를 대체하기 위해 고안한 것이 9인 정치국상무위원회로서 이들은 집단적 지혜의 힘을 믿으며 의사결정에 있어 엄격한 절차를 따라야 하는 것을 중요하게 생각한다. 실제로 덩샤오핑 본인은 물론 그를 계승한 장쩌민이나 후진타오의 면면은 카리스마와는 거리가 멀다.

보시라이는 정치국 상무위원으로 발탁되려는 노력을 공산당 내부에서 펼치려 하지 않고 그 대신 민심을 얻는 데 주력했다. 그렇게 함으로써 그는 현 중국 권력이 터부로 삼는 일, 즉 한 사람이 민중의 힘을 등에 업어서는 안 된다는 금기를 깨뜨렸다.

그러나 권력 교체를 진행 중에 있던 신구 권력이 함께 이와 같은 보시라이의 행보를 즉각적이고 강경하게 비판해야 했던 진짜 이유는 앞으로 중국이 당면하고 헤쳐나가야 할 사회 계층간의 갈등과 대중적 불만이 적지 않음을 이들이 너무나 잘 알고 있기 때문이었을 것이다. 이러한 상황에서 자기의 정치적 신분 상승을 위해 민중의 불만을 이용하려는 자를 용납해서는 안 될 것이었다.

중국인은 유독 8이라는 숫자를 좋아한다. 부자 부(富)자와 발음이 같기 때문이다. 중국은 지난 7년 동안 연평균 11%에 달하는 경제성장을 이어오면서도 경제성장 목표는 항상 8%로 잡아왔다. 그런데 금년은 성장률 목표를 7.5%로 낮춰 잡았다.

거기에는 투자와 수출에 의존해 왔던 지난 30년 간의 성장 모델을 내수 의존형 모델로 수정하겠다는 의지와 그에 따라 저성장을 감수해야 한다는 경고가 숨어 있다. 저성장에는 고통이 수반된다. 투자수요 중에서도 주택건설은 중국 GDP 성장의 13%를 기여해 왔다. 그러나 2년 전부터 시행하고 있는 정부규제로 인해 주택 거래가 크게 위축되었다. 주택정책에 관한 한 관련 모든 당사자들이 불만으로 가득하다.

저성장 시대 준비하는 중국

주택가격이 이미 오를 대로 올랐기 때문에 일반인들의 불만은 당연하고, 규제를 풀어주지 않으니 건설업자들도 불만이다. 토지를 가지고 있는 지방정부들도 땅값(실제로는 70년 조차(租借) 사용권의 가격)이 오르지 않으니 덩달아 불만의 목소리를 높이고 있다. 베이징의 중앙 권력집단은 시간을 두고 이런 문제들을 해결해 나갈 수 있다고 생각한다. 그 때까지는 조급하게 민중의 불만에 불을 붙이는 자들을 철저하게 억누를 수밖에 없다.

세계에서 중국경제의 크기는 10%지만 중국의 세계경제 성장기여도는 40%에 달해왔다. 국제사회는 앞으로도 그런 견인차 역할을 중국에 기대하는 분위기지만 중국의 현실은 자기의 숙제를 풀기에도 어깨가 무거울 지경이다.

(2012.3.26 내일신문)

중국 경제성장 모델의 변화

중국의 경제성장 속도가 둔화되고 있는 것에 대한 우려가 크지만 막상 중국 정부는 경제성장의 속도보다는 경제성장 모델의 변화에 더 신경을 쓰고 있는 것 같다. 나중에 어떻게 되더라도 중국이 흥청망청 돈을 써가며 세계경기의 견인차가 계속 되어주기를 바라고 있던 서방의 여러 나라들은 속을 태우고 있다.

시진핑 정부의 개혁 키워드는 간정방권(簡政放權)이다(내일신문 2014. 3월17일자 '중국의 시진핑식 민주특구' 참조). 행정을 간소화하고 중앙 권력을 지방으로 이양한다는 사자성어다. 정치에서의 간정방권을 경제에 적용한 것이 바로 정부에서 시장으로 권한을 이양하는 경제 모델의 변화다.

상하이 차이나 태양광전지 회사가 3월 7일 14.6백만달러(약 160억 원) 상당의 회사채 이자지급을 못해 부도를 냈다. 이 사건은 두 가지 측면에서 기록적이다. 첫째 1990년 중국 증권거래소가 탄생한 이후 첫 디폴트다. 아무나 회사채를 발행할 수 있는 것은 아닌데 그런 회사가 부도를 내는 것은 금융질서를 문란케 하는 것이므로 지방정부가 막아야 하는 것으로 간주되어 왔다. 실제로 이 회사의 작년 이자 지급은 상하이 정부가 떠 안았었다.

둘째 그 타이밍도 의외였다. 수도 베이징에서는 전국인민대회가 진행 중이었다. 예전 같으면 이 기간 중에는 어떤 사건도 일어나면 안 되었다.

정부가 시장에게 권한을 이양하는 또 하나의 예는 저장성(浙江省)의 부동산개발회사 '저장 씽퀀'의 경우다. 이 회사는 약 6억달러 상당 부채의 상환 불능으로 폐업 위기에 있다. 연 18%에서 36%의 높은 금리를 제시하고 일반인으로부터 유사 수신행위를 한 죄로 사주는 이미 구속된 상태다. 상하이와 베이징의 주택가격이 일년에 20% 전후로 상승하는 것을 본 부동산 불패신화가 이런 불법을 낳았다. 이 회사가 사업을 벌인 펑후아 시는 인구 50만명의 소도시로서 2012년의 아파트 가격이 전년 대비 30% 가까이 하락했다.

'간정방권'을 경제에도 적용

부동산은 중국경제를 견인해 온 주요 산업의 하나로 그 비중은 GDP의 16%에 달한다. 부동산불패 신화가 무너지면 그만큼 산업 전체가 타격을 입는다. 그럼에도 불구하고 중국 중앙은행이 2016년까지 달성하려는 이자율 자유화를 위해서는 부동산 불패의 신화가 깨지는 과정을 거치지 않을 수 없다. 이자율 자율화는 곧 신용도에 따른 차입비용의 차별화인즉 부실기업을 정부가 나서서 살리는 일을 하지 않겠다는 신호를 내포하고 있다.

조지 소로스와 퀀텀 펀드를 공동으로 설립하여 활동하다가 37세에 은퇴한 월 스트리트의 전설적 인물, 짐 로저스는 자식들에게 중국어 학습을 시키기 위해 싱가포르로 이사를 갈 정도로 다음의 세계패권국은 중국이 될 것이라고 굳게 믿는 사람이다.

그는 오토바이로 세계일주 여행을 하면서 일본을 처음 들렀을 때 골프장 회원권 값이 아파트 가격보다 높았던 것을 보고 놀랐으며 십년 후 다시 방문했을 때는 모든 것이 다 무너졌는데도 일본정부가 아무도 파산하도록 내버려두지 않은 것을 보고 또 한번 놀랐던 경험을 이야기한다. 또한 같은 시기에 비슷한 부동산 거품 붕괴를 겪었지만 정부가 구제를 거부함으로써 이제 세계에서 경제가 가장 건전한 나라가 된 스웨덴과 비교한다. 미국은 금융위기 초기에 리먼 브로더스를 파산시켰다가 그 후폭풍에 놀란 나머지 양적완화의 힘을 빌어 더 이상의 파산을 막았는데 이것이 미국을 쇠퇴의 길로 들어서게 할 것이라고 그는 신랄하게 지적한다

외환시장 예측도 더 어려워져

최근에는 'TRF'라는 선물환 파생상품의 피해가 언론을 장식하고 있다. 작년 말 중국의 수출 기업들은 새해 위안화 환율이 달러당 6.0위안 이하로 강해질 경우에 대비, 환차손을 막겠다고 1500억 달러나 되는 계약을 은행들과 체결했다. 그 내용은 위안화 강세에 따른 손실은 은행이 보상해 주는 대신 위안화가 6.2 이상으로 가치가 하락할 때는 2배로 은행에게 보상하는 것이다.

공교롭게도 2010년의 6.8에서 작년 말 6.0까지 꾸준히 절상되었던 위안화 환율이 해가 바뀌면서 돌연 방향을 틀기 시작하더니 이미 6.2 위안 선을 넘나들고 있다. 그 때마다 물어내야 할 손실액의 크기가 변하니 당사자들은 안절부절이다. 환율의 가변성이 높아진 것도 중국정부의 시장자율화의 결과다. 지난 3월17일 일일 환율 변동폭을 1%에서 2%로 크게 확대시킴으로써 정부가 위안화 절상을 제도적으로 억제하고 있다는 인식을 불식시킨 것이 주효했다. 중국은 일본을 반면교사로 삼고 미국보다 더 냉철하게 시장 자본주의에 다가서고 있다.

(2014.4.9 내일신문)

아시아 인프라 투자은행

작년에 신개발은행(NDB) 설립을 마무리한 중국이 이제는 아시아 인프라 투자은행(AIIB) 설립에 박차를 가하고 있다. 전자는 중국 외에 브라질, 러시아, 인도, 남아공 등 브릭스(BRICS) 5개국을 회원국으로 한 것이지만 이번 것은 아시아 및 비 아시아 50개국이 창립회원으로 참여했거나 신청 중이다.

초기에 미국 국가안보위원회는 중국이 과연 투명성과 지배구조 면에서

국제기준에 부합하는 운영을 할 수 있겠는가 하는 우려를 비췄다. 이어 국무장관이 직접 나서서 매우 노골적으로 우방들에게 불참을 권유했다. 그러나 미국의 입김은 잘 먹혀 들지 않고 있다.

스페인 외무장관을 거쳐 유럽연합 각료이사회의 사무총장을 지냈던 원로 정치인, 하비엘 솔라나(Javier Solana)도 미국이 굳이 이것을 지정학적 무대에서 밀려나는 것으로 해석하는 것은 유감이며 개방된 자세로 여러 선진국들의 동참을 독려하는 것이 이 은행의 투명성과 지배구조를 개선시키는 길이라고 말하고 있다.

미국이 금융 패권(霸權)의 향방을 우려하는 것인가? 미국이 세계은행과 IMF를 통해 행사한 금융패권의 한 예는 세계은행이 첫 대출국인 프랑스에 대한 조건으로 공산당과의 연정을 파기하도록 요구한 것이다. 당시 프랑스 의회에서 공산당 의석은 25%를 넘었다. 연정에 참여한 장관들이 모두 사임하기 전까지 프랑스는 한 푼의 지원금도 구경하지 못했다.

워싱턴 컨센서스도 금융 패권의 다른 한 예다. 워싱턴 컨센서스란 IMF와 세계은행이 금융지원을 할 때 제시하는 조건의 근간을 이루어 왔는데 가장 대표적인 것이 재정적자 감축이다. 교육, 의료 등 공공지출의 삭감과 세금인상, 무역 및 외환자유화, 규제완화와 민영화도 그것의 단골메뉴다.

IMF와 세계은행에 대한 불만의 산물

워싱턴 컨센서스가 지나치게 반(反) 성장지향적이라는 점은 그 동안 미국의 헤게모니에 대한 불만이 컸던 이유 중의 하나다. 여러 모로 요즘의 중국의 행보는 미국이 지난 70년 동안 쥐었던 금융패권에 대드는 모양새다.

이와 관련해 미국 최대 투자은행인 골드만 삭스의 전 회장 짐 오닐 같은 사람은, 신흥국가들 특히 중국의 IMF 지분을 늘려주기로 한 2010년의 약속을 미국 등 선진국들이 불이행하고 있는 동안 중국의 경제는 다시 두 배로 성장했다면서 중국을 위한 공간을 넓게 키워야 한다고 중국의 손을 들어주고 있다. 미국은 심기가 불편하더라도 조만간 이런 목소리에 귀를 기울일 것으로 기대한다.

그러나 국가안보위원회까지 나서는 것을 보면 미국의 우려는 좀 더 심각한 데 있는 것 같다. IMF와 세계은행(World Bank)을 낳은 1944년 브레튼 우즈 협정의 핵심은 금환본위제의 채택이었다. 그 이전의 국제 결제는 금 또는 금으로의 교환이 아무 때나 가능한 화폐로 이루어졌지만 브레튼 우즈 체제가 미 달러를 국제결제통화로 만들었던 것이다. 이 제도의 대 전제는 달러를 금으로 교환해준다는 국제적 약속에 있었다.

그러나 주지하다시피 미국은 이 약속을 파기(1971년 '닉슨 쇼크')했지만 그 후로도 달러화는 국제 결제통화의 지위를 향유하고 있다. 한 나라에 은행은 여러 개 있어도 되지만 중앙은행은 하나일 수밖에 없다. 지구 상에 고루 통용되는 화폐를 찍어낼 수 있는 중앙은행이 두 개가 될 수는 없다.

언젠가 중국이 이 빨간 선을 넘을 것으로 미국은 우려하고 있는 것이다. 위안화의 달러 대체는 미국으로서는 절대로 져서는 안 되는 전면전을 의미한다.

국제결제통화는 절대 양보할 수 없어

패전국 독일이 경제부흥과 동서 재통합의 꿈을 키우며 미국을 비롯한 연합국에 어떠한 자세를 취했던가? 독일의 부활이 결코 유럽에 위협이 되지 않을 것이라고 안심시키기 위해서 아데나워, 에르하르트, 그리고 콜에 이르기까지 독일의 역대 수상들이 취했던 저자세를 중국은 알고 있을 것이다.

서방의 중국에 대한 불신도 문제지만 중국도 아시아, 나아가 아프리카에서의 금융 주도권, 그리고 위안화의 국제화라는 구상을 넘어 '달러화의 대안으로서의 위안화'가 중국이 궁극적으로 원하는 바인가라는 질문에 스스로 답해야 한다.

미국도 태평양 연안국이라는 점을 떠나서라도 이런 규모의 큰 국제 기구에 미국이 불참하는 것은 볼썽사납다. 아직도 망설이고 있는 캐나다와 일본도 미국과 함께 6월 이전에 동참할 수 있기를 바란다. 그래야 중국이냐 미국이냐의 양자택일이 강요되지 않는 평화로운 세상을 살 수 있을 것이다.

(2015.4.8 내일신문)

슈퍼파워(Superpower)

베트남과 중국이 해상에서 영유권 분쟁으로 불편한 관계에 있는 시점에 미국 대통령은 이번 아시아 여러 정상과의 만남의 첫 기착지를 베트남으로 정하고 5월 23일 대 베트남 살상무기 판매금지를 풀었다.

슈퍼파워, 즉 패권국가(覇權國家)의 힘은 군사, 경제, 정치, 문화라는 네 개의 축으로 이루어진다. 이 중 문화부분을 하버드대학의 죠셉 나이(Joseph Nye)는 소프트 파워라고 부르기도 한다. 소프트파워란 무력과 같은 하드 파워가 아니라 신뢰와 소통을 통해 상대방을 설복시키는 힘을 말한다. 2차 세계대전 이전까지 슈퍼파워로 행세하던 영국을 1956년 '수에즈 위기' 이후에는 아무도 슈퍼파워라고 부르지 않는다. 이집트 나세르 정권의 수에즈 운하 국유화에 대응해 이스라엘을 앞세워 무력 개입했다가 미국과 소련으로부터 거꾸로 설복을 당해 군대를 철수시켜야 했기 때문이다.

이어진 미국과 소련의 양대 슈퍼파워의 시대는 1991년 소련의 붕괴로 종식됐다. 그렇다면 미국 단독의 슈퍼파워 시대가 온 것인가? 그렇지는 않은 것 같다.

우선 경제력을 보자. 현재 미국과 중국의 GDP 격차는 각각 18조 및 11.4조 달러로서 1.6배에 달하지만 미국이 연 2%. 중국이 연 6.5%의 속도로 상장을 거듭한다고 가정하면 2030년에 이르러 중국의 경제규모가 미국을 능가하게 된다.

소프트 파워는 어떤가? 8년 전 오바마 대통령을 탄생시킨 미국은 “이란이 주먹을 펴면 우리도 손을 내밀어 악수를 청할 것이다”라고 말하며 무력의 힘에 더해 도덕적 힘까지 겸비하는 듯했다. 그러나 같은 시점에 발생한 서브프라임 금융위기는 이제껏 미국의 뒷덜미를 잡고 미국의 모양새를 구기고 있다. 경제력을 잃으면 소프트 파워도 잃는다.

경제력과 동행하는 소프트 파워

미국이 최근 도널드 트럼프라는 대통령을 배출한 것도 이변이 아니다.

4년 전 미국 대선에서도 미트 롬니 후보는 오바마의 소프트 파워를 폄하하여 "사과는 없다"라고 말하면서 편협한 미국 우월주의를 드러냈었다.

국제 무대에서도 미국이 주도한 여러 프로젝트들은 성과가 변변치 못하다. 환태평양경제동반자협정(TPP)은 작년 10월 미국이 새로 참여하면서 12개국의 서명을 받는 데까지는 성공했으나 중국은 물론 우리나라와 인도네시아, 태국 등이 빠졌다.

반면 TPP와 따로 추진되고 있는 "역내 포괄적 경제동반자협정(RCEP)"에는 아세안 10개국에 중국 한국 일본을 추가한 아세안 플러스 쓰리(APT), 그리고 인도 호주 뉴질랜드까지 추가해 도합 16개국이 참여하고 있다.

중국이 주도해온 아시아 인프라투자은행(AIIB)은 도합 50개 창립회원국이 출자해 작년에 출범했다. 미국과 일본은 불참했고 미국의 전통적인 우방국인 우리나라 영국 호주 프랑스 독일 이탈리아 이스라엘 등은 참여했다.

중국의 하드 파워는 어떤가? 중국이 남중국해 일대에서 벌이는 행보는 보는 시각에 따라서는 위압적이기까지 한 것이 사실이다. 남해구단선(南海九段線)이라는 선을 그어 놓고 중국여권에 이것을 그려 넣었다. 9개의 직선 안쪽의 바다는 남중국해의 약 80%에 달하는 면적이다. 필리핀이나 베트남 출입국관리소에서는 이러한 여권에 비자를 찍어주면 그 지도를 인정하게 되는 것이 될 것을 우려해 별도의 종이에 스탬프를 찍어주는 촌극을 벌이고 있다.

남해구단선 안에 위치한 남사군도(南沙群島; 스프래틀리제도), 서사군도((西沙群島, 파라셀 제도) 등은 이름이 말하듯이 주로 모래 섬이나 산호초들로 구성되어 있는 해역들이다. 수백개의 작은 섬들을 베트남 필리핀 말레이시아 중국 등 여러 나라들이 나누어 실효적 지배를 하고 있다.

지금 중국은 그런 섬들을 이용해 총 7개의 장소에 인공섬을 구축하고 있다. 비행기 활주로를 포함한 각종 시설 및 군대를 배치하려는 것이다. 배타적 경제수역(EEZ)을 확대하는 거점으로 활용될 수도 있다.

남중국해의 미 중 하드파워 대결

이를 저지하려는 미국의 군사적 위협에 대해서는 항공방위구역설정으로 대응하려 하고 있다. 종국적으로 핵 보유국인 중국에 대한 미국의 선택에는 한계가 있을 수밖에 없다.

서두에 언급한 설복(說服)이란 "알아듣도록 말해 수긍하게 만드는"것이다. 이제는 어느 슈퍼파워에 의한 일방적인 설복은 힘들게 되었다. 힘은 다원적으로 분산되고 있으며 그에 따라 상호 신뢰와 소통의 가치가 더욱 중요하게 되는 새로운 세계질서의 시대가 열리고 있는 것이다.

(2016.5.25 내일신문)

맨해튼 그라운드 제로의 새 건축물

서방과 중국의 다른 세계관

5월 말 서방선진국 G7 회의가 맥없이 끝난 직후 프린스턴 대학의 역사 및 국제관계 교수 헤롤드 제임스는 "반격을 당하고 있는 세계화"라는 제목의 칼럼을 통해 여러 선진국에서 벌어지고 있는 민족주의 및 포퓰리즘을 걱정했다.

또한 차기 G7이 미국의 도널드 트럼프, 프랑스의 마린 르 팽, 영국의 보리스 존슨, 이탈리아의 베페 그릴로, 독일의 후라우케 페트리 같은 자들의 모임이 되는 악몽에 대해 이야기했다. 이들은 한결같이 무역 및 이민에 있어서 극단 보수주의 내지 고립주의를 표방하고 있는 사람들이다.

보호무역의 양상도 예전과 다른 모습을 보이고 있다. 미국이 일본 자동차 수입을 걱정하던 것은 옛말이다. 생산시설의 현지화가 추진되면서 이제는 외제차가 '메이드 인 아메리카' 상표를 달고 출하된다.

이제는 외국상품을 싫어하는 것 이상으로 외국자본과 외국 사람들을 싫어하게 되었다. 영어로 '앤티 이스테블리시먼트(Anti-establishment)'라고 말하는, 즉 사회적, 정치적 기본 틀 또는 그 틀을 움직이고 있는 소수의 사람들을 부정하려는 움직임이 서방 여러 나라에서 힘을 받고 있다.

1960년대 월남전 후에는 전쟁에 대한 회의 및 삶의 목표 상실이 이런 '앤티' 정서의 근원이었다면 지금은 오래 끌고 있는 경기침체와 대량실업이 불만의 원인을 제공하고 있다.

사회의 상층부에 군림하고 있는 소수 지배집단이 하는 일이라곤 금리를 내리거나 돈을 찍어내는 것이 고작이다. 제로금리의 장기화로 자산가격만 오르고 있는데 자산 축적이 없는 99%는 이렇게 무능한 지배집단에 화가 날 수밖에 없다.

뉴욕 타임스의 명 칼럼니스트 로저 코헨은 '트럼프-베를루스코니 신드롬'이라는 단어를 만들어냈다. 사회적, 경제적으로 곤궁이 극에 달할 때 검증되지 않은 사업가가 정치인으로 급부상하는 현상이다.

반 세계화로 가는 미국과 서방

이탈리아의 실비오 베를루스코니가 이끈 포르자 이탈리아("전진하라 이탈리아")당이 창당 3개월 만에 총선 승리를 했을 때와 지금 미국의 대통령 선거가 유사하다는 이야기다. 당시 이탈리아에서는 여러 기존 정치인들이 부패 스캔들로 얼룩져 있었고 그 반사이익을 공산당 계열의 정당이 얻으려 하고 있었다.

4개의 TV사를 소유한 언론재벌이며 AC 밀란 축구단의 주인이기도 했던 베를루스코니는 1994년부터 2011년까지 17년 동안, 선거에서 승리했던 절반의 기간은 수상으로, 선거에서 패배한 다른 절반은 막강한 야당 정치인으로 이탈리아의 정치를 농락했다.

1989년 미국의 정치학자 프랜시스 후쿠야마는 그의 도발적인 제목의 논문, "역사의 종언"에서 "자유민주주의가 최종적으로 승리하여 시장자본주의와 함께 인류의 진화과정의 최종 형태이자 역사의 종착점"이 되었다고 선언했다.

그랬던 그가 미국의 서브프라임 금융위기와 유럽의 재정위기로 글로벌 경제위기로 확대되고 있던 2011년에는 "미국식 민주주의와 앵글로색슨 자본주의는 이미 전세계적인 대세가 아니다. 중국은 이번 금융위기 때 큰 타격을 받지 않아 중국 모델이 우월한 게 아니냐는 인식도 없지 않다"고 인정했다(2011.1.18. 파이낸셜 타임스).

그는 또 금년 1월에는 중국의 일대일로(一帶一路) 전략을 자세히 설명하는 글을 공개했다(2016.1.12. 프로젝트 신디케이트).

일대(一帶)는 중국 서부지역과 중앙아시아, 러시아, 중동 및 유럽을 연결하는 육로를 말하며 일로(一路)는 남중국해와 인도양을 통해 사우디 반도와 아프리카에까지 이르는 항로를 말하는데 필요한 자본은 아시아인프라투자은행이 공급한다는 구상이다.

거침없이 세계로 뻗어가는 중국

중국의 발전 모델에서는 국가가 사회간접자본 투자를 직접 수행한다. 앵글로 섹슨 자본주의에서는 이러한 중국의 전체주의적 자본주의가 민간부문의 창의를 침해하고 자원의 효율적인 배분을 왜곡한다는 이유로 거부한다.

두 모델의 차이는 가정의 차이일 뿐이다. 전자는 권위적이지만 능률적이고 청렴한 정부의 존재를, 후자는 합리적인 시장 참여자들 사이에 모든 정보가 공유되는 효율적 시장의 존재를 가정한다.

장래에 대한 대중들의 '두려움과 분노가 포도알처럼 커지고 있는' 지금 서방의 민주주의는 그것을 해결할 것인가, 아니면 그것을 이용할 것인가?

세계대공황의 와중에 미국 대통령이 된 프랭클린 루즈벨트가 “우리의 두려움은 두려움 그 자체”라고 말했던 숨은 뜻은 두려워하지 말자는 격려 외에 두려움을 정치에 이용하려는 경향에 대한 경계에 있지 않았을까? 바로 전 1,·2차 세계대전 사이의 독일이 바로 그런 정치의 희생물 아니었던가.

(2016.6.22 내일신문)

샤오캉(小康)

중국은 세계 2위의 경제대국이 되었지만 일인당 소득 수준은 약 8천 달러로 세계 72위(2016년 4월 IMF 발표)에 그친다. 아직 OECD 회원국도 아니다. 선진국들의 경제협력개발기구인 OECD에 들어가려면 소득 외에도 민주주의와 시장경제라는 두 조건을 충족해야 한다. 즉 보통선거를 통해 정치 지도자를 선출해야 하며 경제는 정부가 아닌 자유 시장에 맡겨야 한다는 조건을 충족해야 한다.

우리나라는 1996년 12월에 외환자유화를 하며 OECD 가입국이 되었는데 바로 그 다음해에 IMF 경제위기라는 혹독한 경험을 했다. 반면 중국의 외환 및 자본시장 자유화는 매우 서서히 진행되어왔다. 내국인의 외화 사용 및 외국인의 중국 위안화에의 접근은 극도로 제한되었고 외국자본의 국내 유입이나 내국자본의 국외진출도 차단되어 왔다. 금년 3월 전국인민대표회의에서 2020년까지 외국인의 위안화 차입을 허용하겠다고 약속한 것은 그나마 큰 발전이다. 중국이 자본시장 개방을 꺼리는 이유는 국제 핫머니에 의해 경제가 휘둘리는 것을 피하기 위함이다. 실물경제에서는 생산성 극대화를 위해 시장 기능을 중시하는 자본주의 체제를 도입했지만 화폐경제에서는 서방의 자본주의를 부정적인 시각으로 보는 이중적인 자세를 취하고 있는 중국이다.

본래 화폐의 기능은 물건을 사고 파는 결제수단에 있는데 외환자유화가 되면 화폐 자체가 사고 파는 물건이 된다. 그에 따라 환율도 무역결제 또는 해외여행을 위해서 필요한 교환비율이라는 성격에서 단순히 어떤 통화의 가격을 표시하는 환율로 그 성격이 크게 바뀌게 된다. 이렇게 되면 상품 가격이 상품시장에서 등락하듯이 환율도 통화시장에서 심한 등락을 경험하게 된다.

외환관리를 하는 OECD 비회원국

중국 위안화는 중앙은행인 인민은행이 전날 시세를 감안하여 다음날 아침에 기준환율을 고시하고 당일 중에는 고시된 환율의 상하 일정 범위 내에서만 변동이 허용되는 이른바 고시환율제를 택하고 있다. 중국의 상품 수출입이 세계무역에서 차지하는 비중은 11%에 달하는데 위안화가 결제수단으로 사용되는 비중은 2%에 불과할 뿐 아니라 국제 통화시장에서는 위안화가 상품으로 거래되는 일은 없다.

중국사람들이 바라는 중국사회는 어떤 모습인가? 마오쩌둥은 다퉁(大同)사회를 제시했다. 시경(詩經)에 나오는 말로 "구성원들이 모두 갈등 없이 화목한 가운데 누구나 필요한 만큼 쓸 수 있는 정도로 경제가 발전한" 사회다. 덩샤오핑은 한 단계 낮춰 샤오캉(小康) 사회를 제시했다. 이는 작은 강녕을 누리는 사회, 즉 구성원 간에 "대체로 갈등이 없고 화목하며, 대부분이 잘 사는" 사회를 말한다.

이런 사회를 구현하기 위해 흑묘백묘(黑猫白描)의 정신으로 자본주의를 택한 것은 좋은 결과를 낳았다. 덩샤오핑이 경제개혁에 착수했던 1979년과 비교하면 중국 경제는 35배나 성장했다. 그러나 샤오캉 사회까지의 길은 아직 멀다. 그런 와중에서도 갈 길 바쁜 중국은 스스로 발걸음의 속도를 늦추었는데 그 모습을 다음 몇 가지 사례가 보여주고 있다. 그 배경에는 중국의 희망, 즉 자본주의의 장점은 취하고 자본주의가 동반하는 어두운 면은 취하고 싶지 않은 마음이 배어 있다.

첫째, 시진핑 주석의 집권 3년 차가 되는 금년은 중국의 사회발전 5개년 계획이 13회차로 접어드는 첫해이기도 하다. 욕심을 부리지 않고 이제까지의 고속성장 대신 중속성장(中速成長)을 택했다. 둘째, 그 대신 부패 척결의 고삐를 더 당겼다. 지나친 반부패 정책으로 내수가 위축되고 국내 자금도 해외로 빠져나간다는 비난에 아랑곳하지 않았다.

셋째, 각종 경제지표가 악화되고 있는 가운데서도 작년 가을 기준금리와 은행 지불준비율을 각각 소폭 인하했을 뿐 중앙은행이 돈을 찍어내 주식시장과 부동산을 부추기는 등 상궤를 벗어난 정책들을 일체 동원하지 않았다.

속도 늦춘 제13차 5개년 계획

중국이 걷는 길은 하나의 실험의 길이다. 주변국의 이익을 침해하지 않는 범위 내에서 그 길을 밟는 한 성공으로 이어지기를 바란다. 그 길이 꼭 미국과의 패권 경쟁으로 이어질 필요는 없다.

또한 미국 식의 선거를 통해서 지도자를 선출하지 않는다는 것이 반드시 미국이 말하는 민주주의에의 도전이 되는 것도 아니다. 경제대국이면서 동시에 후진국인 중국. 그들의 희망과 고민을 제대로 이해하려는 노력이 좀 더 필요해 보인다.

(2016.8.24 내일신문)

반대 방향으로 가는 미국과 중국

5일 전국인민대표회의(전인대)와 전국인민정치협상회의(정협)를 합한 양회 첫날 리커창 총리가 발표한 금년 중국의 경제 블루프린트에는 중앙은행의 통화정책은 신중하고 중립적일 것, 그리고 재정정책은 적극적으로 운용하면서 전체적으로 안정을 유지하는 가운데 성장을 추구한다는 원칙이 드러나 있다.

중앙은행의 중립이란 미국의 경우처럼 중앙은행의 발권력을 경기를 부양하는 도구로 이용하지 않겠다는 선언이다. 경제성장률 목표를 작년의 6.7%보다 낮은 6.5%로 잡았고 통화량 증가율, 고정투자 증가율도 모두 작년보다 낮추었다. 무역 및 생산 등 실물부문에서 호조를 보이고 있는 중국으로서는 미국을 비롯한 서방이 경험했던 금융부문에서의 실패를 타산지석으로 삼았을 것이다. 2월 28일 "중앙 재경 영도자 소조 모임"에 참석한 시진핑은 금융 리스크의 감독을 강화하라고 주문했다.

코메르츠 뱅크의 싱가포르 주재 수석 이코노미스트 조우 하오도 중국의 금년 경제 기조를 점진적 긴축으로 해석한다. 즉 2008년부터 2016년까지 8년 사이에 GDP 대 총대출 비율이 160%에서 260%로 높아졌는데 이제는 거품에서 바람을 빼는 작업에 착수하는 것이라고 평했다.

미국은 반대 방향으로 가고 있다. 1980년대 이후 금융 규제완화가 2008년의 금융위기로 이어졌던 경험을 교훈 삼아 어렵게 얻은 것이 볼커 룰, 즉 은행이 고객의 예금을 가지고 고위험 고수익 상품에 손을 대지 말라는 원칙의 법제화였는데 이를 가장 앞장서서 반대했던 집단 중의 하나였던 골드만 삭스에서 사장(게리 콘)과 수석부사장(스티브 머누친)을 역임했던 두 사람이 각각 트럼프 정부의 국가경제협의회 의장과 재무장관으로 영입되었다. 볼커 룰이 해체 위기에 직면해 있다. 금융 리스크가 미국에서 다시 커지고 있다.

성장보다 안정을 구하는 중국

중국과 미국이 반대로 가는 또 하나의 상황이 한반도 주변에서 벌어지고 있다. 2월 23일 중국 국방부가 금년 처음으로 가진 내외신 기자회견에서 나왔던 21개의 질문 중 첫 질문을 포함해 7개가 한국의 사드 배치와 관련된 내용이었다. 대령 계급장을 단 대변인은 사드 배치는 중국의 국가안보를 위협하는 것이어서 그 동안 일관되게 반대해왔다고 답했고 만일 미국이 대만에 사드를 배치하면 어떻게 하겠느냐는 질문에는 대만을 무력으로 통일해야 할 필요성이 대두될 것이라고 답했다.

중국이 인접국의 사드 배치에 대해 왜 이렇게 완강하게 반대하는지 궁금하지 않을 수 없다. 우선 미국의 의도를 보자. 사드는 종말단계(터미널) 고고도 방어체계로서 미사일의 궤도가 하강하는 단계에서 요격하는 장치다. 중국이나 북한이 발사하는 미사일이 한국 상공을 지날 때는 미사일의 궤도가 상승단계에 있으므로 이것을 요격하기에 사드는 적절치 않다. 그러나 사드 기지에 배치된 고성능 레이더는 최대 2000킬로미터까지 탐지할 수 있다. 따라서 발사된 미사일의 정보를 타 기지에 전달해 요격케 할 수 있다.

중국이 말하는 안보위협이란 바로 미국이 중국 서부의 ICBM기지까지 환히 볼 수 있는 레이더 탐지기능을 두고 하는 말일 수 있다. 양국 간의 핵 능력의 균형이 깨지게 되는 것이다.

지난주 초, 중국의 최고위급 외교관 양지에치(양길호)가 백악관을 방문해 신임 국가안보보좌관 맥 마스터 예비역 중장, 수석 전략담당관 스티브 배넌을 차례로 만난 후, 트럼프 대통령과 면담했고 이어서 국무장관 렉스 틸러슨을 그의 집무실에서 만났다.

사드를 둘러싼 서로 다른 이해관계

그는 영국 LSE 대학에서 공부했고 외교장관과 주미 대사를 지냈으며 현재 국무위원 5인 중의 한 사람이다. 이 자리에서 그는 사드 배치가 중국의 핵심이익을 침해한다는 점을 강조한 것으로 전해진다.

오늘 이 시간 미국의 칼빈슨 항공모함 전투군단은 남중국해를 서서히 운항하면서 우리나라의 키 리졸브 한미 합동군사훈련에 참여하기 위해 북상하고 있고 그 와중에 북한은 미사일 실험을 재개했다.

사드 기지 후보지인 성주에 대한 환경영향평가 절차가 끝나지도 않았는데 관련 군사시설 일부가 국내로 반입되었다. 중국은 애먼 한국에 대해 경제적 보복을 노골화하고 있는 와중에 일반 국민은 물론, 대통령 탄핵에 따른 헌법재판소 결정을 앞둔 정부도 우리나라의 핵심 이익이 무엇인지 갈피를 못 잡고 있다. 반대로 가는 두 강대국 사이에서 혜안 있는 외교력이 아쉬운 요즘이다.

(2017.3.8 내일신문)

유럽 여러나라

유럽연합 국가 27개국은 1997년 “안정과 성장을 위한 조약”(Stability and Growth Pact)를 체결하여 정부 재정적자 및 부채가 각각 GDP의 3% 및 60%를 넘지 않기로 약속한바 있다. 각국 정부는 매년 실적을 유럽 집행위원회에 보고해야 하고 약속을 지키지 못한 국가는 시정 계획을 수립해야 하고 위반이 지속될 경우에는 제재를 받을 수도 있다. 그러나 주요국인 프랑스와 독일부터 2005년 이후 이를 지키지 못하였고 제재는 유야무야인 상태가 지속되어 왔다.

2008년 미국 발 글로벌 금융위기에 서방 주요국들이 최초에 시도했던 대책은 정부의 재정지출 확대였다. 그런데 이 과정에서 그 동안 숨겨져 왔던 재정 부실이 알려지게 되었다. 문제는 부실 그 자체에 그치지 않고 부실을 은폐하기 위해 자행했던 불편한 진실들이 동시에 만천하에 드러나게 된 것이다.

가장 신랄한 사례는 그리스였다. 미국의 초대형 금융그룹들은 그리스 정부에게 융자를 해 주며 이것을 차입금이 아닌 스왑(Swap)으로 회계할 수 있음을 그리스 정부에 귀뜸해 주었다. 현재의 현금(차입금)과 미래의 현금(국가 기반시설의 운영에서 창출되는 수익금, 즉 융자 상환자금)을 교환하는 거래이므로 대차대조표에 올릴 필요가 없다는 것이다.

IMF와 유럽중앙은행은 불량국가들에 대한 대대적인 구제금융에 나섰다. 구제금융의 자금 대부분은 그 나라에 융자를 해준 다국적 금융기관에게 채무 상환에 사용되었다.

일각에서는 채무자를 구제해 주는 것이 모럴 해저드를 낳는다는 우려를 표했지만 다른 일각에서는 불량한 대출을 해 준 채권자들을 구제해 주는 것이 더 큰 도덕적 해이라는 비판도 한다.

이런 “불량 국가”들의 국채 금리(10년 만기 기준)는 이 책을 준비하는 2025년 8월 현재 최저, 3% 중반에서 형성되고 있다. 미국 재무성 증권의 금리 4.1%와 비교해 보라!

이런 개선을 정당화할 사건(?) 이들 유로존 국가들에게 있었는가? 그렇지 않다. GDP 대비 정부부채도 142%(그리스)에서 103%(스페인) 구간에 걸쳐 있다. 유럽연합 전체적으로도 그동안 누차 필요성이 거론되던 은행연합(Banking Union), 또는 재정연합(Fiscal Union) 결성에 진전을 보았는가? 그 사이 그런 진전은 들어보지 못했다.

유럽중앙은행의 통화 액티비즘(activism), 즉 양적 완화의 규모가 미국을 추월하여 집행되고 있음에 기인한다고 설명하는 것 외에 다른 설명 방법이 없다. 유럽중앙은행의 자산 규모와 미 연준의 자산 규모를 비교해 보면 유럽이 6조 4천유로(미화 7조5천억 상당)는 미 연준의 6조8천억 달러를 훨씬 초과한다. 양측의 경제 규모(미 달러 환산)는 미국 27조, 유럽 15조다. 즉 규모가 작은 지역에서 더 큰 금액을 쏟아 부어 왔던 것이다.

그리스를 2010년에서 2011년에 걸쳐 도합 8번이나 다루었던 것은 유럽 정부의 재정위기를 대표하는 사례였다고 보았기 때문이다.

그리스

지난 금요일 영국과 독일의 주식은 3% 이상 하락했고 프랑스에서는 4.6% 급락했다. 시장의 변동성이 커지고 있다. 미국의 한 투자자문사는 주식시장 일일 변동폭을 지진에 비유하여 미국 발 금융위기가 최고조에 달했던 2008년 10월의 지진 강도가 리히터 스케일 '10'이었다면 지난 한달 동안의 이것은 '3.5'에 해당한다고 했다. 그리스 재정위기로 비롯된 유럽의 금융 및 자본시장의 교란이 좀체 안정될 기미를 보이지 않는다. 그런데 이 와중에 무언가 사태가 좀더 나빠지는 쪽으로 베팅을 하여 돈을 벌고 있는 시장이 있다.

바로 신용부도스왑(Credit Default Swap, 약칭 'CDS')이다. 이달 초 그리스의 폭력 시위가 있은 직후 그리스 국채의 CDS 가격은 938 베이시스 포인트(bp)였다. 금년 초에 280bp였던 것이 3배 이상 올랐다. CDS 투자자는 이것을 오른 가격에 되팔 수도 있고 더 오를 때를 기다리며 가지고 있을 수도 있다.

더 오를 때란 그리스 정부가 채무불이행 상태가 될 때를 말한다. 그렇게 되면 이들은 국채의 액면 금액을 전부 받아 낼 수 있다. 그 대신 부도난 국채 실물을 반납하던가 실물이 없으면 해당국채의 잔존가치 만큼을 공제한다. 대부분은 실물이 없는 CDS였으므로 현금을 주고받아 정산한다.

망하기를 바라는 큰 손들

CDS를 280bp의 가격으로 구입했다는 뜻은 원금의 2.8%를 스왑 상대방에게 현금으로 지불함을 의미한다. 그러므로 투자자들의 입장에서는 해당 채권의 채무불이행은 빠를수록 좋고 잔존가치가 적을수록 좋다. 실제로 최근의 사례를 보면 2005년 델타 항공과 노스웨스트 항공의 잔존가치는 원금의 20%, 2008년 10월 리먼 브러더스의 경우는 8.6%에 불과 했다.

그리스의 앞날은 매우 불안하다. 지난 주말 9천5백억 유로에 달하는 시장안정기금이 승인된 이후 시장이 다소 안정되는 듯했으나 전문가들의 중론은 디폴트 가능성이 상당히 있는 쪽으로 기울고 있다. 무엇보다 IMF와 약속한 조건의 달성이 힘들어 보인다.

유럽 전체로 번지고 있는 시장불안을 잠재우기 위해 덩치만 큰 안정기금을 급조했다는 인상이 짙다. 그리스 국채의 규모는 미화로 4268억불, 이의 이자비용만 해도 연간 170억불이다. 이는 그리스 연간 GDP의 약 4%에 해당한다. 현재 GDP의 13%가 넘는 재정적자를 2014년에 3% 이하로 감축하겠다는 계획은 신빙성이 없다. 기금의 집행은 조건이행을 전제로 한다. 그 운영이 순조롭지 않을 것이다.

한편에서는 그리스를 포함한 몇 나라들의 EU 탈퇴설도 나오고 있다. 프랑크푸르트 대학의 빌헬름 한텔 교수는 최근의 파이낸셜 타임즈 기고에서 회원국 전체를 구덩이로 몰고 가는 구제금융 해법은 EU의 장래를 위해서나 수혜국을 위해서 결코 바람직하지 않다는 주장을 실었다. 만일 그리스가 EU에서 떨어져 나와 대외채무의 디폴트를 선언한다면 당장은 큰 혼란이 있겠지만 그리스는 유로화가 아닌 자국통화의 평가절하를 할 수가 있다. 한동안 고물가, 고금리의 고통을 거치면서 언젠가는 산업경쟁력을 회복하게 될 것이라는 줄거리다.

CDS 투자가들의 입장에서는 대박 터지는 시나리오다. 이렇게 살벌한 상품이지만 현재 미국과 유럽에서 동시에 진행중인 금융규제 개혁의 내용에는 CDS 규제가 누락될 것 같다.

독일의 연방금융감독청이나 미국의 재무성, 그리고 전세계 헤지 펀드의

80% 이상이 영업을 벌이고 있는 런던은 CDS를 비난하기는커녕 그 순기능을 대변하기까지 한다. 즉 CDS 시장에서의 투기꾼들은 시장의 유동성을 키우는 역할을 하는데 이는 위험을 헤지 하려는 순수한 목적의 거래를 성사시키는 데 도움을 준다. 또한 CDS의 가격 변동은 해당 채권의 부도 위험을 시장에 알려주는 조기경보의 역할을 수행하고 있다는 것이 그들의 변이다.

디폴트 시나리오도 유력

1974년 민정이양 이후 그리스의 중도좌파와 중도우파 양당은 서로 경쟁적으로 재정을 풀어 서민들의 불만을 달래 왔던 것이 사실이다. 은퇴한 공무원은 월급의 90%를 계속 수령한다. 탈세와 부패가 만연했지만 EU 가입의 덕으로 낮은 금리로 차입이 가능했다. 작년 10월에 물러난 중도 우파 정권은 재정적자 통계를 조작하기까지 했다.

거리로 뛰어나온 그리스 젊은 세대의 외침은 '우리는 이 빚을 인정하지 못하겠다'는 것이었다. 그런가 하면 그리스의 원로 작곡가 '미키스 데오도라키스'는 갑작스러운 그리스의 재정 몰락을 자본주의의 검은 세력의 음모라고 비난하고 나서고 있어 민심이 흉흉하다. 남의 불행에 돈을 거는 투기꾼들이 큰 돈을 버는 그런 날이 실제로 올지도 모른다.

(2010.5.17 내일신문)

아일랜드

지난주 수요일 유럽연합(EU)과 국제통화기금(IMF)의 인사들이 아일랜드 수도 더블린에 몰려들었다. 아일랜드 정부측과 긴급 구제금융협상을 위해서였다. 금년 5월 그리스 재정위기의 불을 진화한 이래 평온을 찾은 듯하던 유럽 자본시장이 아일랜드 발 불안감의 확산으로 아일랜드 국채 시장금리의 급등은 물론이고 조만간 새로 자금을 조달해야 하는 다른 유럽국가들의 국채발행을 어렵게 만들고 있기 때문이었다.

아일랜드 10년 만기 국채의 시장유통 금리가 9%를 육박했는데 이는 독일의 그것보다 6.5%가 높은 수준으로서 포르투갈이나 스페인이 새로 국채를 발행하려면 시장은 당연히 아일랜드의 이 높은 금리를 참조할 것이기 때문이다.

구제금융을 제공하겠다는 측은 부실은행 정리와 재정적자 충당에 각각 300억 및 600억유로를 가져다 쓰라는 것이다. 그런데 막상 받는 측은 "우리는 이 돈을 요구한 적도 없고 필요하지도 않다"고 우긴다.

아일랜드가 유로 통화권의 일원으로서 유럽 전역의 시장불안을 개선하는 데 필요하다는 주변국의 요청을 거부하지 못할 것이라는 전망이 유력하다. 그러나 패트릭 도노한 아일랜드 중앙은행 총재는 "그 돈은 보여만 주고 사용은 하지 않을 것"이라는 단서를 붙인다. 돈을 빌리면서도 끝까지 그것이 예비용에 불과함을 강조하는 아일랜드의 사정이 무엇일까? 거슬러 올라가면 800년 이상을 독립을 위해 싸웠던 역사를 무시할 수 없다. 외국으로부터의 원조를 치욕으로 받아들이며 그 돈이 수반할 조건들을 또한 경계하는 것이다.

"빌리더라도 쓰지는 않는다"

이미 노사정 합의를 거쳐 허리띠를 졸라매고 있는데 거기에 더해 이런 저런 간섭을 받기 싫은 것이다. 특히, 예상되는 조건 중에는 12.5%의 법인소득세를 인상해야 한다는 부분이 있는데 이는 경제 주권의 침해로 볼 만하다. 아일랜드의 낮은 법인세율은 세계적 기업인 인텔 구글 파이저(Pfizer) 등을 유치한 일등공신 중의 하나다.

세계의 자본시장이 아일랜드를 주목하고 있는 또 하나의 이유는 앵글로 아이리시 은행의 구조조정과 관련된다. 이 은행은 1990년에서 2007년에 걸친 아일랜드의 호황기에 건설 및 부동산 관련업체에 편중대출을 했다가 2008년 부동산 거품의 붕괴와 함께 무너져 작년 초 국유화된 은행이다. 정부가 그 동안 이 은행에 쏟아 부은 공적자금만 300억 유로가 넘는다.

이 은행이 발행한 후순위 채권(後順位債券; Junior debt) 약 20억 유로

(한화 약 3조원)가 시장에 남아 있다. 이것의 채무조정을 위한 첫 채권단 회의가 지난 금요일 런던에서 소집되었다. 채권 액면의 20%를 정부가 보증하는 새로운 채권으로 교환하는 안이 상정되는데 채권 잔액의 3분의 2이상에 해당하는 채권 보유자들이 참석하고 참석 의결권의 4분의 3 이상이 동의하면 통과된다.

독일을 중심으로 제기되어 왔던 손실분담의 원칙, 즉 부득이 금융기관을 구제(bail out)하기 위해 공적 자금을 사용해야 한다면 채권 보유자들도 원금의 일부를 포기(bail in)해서 납세자의 부담을 줄여야 한다는 주장이 처음으로 현실화되는 것이다. 나아가 이것은 채무를 감당하지 못하는 한 법인이 법원 판결을 거쳐 청산 절차를 밟지 않고도 채권 보유자의 권리를 축출할 수 있는 전례가 되는 것이다.

그리스에 이어 아일랜드 사태가 주는 메시지가 무엇인가를 생각해 본다. 첫째는 호황의 저주다. 호황이 지속될 때는 반드시 불황의 싹이 잉태된다. 따라서 잘 나갈 때 적절한 통제를 하지 않으면 후일 큰 어려움을 겪게 된다는 말이다.

'소비가 미덕'이란 말은 허구

둘째는 소비가 미덕이라는 말의 허구성이다. 물건을 사주는 소비자의 존재는 필수적이지만 부자가 되려면 돈을 안 쓰고 모아야 함은 만고불변의 진리다. 소비가 미덕이라는 말은 나에게가 아니고 남에게 들려주기 위한 말일 터이다.

중국은 위안화 절상과 금리인상, 그리고 최근에는 생필품 가격통제까지 하며 긴축을 서두르고 있다. 미국의 양적완화와는 정면으로 배치되는 행보다. 아일랜드인은 감성이 풍부한 국민이다. 실제로 IMF의 돈을 보기만 하고 쓰지 않으면서 이번 위기를 헤쳐 나가려면 대단한 국민적 합의가 있어야 할 것이다. 그 결의가 가상해 보인다.

(2010.11.22 내일신문)

아일랜드 Kilkee 해변

그리스 (2)

그리스 국채의 크레딧디폴트 스왑(CDS)의 스프레드가 원금의 20%까지 올랐다. 액면 100의 그리스 국채가 부도나면 원금을 대신 갚아주지만 그 대가로 매년 20을 받겠다는 것이다. 대개 만기가 5년이므로 보험의 비용이 원금과 맞먹는다. 불안 심리가 극에 달했다는 이야기다.

그리스가 작년 5월의 1차 구제금융으로는 부족해서 불과 일년 만에 추가 구제금융을 받아야 하는 국면을 두고 이러다가 그리스가 제2의 리먼 브러더스가 되는 것이 아닌가 하는 불안감도 점차 커지고 있다.

IMF와 유럽중앙은행의 대표, 그리고 독일과 프랑스 등 유럽 주요국의 재무장관들이 현지 시간으로 19일과 20일 룩셈부르크에 모였다. 이 자리에서는 작년에 약정한 구제금융 1,100억 유로의 일부로서 오는 7월에 지급할 120억 유로를 예정대로 집행할 것인가가 더 시급한 문제로 다루어졌다. 논의의 핵심은 두 가지다. 첫째는 국제기구를 통한 구제금융 노력에 민간의 동참을 요구하는 문제이고 둘째는 구제금융의 대가로 약속한 제반 조건을 그리스가 이행하는 문제다.

독일을 중심으로 제기된 민간동참의 골자는 앞으로 3년간 그리스 국채는 만기가 되어도 현금으로 상환하지 않고 7년 만기의 새 국채로 교환해 주자는 것이다. 그러나 이는 '부도'까지는 아니더라도 크레디트 이벤트(credit event)에는 해당된다는 것이 전문가의 견해다. ECB는 이것의 부정적인 파장효과를 들어 분명한 반대입장을 취했다.

나아가 그리스 은행들에 대한 유동성 지원의 주요 수단인 RP(환매조건부 매입)의 적격 어음으로서 그리스 국채는 인정해 주지 않겠다고 으름장을 놓는다. 언론에 보도된 바와 같이 독일은 외견상으로는 이 문제에 대해 양보했다. 즉 채권 교환을 채권자의 자발적인 선택에 맡기자는 타협안에 동의한 것이다.

민간부문의 손실 동참 조건은 독일이 양보

이는 2009년 글로벌 금융위기 와중에서 몇몇 주요은행들이 동유럽 국가들에 대한 대출을 회수하지 않기로 신사협정을 함으로서 성공적인 결실을 얻었던 사례(비엔나 이니셔티브)를 본받으려는 것이다. 그러나 이 절충안에 구두 동의한 메르켈 총리는 벌써부터 독일 의회의 강한 비난을 받고 있다. 신사협정이란 서명은 하되 구속력은 없는 것이므로 과연 얼마만큼의 국채가 새 국채로 교환될지에 따라 추가로 지원해야 할 구제금융의 크기가 달라진다는 것이 반대 이유 중의 하나다.

둘째 문제는 그리스의 조건 이행이다. 그 중에서 국유재산 매각은 국영기업 노조의 반대 등에 부딪쳐 지난 일년 동안 진행된 것이 별로 없는 것이 사실이다. 따라서 추가 구제금융의 조건에는 그리스 국유재산에 대하여 담보권을 설정하던가 그리스 국유재산 매각위원회를 외국인전문가 중심으로 설립하여 이들에게 결정권한을 부여하는 안 등이 포함될 것으로 알려지고 있다.

그러나 이런 조건들은 이달 28일로 예정된 그리스 의회를 통과해야 하는데 집권 사회당 내에서도 이탈 표가 나올 가능성 있고 지난 5월 25일 이후 소셜 네트워킹을 이용하여 전국 대도시에서 동시적인 집회를 벌이고 있는 '분개한 시민운동'(Indignant Citizens Movement)도 의회에 대한 압박 수준을 높이고 있는 실정이다.

궁극적으로 그리스 정부가 디폴트하면 어떻게 되나? 가장 큰 피해자는 그리스 국채를 가지고 있는 유럽의 주요 은행들이 될 것이다. 그리스 구제에 앞서 이들 은행들을 구제하지 않으면 글로벌 금융위기가 재연될 수 있다. 그래서 제2의 리머브러다스 사태 이야기가 나온다. 그러나 파장이 두려워 마지못해 돈을 계속 빌려줘야 한다면 이것은 세계금융시장을 볼모로 잡는 것이다. 이런 두려움을 어떻게 평가해야 하나?

"리먼 브러더스 2 사태 온다"

리먼 때와는 다른 점이 없지 않다. 첫째, 리먼 사태는 갑작스러운 충격이었으나 그리스는 일년 이상 끌어온 것이다.

둘째, 리먼의 경우는 장외 파생상품 등과 관련하여 한동안 손실의 소재와 크기와 관련하여 정보부재 상태가 지속되었는데 그리스의 채권채무는 드러나 있다. 더 중요한 것은 리먼 사태는 전 세계의 소비자 신뢰를 급감시켰지만 지금은 이미 그것이 바닥이 나 있다.

국제 신용평가 기관들로부터 정크 본드 수준을 넘어 이제는 최하 등급인 트리플 "C" 판정을 받고 있는 그리스에게 필요한 것은 어떻게든 경제를 회생시켜 빠른 시일 내에 부채상환 능력을 키우는 것이다. 그런 방향의 처방이라고는 보기 힘든 이러한 구제금융에 연명하면서 그리스가 언제까지 버티어낼지 의문이다.

(2011.6.21 내일신문)

그리스 (3)

오늘 EU 27개국 정상회담의 분위기는 긴축에서 성장지원으로 무게중심이 이동하고 있다. 그러나 정부 적자예산의 크기를 놓고 벌이는 줄다리기는 큰 의미가 없어 보인다. 제프리 삭스 교수는 "유럽을 살리려면 은행을 살려라"라는 제목의 글을 5월 21일자 파이낸셜 타임즈에 실었다. 그리스 경제를 붕괴시키고 있는 것은 정부의 긴축정책이 아니라 운전자금의 고갈이다. 그리스 은행들은 예금이 줄어드는 만큼 대출금을 회수하고 있어 기업들이 필요한 자금을 구할 수가 없기 때문이라는 내용이다.

그리스 은행예금은 2010년 초에 비해 1/3이 줄었다. 최근에는 뱅크런(Bank run) 양상까지 보이고 있다. 뱅크런은 은행의 지불불능이 의심될 때 발생한다. 그러나 지금 유럽중앙은행은 최후의 대출자(lender of last resort)로서의 역할을 충분히 수행하고 있다는 평을 받고 있다. 예금자들이 의심하는 것은 은행이 문을 닫는 것이 아니다. 악몽은 지불불능이 아니라 환 리스크다. 그리스가 유로존에서 탈퇴해 일순간 모든 은행예금의 화폐단위를 유로화에서 자국통화로 변경했을 때 그 가치가 앞으로 어떻게 변동할지 아무도 모른다는 것이다.

뱅크런은 환 리스크 때문

뱅크런이 발생하면 정부가 자금을 대주어야 한다. 막대한 재원이 드는 일이다. 유럽이 두려워하는 것은 뱅크런의 전염일 터이다. 이것을 원천에서 차단하는 길은 그리스가 유로화를 계속 사용한다는 점을 어떻게든 확실하게 하는 것이다. 프랑스 올랑드 대통령은 취임 직후 독일 메르켈 수상을 찾았다. 이들이 내놓은 첫 메시지는 "그리스가 유로존에 남아 있도록 지원하겠다"였다.

그리스는 유로존에 남을 것인가? 유로화 대신 자국통화를 사용할 때의 장점은 환율평가 절하를 통한 경쟁력 회복이다. 그러나 그리스 국민을 대상으로 한 여론조사에 의하면 80%는 유로존 잔류를 원하고 있다. 그러면서도 긴축에 대해서는 80%가 반대한다고 한다. 그러나 이 두 가지는 양립할 수 없다.

이런 그리스를 지원하는 길은 무엇일까? 우선은 독일이 긴축우선의 원칙에서 한발 물러서는 것이다. 내년 대선에서 재집권을 원하는 독일 기민당에게 그리스의 유로존 탈퇴는 정치적으로 큰 타격이 될 것이다. 게다가 EC 집행위원장 바호주, 영국의 케머런 수상, 이탈리아의 마리오 몬티 수상 등이 올랑드의 성장지원 노선을 지지하고 있다.

성장지원의 메뉴는 다양하다. 유로존 17개국의 공동보증 하에 채권을 발행해 기간시설 건설 비용에 충당한다, 유럽투자은행을 더 키워서 고용증진을 위한 자금을 지원한다, 유럽국가 간의 재균형을 위해 독일 등이 물가상승을 용인하면서 경기확장 정책을 택한다 등이다. 오늘 EU 정상회담에서 큰 진전을 기대하기는 힘들겠지만 6월 18일의 G20 정상회담 때까지는 구체안들이 나올 것이다. 비슷한 시점에 그리스 새 정부가 구성될 것이기 때문이다.

그리스를 지원하는 바른 길

그러나 과연 이런 것들이 그리스에 얼마나 도움이 될까? 진정으로 그리스를 돕는 길은 긴축을 강요했던 자들이 스스로 긴축의 몸가짐을 보여주는 것일지 모른다. 올랑드의 구호는 성장이었지만 그의 첫 행보는 검약이었다.

취임식을 마치고 비 뿌리는 샹젤리제 거리를 하이브리드 시트로엥 승용차로 퍼레이드하는 그의 모습은 호위 의장대의 번쩍이는 칼과는 어울리지 않게 초라했다. 대통령, 수상 및 장관 모두의 봉급을 30% 삭감하는 조치를 단행했고, 공무를 위해 이동할 때에도 빨간 신호등에 정차할 것, 3시간 이내의 거리는 비행기가 아닌 기차를 이용하며, 150 유로(한화 약 23만원)가 넘는 선물은 국고에 귀속시키기로 약속하는 윤리강령에 모두 서명했다.

검약은 구조조정이며 따라서 이런 검약은 성장중시 정책과 충돌이 없음을 보여주는 것이야 말로 그리스가 진정 필요로 하는 구조조정, 즉 흥청망청했던 공공부문의 감축, 경쟁을 저해하는 카르텔의 타파, 그리고 조세행정의 부정부패 척결 등을 스스로 일구어 낼 수 있도록 도와주는 길이 아닐까?

(2012.5.23 내일신문)

그리스 (4)

이제까지 40년간 선거를 통하여 서로 정권을 주거니 받거니 하며 결국 오늘의 부끄러운 그리스를 있게 만든 양대 정당, 중도우파 신민주당(ND)과 중도좌파 범 그리스 사회주의 운동(PASOK)에 대한 그리스인의 분노가 새로운 정치세력에 대한 희망으로 분출됐다.

지난 주말(1월 25일) 총선에서 급진좌파연합 시리자(SYRIZA)당을 압도적으로 지지하여 당수 알렉시스 치프라스를 그리스 뿐 아니라 유럽연합 내에서도 사상 최연소 총리로 밀어 올린 것이다.

시리자 당은 13개의 취약한 진보정당들의 집합체였으나 그리스가 국제사회로부터 구제금융을 받기 시작하면서부터 지지도가 급상승했다.

이번 총선에서는 구제금융에 부수되었던 고강도의 긴축조건을 재협상할 것과 부채 원금도 추가 탕감을 요구하겠음을 공약으로 내걸어 표심을 얻었다. 치프라스는 또한 승리를 자축하는 자리에서 "그리스와 그리스인의 잃어버린 존엄을 회복하겠다"고 일갈했다.

외채 탕감은 이미 2010년에 한차례 받은 적이 있다. IMF, EU 및 ECB 등 소위 트로이카가 2400억유로에 달하는 구제금융을 그리스에 제공하면서 민간부문, 즉 은행이나 기관투자가들의 팔을 비틀어 약 1000억유로의 탕감을 단행한 바 있다.

그리스의 새 정권이 추가로 탕감받고자 하는 대상에는 트로이카의 구제금융도 포함된다. 앞서 민간부문의 탕감은 당사자들의 금고를 축내었지만 공적기구들의 헤어 컷은 유럽 모든 납세자들의 주머니를 축내는 것이다. 트로이카의 수장들도 넓은 의미의 정치인이다. 납세자의 심사를 거스르는 것은 민간 채권자들의 팔을 비트는 것과는 다르다.

차제에 그리스를 나락으로 몰고 간 배경 두 가지를 짚고 넘어가고 싶다. 첫째는 경쟁적으로 돈을 펑펑 쓰며 표심을 끌어 모았던 역대 정권들이다. 유권자들은 환호했다. 직접민주주의 내지 다수결 원칙이 항상 옳은 선택을 한 것은 아니었다.

험난한 '존엄 회복'의 길

둘째는 국가 차원의 회계부정이 있었다는 사실이다. 이것이 있었기에 방만한 재정지출이 다년간 은폐되었는데 이 점은 응분의 조명을 받지 못했다. 2010년 2월 13일자 뉴욕타임스는 골드만 삭스 등 일부 국제투자은행들이 그리스 정부에게 어떤 금융상품들을 제안했는지 구체적으로 서술하고 있다. 이들은 그리스 정부에 돈을 빌려주면서 그것을 대출이 아니고 스왑(SWAP)이라는 금융파생상품으로 처리했다.

즉 현재의 현금은 은행에서 그리스 정부로 흐르게 하고 공항 사용료, 고속도로 통행료 또는 복권판매수익금 등 장래의 현금은 거꾸로 그리스에서 은행으로 흐르게 하는 계약을 체결한 것이다. 이렇게 하여 수십억 유로에 달하는 국가부채를 정부의 대차대조표에서는 누락시키고 그 대신 기타 주요계약으로 각주(Foot Note)에 한 두줄 언급하고 지나갔다.

뉴욕타임스는 "이런 중대한 사실이 유럽 내에서는 언론에 자세히 보도되는데 대서양을 건너오면 이상하게 잠잠해진다"고 비꼬았다. 미국의 금융과 언론을 유태계 세력이 잡고 있음을 시사한 것이다.

다른 나라로의 전염을 염려하여 국제 금융사회가 그리스를 함부로 대할 수 없었던 것도 이제는 옛말이다. 빚을 제대로 갚지 못하는 주제에 자칫하면 그리스와 그리스 국민들의 존엄 회복은커녕 비웃음을 자초할 수도 있다. 그러나 과연 그리스를 비웃을 자 누구인가?

그리스의 국가부채 은폐 도운 월 스트리트

2012년 9월 미국 중앙은행이 본격적으로 돈을 찍어 채권매입을 하기 시작할 때 독일 중앙은행의 젊은 총재 옌스 바이트만이 말한 비유가 잊혀지지 않는다.

인쇄기로 돈을 찍어 문제를 해결하려는 것을 원론적으로 반대하면서 괴테의 희곡 파우스트에 나오는 한 장면, 악마 메피스토펠레스가 신성로마제국의 황제에게 종이돈을 발행하는 묘안을 가르쳐 주자 황제가 돈을 사방에 뿌려 모든 이들을 즐겁게 했다는 전설 속의 고사가 그것이다.

이제는 독일의 여전한 반대에 불구하고 유럽중앙은행도 메피스토펠레스의 묘안을 실행에 옮길 채비를 하고 있다. 미국이 지난 몇 년간 찍어낸 돈의 크기는 3조8000억달러, 독일의 국민총생산 규모를 넘는 액수다. 이 크기의 돈으로 금융자산의 가격을 떠받쳐 주니 많은 사람들이 즐거워한다.

고작 제로 금리기조가 언제 깨질지에 관심을 집중할 뿐, 증발된 돈의 회수 시점에 대해서는 어느 누구도 입을 뻥긋하지 못하고 있는 것이 실상이다.

(2015.1.28 내일신문)

그리스, 밀로스 섬

그리스 (5)

그리스 최대 컨테이너 항구인 파이리어스와 테살로니카의 항만청이 국제시장에 매물로 나온 지 오래다. 지난 수년간 국영기업 노조의 반대에 부딪혀 매각절차가 지연되어 오다가 작년부터 협상이 구체화되었다.

물동량으로 세계 제일을 자랑하는 덴마크의 머스크 그룹, 중국의 국영해운사 코스코(China Ocean Shipping Co.)를 비롯하여 독일, 스위스,

일본, 영국, 심지어 러시아계 자본들까지 큰 관심을 가지고 입찰경쟁을 벌이고 있다. 그런데 이번 그리스 총선으로 새 정부에 젊은 수상이 등장하면서 판도가 변하고 있다.

2010년 그리스 구제금융의 트로이카, 즉 IMF, 유럽중앙은행 및 유럽연합 등이 그리스에 요구한 부대조건 중의 하나가 국영기업 민영화였다. 그리스의 민영화는 나라의 재산을 팔아 국가부채를 갚자는 것에 다름 아니었다.

그런데 재정이 바닥나기 직전 그리스 정부는 독일로부터 도합 20억유로(한화 약 2조5000억원)를 들여 길이 60미터가 넘는 '214급 잠수함' 4척을 구입했다.

파이리어스와 테살로니카 두 항만청을 매각하여 받을 수 있는 금액에 그리스가 이행해야 할 또 다른 조건들, 즉 국가가 지원하고 있는 의료비의 축소, 공무원 연금 삭감 등을 통해 절약되는 정부 지출을 다 합해도 독일 잠수함 몇 척의 가격에 미치지 못한다.

조지프 스티글리츠 컬럼비아대학 교수는 노벨 경제학상 수상자이자 자유시장과 경쟁논리에 입각한 주류 경제학을 비판하는 데 앞장 서고 있는 세계적인 석학이다. 그가 최근, 착한 대출(good lending)의 필요성에 대해 강조하고 나섰다. 상환능력이 없는 사람에게 대출을 해 주는 것은 채무자를 망하게 하는 나쁜 대출이라는 것이다.

독일잠수함 값에도 못 미치는 민영화 수입

그는 시장경제의 생명은 실패한 자에게 새 출발의 기회를 주는 데 있으므로 부득이한 경우 채무를 면제해주어야 하는데 이것이 채무자의 도덕적 해이를 낳을 것이라는 우려는 잘못된 것이라고 설명한다.

그는 도덕적 해이의 위험은 오히려 불성실한 대출을 해 준 채권은행들에게 더 크다고 말한다. 회수불능 채권을 많이 취급한 불량 은행들이야 말로 망해야 하는데 그 때마다 구제를 받아왔기 때문에 이들이 더 도덕적으로 방만해졌다는 것이다.

글로벌 금융위기 이후 유명세를 타고 있는 하버드대학의 케네스 로고프 교수도 유로 존 가입 이후 그리스 정부의 채무가 급증한 원인 가운데는 프랑스와 독일 은행들의 묻지마 대출도 있었다고 지적하며 채권은행 공동책임론에 가세했다.

지난 일요일 밤 아테네 의회에서는 40세의 새 수상 알렉시스 치프라스가 몇 가지 중요한 선언을 했다. 첫째, 선거공약 중의 하나였던 그리스의 빚을 더 깎아달라는 요구는 철회하겠다. 둘째, 그러나 이 빚을 제대로 갚기 위해서는 현재의 부대조건을 재협상해야 한다. 셋째, 재협상이 이루어지기 전에는 유로화 2400억 구제금융 중 아직 인출하지 않은 부분에 대해서 손을 대지 않겠다는 단호한 내용이다.

치프라스가 재협상을 통해 원하는 것은 최저임금과 근로소득세 면세점을 올리고 도로, 항만 등 국가 기간시설의 민영화는 하지 않는 것이다.

조건 재협상을 하지 않겠다고 구두약속만 하면 그럭저럭 70억유로 정도는 곧 인출할 수가 있고 ECB로부터도 단기자금을 리파이넌스 받을 수 있다고 하는데 그리스는 이를 마다하는 것이다. 재협상에 필요한 기간을 6월 말까지로 잡았는데 그 때까지 '브리지 펀드'를 조달하여 버티겠다고 한다.

그리스가 조건 재협상 카드 먼저 던져

가장 완강하게 구제금융 조건의 변경에 반대하고 있는 독일에 대해서도 "그렇다면 당신도 나치 독일 때 그리스로부터 강압적으로 받아갔던 대출금을 상환하라"고 정면 도전장을 냈다.

현지 시간으로 오늘(2월 11일) 브뤼셀에 비상 소집된 유럽연합 19개국의 재무장관급 회의는 바로 그 다음날 이들 나라들의 정상들이 만나는 자리로 이어진다. 여기에 그리스가 먼저 카드를 던진 것이다.

니코스 카잔차키스의 소설 '그리스인 조르바'가 떠오른다. 디오니소스적인 그리스는 아폴론적인 독일과 참으로 대조적이다. 디오니소스가 정열과 자유, 그리고 뜨거운 피의 화신이라면 아폴론은 합리와 질서, 그리고 차가운 이성의 화신이기 때문이다.

(2015.2.11 내일신문)

그리스 (6)

금년 2월 그리스는 국제채권단에 구제금융 조건 재협상을 요구하면서 4개월의 시한을 제시했었다. 조건 변경이 이루어지기 전에는 전체 구제금융 2400억 유로 중 마지막 인출가능액 72억 유로에 손을 대지 않겠다는 배수진까지 폈다. 그 협상시한이 바로 6월이다. 부족한 재정은 따로 '브리지 펀드'를 조달하여 메우겠다고 호언장담했으나 이는 성사되지 못했다. 지난 4개월 동안 그리스는 공기업과 공립학교들의 은행 예금, 해외 공관의 보유자금들을 끌어 모으고 세금을 조기 납부하면 깎아주는 캠페인까지 벌여 시급한 재정지출에 충당했다.

그리스가 채권단과 벌이는 막바지 협상 테이블에서 야누스 바루파키스라는 이름의 그리스 재무장관의 존재가 빛나고 있다. 그리스 최악의 사태가 40세의 좌파 총리 알렉시스 치프라스를 낳았다면 IMF를 포함한 국제채권단과의 극한 대립이 바루파키스라는 협상전문가를 탄생시켰다. 그는 게임이론의 대가다. 게임이론이란, 협상 또는 경쟁 상대와의 사이에서 벌어지는 전략적 선택을 탐구하는 경제학의 한 분야다. 금년 1월 정계에 입문하기 전까지 그리스의 아테네 대학, 미국의 택서스 대학, 이태리의 투린 대학 등에서 가르쳤고 비디오 게임의 세계적 선두주자인 미국의 밸브 코퍼레이션(Valve Corporation)의 전속 컨설턴트로 활동해 왔던 사람이다.

밸브의 비디오 게임은 테트리스나 슈퍼 마리오처럼 기계를 상대로 하는 게임이 아니라 가상 경제의 세계에 들어가서 다른 플레이어들과 경쟁하거나 협조하는 게임이다.

게임이론으로 무장한 그리스 재무장관

바루파키스는 "세금인상과 정부지출 감소를 골자로 하는 긴축정책은 경제의 엔진을 꺼버리는 것과 다름 없는 것이다, 새로 출범한 그리스 좌파정부는 개혁의 고삐를 확고히 쥐고 있어 결코 2010년 이전의 그리스 정부의 모습으로는 돌아가지 않을 것이다, 그러나 채권단의 요구대로 하면 디플레이션의 늪에 빠져 그런 개혁이 불가능하고 개혁을 이루지 않고는 채무상환도 불가능해진다"고 뚜렷한 어조로 강조한다.

지난 2일 그리스가 채권단에 제시한 최종 제안서에는 노동시장 개혁, 부가가치세 증액, 국세청 독립, 국유재산 민영화를 포함하여 채권단이 요구했던 사항이 수용되어 있었다. 다만 최저임금을 월 72만원(우리 돈으로 환산)에서 93만원으로, 근로소득세 면제 기준 연 소득 620만원을 1500만원으로 상향조정하는 것을 양보불가 조건으로 첨부했다.

이에 대해 채권단의 대응은 기존의 입장, 즉 '당신네 정부가 경제관리를 잘못해서 돈이 바닥났으니 시키는대로 허리띠를 졸라매 돈을 마련하라'에서 크게 달라지지 않은 것 같다.

마침 지난 주말에는 독일 남부의 최고급 휴양호텔 슐로스 엘마우에 G7 정상들이 이틀간의 모임을 가졌다. 정상 회담을 마치며 미국의 오바마 대통령이 음미할만한 수사(修辭)를 남겼다. "지금 그리스 국민에게 필요한 것은 채권단의 요구조건을 만족시키는 데 그치지 않고 그리스 경제의 성장과 번영을 뒷받침할 여러 개혁에 진지하게 임하는 자세"라는 말 중에 성장과 번영이 언급된 것은 은연중 채권단을 향한 충고인 듯도 하다.

국제금융시장은 그리스 사태를 어떻게 보고 있나? 그리스 기업들의 주식은 최근 6개월 동안 26% 하락했으나 그리스 국채의 시장금리(yield)는 2012년의 최고 44%에서 하락하여 최근에는 11% 전후에서 변동하고 있다. 6월을 잘 넘겨 72억 유로를 추가 인출하게 된다면 7월과 8월 두 달 사이에 도래하는 국채 67억 유로의 상환은 문제가 없다.

새벽을 기다리는 어두움

그러나 그것으로 끝이 아니다. 노무라 인터내셔널의 한 전문가에 의하면 약 300억 유로 규모의 세 번째의 구제금융이 2년 내에 추가로 필요할 것이라고 한다.

채무조정도 2012년에 이어 언젠가 또 한번의 조정이 뒤따를 것이다. 자유시장경제를 옹호하는 영국의 싱크 탱크, 아담 스미스 협회마저 그리스의 채무 스왑을 지지하고 있다. 구제금융 원금을 경제성장 연동 채권으로 교환하는 방법이다. 경제가 되살아나는 만큼 이자를 더 지불하고 반대의 경우에는 원금을 자동 차감하는 신종기법이다.

새벽이 오기 직전의 어두움인가! 40년 전 군사정권에 이어 보수, 진보 양당의 선심경쟁으로 망쳐지고 은폐되었던 부끄러운 국가 재정운영의 역사에 종지부를 찍으려는 그리스 젊은 지도자들의 안간힘을 국제사회가 어떻게 수용할 것인지 계속 지켜보고 싶다.

(2015.6.10 내일신문)

그리스 (7)

7월 5일 그리스 국민투표의 결과가 알려지자 유럽 정치권의 움직임이 빨라지고 있다. 바로 다음날 독일과 프랑스의 정상이 파리에서 회동을 했고 7일에는 유로 존 정상들이 전부 브뤼셀에 모였다.

국제채권단의 긴축 요구에 강경하게 저항할 것을 요구하는 그리스 국민의 투표결과는 젊은 총리에게 힘을 실어 준 것이 사실이나 어느 한쪽이 물러서야만 답이 나오는 국면이었으므로 그리스 사태의 행방은 더욱 묘연해졌다.

채권자인 IMF와 EU, 유럽중앙은행 등 3자, 이름하여 '트로이카'와 채무자인 그리스 정부가 각기 자기 주장을 굽히지 않는 가운데 관전자들인 국제사회의 목소리도 다양하다. 주제는 두 가지인데 하나는 채무 조정의 문제(채무 탕감 및 추가대출)이고 다른 하나는 부대 조건의 변경이다. 그리스는 정부와 국민이 한데 뭉쳐 일단 후자에 초점을 맞추고 있다.

대표적인 국제 논객들의 주장들을 몇 개 추려보자. 노벨 경제학상 수상자이자 컬럼비아 대학교수 조지프 스티글리츠는 그 동안 그리스에 쏟아 부은 구제금융의 큰 몫은 프랑스와 독일은행들 앞 채무상환에 사용되었고 정작 그리스의 경제 재건을 위해 사용된 금액은 극소했음을 지적한다.

IMF 등 채권단이 5년에 걸쳐 노력했지만 그 결과는 마이너스 25% 경제성장, 그리고 60%가 넘는 청년 실업률이다. 예측도 빗나갔고 모델도 결함이 드러나고 있지만 이들은 여전히 세출을 줄이고 세수를 늘려 재정흑자를 달성한다는 불가능한 시나리오에 집착하고 있다.

같은 컬럼비아 대학 교수이자 반기문 유엔사무총장의 특별고문이기도 한 제프리 삭스는 '그렉시트'(그리스의 유로 존 탈퇴)를 거론하는 것부터가 잘못이라고 말한다. 유로화를 법정통화로 사용하기로 한 결정은 스스로 원치 않는 한 취소불가능한 것이므로 모든 논의는 그리스 채무조정으로 모아져야 한다.

실패를 인정하지 못하는 채권단

치프라스 총리는 그리스 국민들에게 분명히 말한다. "채권단의 조건을 받아들이지 않으면 그리스를 유로존에서 탈퇴시키겠다는 채권단의 압박은 근거가 없는 것이다. 돈을 못 갚는다고 앞으로는 다른 통화를 사용하라고 말 할 수는 없는 것이다. 유로존 협정문 어디에도 채무를 불이행하면 유로화 사용을 못한다는 조항이 없다."

그는 이어서 세계금융역사상 주권국가의 채무조정은 수없이 반복되어 왔고 독일도 1953년 세계2차 대전 배상금의 감면에 따른 최대 수혜국이었음을 상기하면서 그리스가 채무조정 합의를 달성할 때까지 원리금 상환을 늦추고 모든 가용자금을 연금지급과 사회간접자본의 보수 및 유동성 위기를 맞고 있는 은행들을 지원하는 데 사용하라고 주문한다.

다른 한편 독일의 키엘 세계경제연구소 소장인 데니스 스노우어는 그리스가 부패가 심하고 특히 세무행정의 수준이 뒤떨어져 유로존 국가로서 자격에 미달하는데 강제로 축출할 수는 없으므로 자진해서 걸어나가는 것을 조건으로 채무탕감을 해주자고 말한다.

또한 오바마 대통령의 글로벌발전위원회 위원장인 모하메드 엘-이라이언은 유로존이 단일 통화를 사용하려면 금융통합과 재정통합, 나아가 정치통합으로 가야 하는데 그리스 문제에 발목이 잡혔다고 안타까워한다. 하버드대학의 케네스 로고프 교수 같은 사람은 구제금융의 연장 또는 추가 대출에 대해서가 아니라 순수하게 인도적 차원의 지원에 대해 이야기해야 할 때라고 말하며 그리스 국민이 처한 고난을 걱정하기도 한다.

'죽은 자는 개혁을 못한다'

그리스 스스로가 개혁을 해야 한다는 점에는 누구나 공감한다. 그러나 세수를 늘리고 세출을 줄이는 것만이 개혁이 아니다. 경제성장을 뒷받침할 수 있는 개혁만이 채권자와 채무자 양측을 위하는 개혁이 된다.

노동시장 유연화가 한 예다. 취업중인 노조원의 기득권을 위해 이제 사회에 첫발을 내딛는 청년들의 취업 기회를 막는다면 그것은 개혁의 대상이 된다. 그러나 죽은 자는 개혁을 못한다. 개혁하는 것을 보고 나서 채무조정을 해 주겠다는 것은 순서가 잘못된 것이다.

상황은 급박하다. 지난 5개월 동안 그리스의 유일한 돈줄은 유럽중앙은행(ECB)이 제공하는 긴급 유동성 지원이었는데 20일 만기가 되는 그리스 국채마저 기일 상환이 안되면 이 자금마저 끊긴다. 이때 그리스는 차용증서를 발행하던가 따로 그리스 화폐를 제조해서 필요한 결제에 충당할 것이다. 누가 밀어내지 않아도 '그렉시트'는 현실화되는 것이다.

(2015.7.8 내일신문)

그리스 (8)

국제신용평가사 S&P는 지난 주 유럽정상회담에 때맞춰 독일을 포함한 유로 존 대다수의 회원국들을 부정적 관찰(negative watch)대상으로 지정하면서 다음과 같은 설명을 덧붙였다.

신용디폴트 스왑(CDS)은 리스크를 회피하기 위하여 체결하는 계약인데 그리스에 투자한 채권자들의 경우는 원금의 절반씩이나 잃어버리고도 크레딧 디폴트 스왑(CDS) 계약에 따른 손실보전을 받지 못했다. 그 이유는 채권자들이 원금의 탕감에 자발적으로 동의(비록 강요에 의한 것이었지만)했기 때문이다. 이 사례는 유럽 자본시장 전체의 신뢰를 훼손하는 데 기여했다. 그뿐 아니라 과거 2년 동안 유럽 정치인들이 보여준 위기 대처 방법은 매우 느리고 미온적이었으므로 이번 정상회담에 대한 우리의 기대도 낮을 수밖에 없다는 것이 그 설명의 요지였다.

유럽 정상들 사이에서는 재정위기의 원인에 접근하려는 이상주의와 급한 불부터 끄려는 현실주의가 대립하였다. 독일의 메르켈 총리는 이상주의에 해당된다. 유로화 사용국의 국가 채무는 곧 유로 존 전체의 공동 책임이라는 공식이 점점 더 굳어지고 있는 마당에 그 책임을 가장 크게 떠 맡게 될 나라는 재정이 튼튼한 독일이다.

따라서 독일의 입장에서는 될 수 있는 한 다른 회원국들의 재정 상태에 문제가 발생하지 않기를 바랄 것이고 또한 이를 감독하기 위한 장치를 보다 엄격하게 만들자고 주장했을 터이다.

반면에 EU 집행위원회 의장, EU 정상회의 상임의장 등은 현실주의에 속했다. 이들의 주장은 유럽이 죽고 나서 100점짜리 규약이 무슨 소용이 있겠는가 하는 반론으로 요약된다. EU 조약의 대폭수정은 의회 비준이나 국민투표 등의 절차에 장기간이 소요될 뿐 아니라 반드시 통과된다는 보장도 없다. 따라서 여러 공적 기구들이 국채시장에 적극 개입하여 이태리나 스페인 정부가 발행한 국채를 매입하여 주는 것이 중요하며 그렇게 해야만 이들 국채를 대량 보유하고 있는 유럽 주요 은행들도 살아날 수 있다는 것이 이들의 생각이었다.

독일의 이상주의는 소수파

이상주의가 원했던 것은 EU 27개국 전 회원이 참여한 EU 조약의 대폭 수정이었으나 유로존 17개국을 통제할 수 있는 재정협정에 그쳤다. 각 회원국은 자국의 헌법 또는 이에 준하는 법률에 정부의 균형재정 의무를 명시하는 조항을 삽입하기로 했으며 균형재정의 기준도 연간 재정적자의 폭이 GDP의 0.5%를 벗어나지 않는 것으로 명확하게 정의했다.

또한 재정적자가 최대허용치인 GDP의 3%를 초과하면 벌금을 내야 하는데 그 결정은 "자동적"으로 이루어지도록 했다. 즉 과거처럼 다른 기관의 심의 절차를 기다리며 유야무야되었던 전철을 밟지 않겠다는 뜻이었다.

현실주의가 달성한 것은 재정위기에 처한 회원국을 지원하는 베일아웃(bail out) 전담 기구로 가칭 "유럽안정기구(ESM)"를 조기 설립하기로 한 것, 그리고 IMF를 유럽 국채시장에 개입하는 공적 기구의 하나로 끌어들인 것 등이라고 할 수 있다. 앞으로의 고비는 이 재정협정의 세칙이 확정되고 각국 의회의 비준을 받기로 한 내년 3월까지다.

현재 유로존 국가 중에 재정적자가 GDP의 3% 이내인 나라는 핀란드와 룩셈부르크뿐이다. 이를 0.5%로 낮추라고 하면 거의 모든 회원국들이 EU 집행부의 간섭을 받게 된다. 이들은 예산책정 및 주요 차입행위에 대해 사전 신고 및 동의의 절차를 밟아야 하는데 이것은 회원국 국회의 비준을 어렵게 만드는 소지가 될 수 있다.

IMF의 유럽 자본시장 개입에도 문제가 없지 않다. EU 규약에는 각국 중앙은행들이 자국 정부의 국채를 직접 매입하는 행위를 금지하고 있기 때문에 이를 우회하기 위하여 제3자를 동원한 것으로 간주될 수 있기 때문이다. 실제로 유럽 각국 중앙은행들은 IMF 앞으로 2000억 유로를 빌려주기로 했는데 IMF가 이것을 유럽 국채 매입에 "중점적으로" 사용한다면 이는 합법을 가장하기 위한 술수라는 지적이 있다.

내년 3월까지 험난한 고비

끝으로, 향후 구제금융 취급 시에는 일반 채권자들의 손실 분담을 강요하지 않겠다 라고 하는 약속은 과연 진실한 것일까? 공적 자금으로 한 나라를 구제하는 마당에 높은 금리를 보고 투자하였던 일반 채권자들도 자기의 결정에 대한 금전적 책임을 져야 한다는 독일 식 주장은 크게 사리에서 벗어난 것은 아니다.

그러나 유럽정상들은 이태리와 스페인의 국채 금리가 주체하기 힘들 정도로 뛰는 것을 보며 "그리스의 경우는 특이하고도 예외적인 것이었다"라고 말하는 약한 모습을 보였다. 시장의 압박에 굴복하는 것과 시장의 신뢰를 얻는 것은 다른 것이다.

(2011.12.13 내일신문)

이탈리아를 구하라(Salva Italia)

이탈리아의 실비오 베를루스코니 수상을 권좌에서 끌어내린 것은 누구였나? 재정위기에 제대로 대처하지 못한데다 개인적 스캔들까지 겹치면서 그가 이끄는 피플오브리버티 당은 작년 5월의 밀라노 시장선거에서 무소속 후보에게 패배했다. 이어 당 내외에서 사임 압박이 일었고 시간이 지날수록 탈당의원이 속출하여 그의 정당은 의회 다수당의 지위도 상실했다. 그럼에도 불구하고 끝까지 자리에 연연하던 그를 결정적으로 압박한 것은 국제금융시장이었다. 6월까지만 해도 5%를 밑돌던 10년 만기 이탈리아 국채의 시장 할인율이 11월 들어, 한번 건너면 돌아오지 못한다는 7% 선을 넘은 것이다.

이탈리아의 정부 구성은 약간 특이하다. 7년 단임의 대통령은 의회에서 선출한다. 그러나 대통령은 실권이 없다. 수상을 대통령이 임명하지만 의회의 승인을 거쳐야 하므로 대개 의회 다수당의 리더를 고를 수밖에 없다. 그러나 이번에는 달랐다. 86세의 노 정치인 지오르지오 나폴리타노 대통령은 의회 내에 세력이 없는 마리오 몬티를 수상으로 하는 테크노크라트 정부를 탄생시켰다. 12개 장관과 6개 무임소 장관 전원이 비정당인이다.

전후 이탈리아 최 장수 수상 베를루스코니에 대한 원성이 그토록 높지 않았다면 마리오 몬티의 테크노크라트 정부는 출범하지 못했을 것이다.

마리오 몬티 수상은 취임한지 한 달도 안되어 "이탈리아를 구하라(Salva Italia)"라는 부제를 붙여 정부재정 건전화를 위한 시행령을 공포했다. 너무나 상식적인, 그러나 그렇게도 힘들었던 '세수는 늘이고 지출은 줄인다'는 공식을 담은 것이었다. 이탈리아에서 시행령은 공포되는 즉시 발효되지만 60일 이내에 의회의 추인을 받지 못하면 철회되어야 한다. 그러나 이탈리아 의회는 18일 만에 이를 승인했다.

테크노크라트 정부 출범의 일등공신

마리오 몬티 정부가 내놓은 두 번째 구조조정 타깃은 경쟁력이다. 성장 없이는 이탈리아를 구할 수 없고 지금의 형편없는 경쟁력으로는 성장을 할 수 없으므로 그는 여기에 "성장하라 이탈리아(Grow Italia)"라는 이름을 붙인다. 지난 주말 공개된 그 내용은 첫째 노동의 경쟁력, 둘째 공공부문의 경쟁력, 셋째 행정의 경쟁력이다. 노동시장에서는 택시 조합, 화물운송 조합, 변호사 조합 등 산업별 조합으로 똘똘 뭉쳐있는 노동시장을 자유화하겠다는 것이며 공공부문과 행정에서는 각종 이권을 둘러싼 부조리와 비효율, 예산 낭비와 탈세 등을 바로잡겠다고 팔을 걷어 부치고 있다.

이 두 번째 시행령은 노동조합의 반대가 크기도 하거니와 국회의원들 개개인의 이해관계와 무관하지 않은 내용을 담고 있어서 의회 통과가 쉽지는 않을 것이라는 우려도 없지 않다. 그러나 평생 철 밥통을 보장받는 사람과 불안정한 계약직으로 내몰리는 사람들 사이의 간격을 좁히는 것을 경쟁력 강화의 첫 단추로 삼겠다는 몬티 정부의 설명은 꽤 설득력이 있어 보인다.

이탈리아의 차기 총선은 2013년 봄에 있다. 그 때까지는 각 정당은 몸을 낮추며 민심의 향방을 주시할 것이다. 베를루스코니가 이끄는 정당이 의외로 몬티 정부에 협조적인 것도 그 때문인 것 같다.

이탈리아와 너무 대조적인 것은 그리스다. 그리스 정부가 발행한 채권 잔액 2600억 유로 중 1000억 유로를 탕감 받는 것이 현재 추진되고 있는 그리스 재정위기 해법의 핵심이다. 그런데 그것도 모자라서 새로 교환해주는 채권의 금리도 시장 가격을 무시한 4% 선으로 낮춰 달라는 요구를 하여 민간 채권자들과의 최종합의가 늦어지고 있다. 그렇게 하지 않으면 부채를 감당할 수 없다는 구실이다. 빚만 깎는다고 경제가 살아나는 것이 아닐 터인데 그리스에서는 성장을 위한 각본은 제대로 모색되지 않고 있다.

그런 와중에 금년 총선을 앞두고 그리스의 각 정당은 쌈질을 그치지 않고 있다. 이탈리아의 정당들에 비하면 기(?)가 많이 살아있는 편이다.

막판에 가서야 일어나는 변화

막판에 가서야 비로소 이루어지는 변화라는 뜻이 담긴 '렌칭 체인지(wrenching change)'라는 말이 있다. 이탈리아가 이 경우다. 바닥까지 가기 전에 정신을 차렸으면 더 좋았을 것이다. 그런데 그리스는 아직 바닥이 아니라고 생각하는 모양이다. 얼마나 더 잃어버려야 정신을 차릴지 모르겠다.

10년 만기 이탈리아 국채의 시장 할인율은 최근 6.1%까지 낮아졌다. 이탈리아가 완전 비정치인 정부의 주도 하에 변모하는 모습에서 직업 정치인들의 반성과 분발의 계기가 마련되었으면 좋겠다. 금년에 두 번의 큰 선거를 치르는 우리나라의 정치권에도 시사하는 바가 크다 하겠다.

(2012.1.25 내일신문)

프랑스의 올랑드

'유럽재정협정'이 25개국 정상들이 서명했던 잉크가 마르기도 전에 존폐 위기에 봉착했다. 적어도 프랑스 대선을 지켜보던 많은 사람들의 걱정이 그러한 듯하다. 유럽재정협정의 재협상(renegotiate)을 공약으로 내걸었던 사회당 후보 올랑드의 대통령 당선을 좌파의 판 뒤집기 내지는 포퓰리즘, 즉 쓴 약을 삼키기를 거부하는 다수의 대중들의 편에 선 정치세력의 승리로 보고 유럽의 장래를 걱정하는 시각도 있다. 그러나 부채 줄이기 일변도의 처방으로는 재정위기를 벗어나기는커녕 유럽을 더블딥(double dip)의 불황에 빠뜨릴 것이라는 우려가 그 동안 없지 않았고 실제로 아일랜드나 스페인의 경우는 긴축을 강행할수록 시장의 신뢰 회복은 요원할 뿐 사태가 악화되고 있는 실정이었다.

메르켈에게 힘이 되어 주는 올랑드

하버드대학 유럽연구센터의 아트 골드해머(Art Goldhammer)는 최근 워싱턴포스트와의 인터뷰에서 흥미로운 평론을 했다. "나는 독일의 메르켈 수상도 지난 2년 간의 사태진전을 봐 오면서 상당한 사고의 전환이 있었다고 판단한다. 그러나 그의 정권 기반인 기독교민주당과 자유민주당 연합세력의 대다수는 부채 줄이기 최우선 원칙에서 전혀 물러설 기미가 없다는 것이 그의 고민이다. 이러한 메르켈에게 올랑드는 힘이 되어 줄 수 있다. 그 동안의 파트너였던 프랑스의 새 대통령이 성장 카드를 강력히 들고 나온다는 것은 메르켈에게 이들 세력들의 주장을 누그러뜨릴 구실을 주는 것이다."

또한 독일의 야당인 사회민주당은 메르켈의 재정긴축 강요가 유럽을 망치고 있다고 비판하고 있는 터라 메르켈의 정책 선회는 야당의 주장에 굴복하는 모양이 된다. 이런 마당에 그는 프랑스와의 정책공조 필요성의 대두를 그의 정책 수정의 구실로 삼을 수 있으니 올랑드의 출현이 메르켈에게 도움이 될 수 있다는 평론은 그럴 듯하다. 울고 싶은데 뺨 때려주는 격이다.

전 벨기에 수상이자 유럽의회 의원으로 있는 기 버로프슈타트(Guy Verhofstadt)는 블룸버그 TV에서 "이제까지 우리들은 재정규율이라는 이름의 1차 트랙을 만들어 냈다, 그것은 잘한 일이다. 그러나 이제는 성장이라는 제2의 트랙이 절실히 필요하게 되었다"며 지금의 유럽의 문제를 설명했다.

올랑드의 정책 방향을 버로프슈타트의 공식에 대입하여 이해하면 재정협정 재협상이라는 그의 협박(?)은 하나의 정치적 수사(rhetoric)에 그칠 것이라는 해석도 가능하다. 그가 문제 삼는 것은 재정협정에 재정긴축만 있고 성장에 관한 처방이 없다는 점이다. 그렇다면 트랙을 하나 더 만들면 되지 먼저의 트랙을 없앨 필요는 없는 것이다.

파이낸셜 타임즈는 '올랑드의 승리는 기회'라는 제목의 17일자 사설에서 다음과 같이 정리하고 있다. "특히 6월의 총선을 남기고 있는 시점에서 올랑드의 포퓰리스트 적 작은 제스처들은 시장이 용인해 줄 수 있을지 모른다. 그러나 그의 더 큰 공약은 2017년까지 프랑스의 재정균형을 달성하겠다는 데 있다. 이것은 대단히 큰 고통 없이는 달성될 수 없다. 6월 총선에서 하원까지 석권하게 되면 사회당은 상원과 지방선거를 모두 장악하게 되어 강력한 개혁을 추진하기에 유리한 입장이 된다. 그는 이 황금의 기회를 놓쳐서는 안 된다."

성장을 위한 그의 처방이 재정지출의 증가에만 의존하려는 것이 아닌 점은 분명하다. 지출을 계속 늘리면 2017년 재정균형 공약은 허구가 될 것이기 때문이다. 부채의 증가 없이 성장 동력을 가동하는 길, 그것은 이탈리아의 마리오 몬티 수상이 내놓았던 "성장하라 이탈리아(Grow Italia)"라는 이름의 메뉴, 즉 노동시장의 경쟁력, 공공부문의 경쟁력, 그리고 행정의 경쟁력을 높이는 강도 높은 구조조정에서 크게 벗어나지 않을 것이다.

재정규율과 성장은 양립할 수 있어

유럽 정상들이 어렵사리 이루어 낸 재정협정을 프랑스 새 정부가 뒤집을 가능성은 거의 없어 보인다. 독일이 재정협정의 재협상에 응할 리도 만무하다. 그러나 독일과 프랑스 등이 공조하여 재정협정을 보완할 이른바 성장협정(Growth Pact)의 장을 마련할 가능성은 있다.

이런 희망이 현실화된다고 해서 유럽재정위기의 해소가 크게 앞당겨지는 것은 아니다. 다만 긴축 강요에 대한 반발이 가장 격렬한 그리스를 포함하여 다른 여러 나라들에게도 재정규율과 성장은 결코 배타적인 관계가 아닐 수 있음을 알게 하는 전기가 될 수는 있을 것이다.

(2012.5.9 내일신문)

그리스 올리브 농장의 일출

유로존의 진화(進化)

주위에서는 뭐라고 말하던 스페인의 라호이 총리는 이번의 초대형 구제금융 협상을 스페인의 승리로 치부하려 한다. 앞서 구제금융을 받았던 아일랜드, 포르투갈, 그리스 3국의 경우와는 달리 자국의 살림살이에 대한 외부간섭을 받지 않고 지나갈 수 있을 것이라는 기대 때문이다.

부채비율(정부부채/GDP) 면에서 스페인은 이들 세 나라는 물론 영국이나, 프랑스, 심지어 독일보다도 양호하다. 문제는 은행이다. 6월 8일 IMF가 공개한 '스페인 금융시스템 안정성 평가보고서'는 최대한 불리한 환경을 가정해 스페인 은행들이 필요로 하는 금액을 371억 유로로 추산했다.

즉 스페인 경제가 금년과 내년에 걸쳐 합계 5.7%의 마이너스 성장을 하며 집값도 24% 더 하락한다고 보았을 때 국제금융감독기구인 바젤 위원회의 '바젤 III' 기준(다른 나라들은 2018년 이후에 준수하면 되는 기준)에 부합하는 적정 자본비율을 맞추려면 그만큼 자본금을 늘려야 한다는 것이다.

정권-금융 유착이 스페인 저축은행 부실 키워

그런데도 1000억 유로라는 금액이 이야기되고 있는 이유는 필요 이상의 충분한 무기를 가지고 있음을 시장에 보여주어 불안을 진정시키기 위해서라고 한다. 2007년까지 건설과 부동산은 스페인을 먹여 살리는 효자 중의 효자였다. 국내총생산의 16%, 전국 고용의 12%를 이 부문이 짊어지고 있었다. 심지어 독일 일간지 디 벨트(Die Welt)는 "이런 추세라면 스페인의 일인당 국민소득이 2011년에 독일을 따라잡을 것"이라는 성급한 보도를 내기도 했다.

부동산 버블의 붕괴가 더 큰 파국을 부른 배경에는 스페인의 정금유착(政金癒着)이 있었다. 스페인의 저축은행들은 대부분 지방정부에 의해 설립, 운영되어 왔는데 초기에는 지역주민들의 저축을 장려한다는 설립목적에 부응하면서 영업범위도 해당 지역을 벗어나지 않았다. 그러나 유로존에 가입한 이후는 낮은 금리로 풍부한 자금을 조달할 수 있게 되자 정작 설립

목적인 저축은 외면하고 대형 부동산 사업을 지원하는 창구역할을 도맡게 되었다.

거기에다 국회의원 등 많은 정치인들이 개인적으로 주택건설업에 투자하거나 투기목적으로 10여 채의 주택을 소유하는 사례가 적지 않았고 이에 필요한 자금을 은행으로부터 차입하는 등 정치와 금융의 이해관계가 서로 유착되었다. 부실은행들에 대한 구조조정은 작은 부실은행들을 통합하여 큰 부실은행을 만드는 것이 고작이었다.

스페인 사태는 유럽 여러 나라가 단일통화를 채택한 후 10여 년이 지나면서 봉착한 하나의 진화과정으로 보아야 할 것 같다. 이상적으로는 통화연합의 자연스러운 다음 단계는 재정연합일 터이나 이는 개별국가의 입장에서는 재정주권의 포기를 의미한다. 이에는 국민적 저항이 따른다. 따라서 그 중간 단계가 은행연합으로서 각국 주요 은행 감독권을 중앙기구에 양도하는 것이다.

스페인은 이번 구제금융 자금을 정부를 거치지 않고 직접 스페인 은행에 지원해줄 것을 요청했다. 그 대신 스페인 은행에 대한 감독주권을 유럽집행원회 산하의 통합기구에 이양하는 것을 제안했다. 유럽집행위원회는 2018년을 목표 시점으로 은행연합(Banking Union)을 창설할 것을 이달 말 유럽정상회의에 제안할 예정으로 알려졌다. 이렇게 되면 대형은행 부실 시 유럽안정기구(ESM)가 해당국 정부를 거치지 않고 직접 뛰어들 수 있게 된다.

은행연합 창설을 준비하는 유로존

은행연합 다음으로 재정연합까지 이루게 되면 '유로본드'(유로존 모든 회원국의 연대보증 하에 채권을 발행하여 회원국들의 필요에 충당하자는 것. 이 때 각 회원국들은 자국의 재정에 대한 감독권을 재정연합 기구에게 양도하게 됨)의 논리적 타당성이 자리잡을 것이다. 유로존의 진화가 거기에까지 미칠지 아니면 그 이전에 중도 하차할지 누구도 예단하지 못하는 가운데 글로벌경제에 드리운 조울증(躁鬱症; 감정 변화의 기복이 심하여 상쾌하고 흥분된 상태와 우울하고 억눌린 상태가 번갈아 가며 주기적으로 나타나는 질환)은 나날이 심해지는 양상이다.

(2012.6.13 내일신문)

라인 캐피탈리즘(Rhine Capitalism)

앵글로색슨 자본주의에서는 금융의 중심에 증권시장이 있다. 은행을 경유하여 자금이 매개되는 간접금융시장이 증권시장의 발달에 따라 은행을 배제하는 직접금융시장으로 대체된 것이다.

은행들도 주업무가 가계와 기업을 상대로 하는 예금은행 업무로부터 주식이나 채권을 다루는 투자은행 업무로 변화했다. 이 두 가지 이질적 업무를 엄격히 구분하였던 과거의 제반 규제들은 영국의 빅뱅에 이어 미국의 금융자유화 입법으로 폐기되거나 완화되었다.

이러한 배경에는 시장의 완벽성에 대한 믿음이 있었고, 또한 그 믿음 뒤에는 정보의 완벽성이라는 가설, 즉 시장 참여자들은 의사결정에 필요한 충분한 정보를 가지고 있다는 믿음이 있었다.

그러나 시장에서 개개인의 의사결정에 필요한 양질의 정보를 얻기가 얼마나 어려운 것인가는 사상 최대의 사기극으로 기록된 미국의 버나드 메이도프 사건과 알렌 스탠포드 사건이 말해 준다.

각각 150년 및 110년 실형선고를 받고 복역 중인 이 황당한 사기꾼들의 피해자들은 무지렁이 개미군단이 아니라 사회 저명인사 또는 자선단체들이었다.

정보의 부족을 보완한 것이 신용평가기관의 등장이다. 투자결정에 필요한 직접지식의 결여를 전문기관이 제공하는 간접지식으로 대체하자는 것인데 금융은 직접화의 과정을 거치면서 시장 정보는 간접화의 길을 걸은 것 자체가 매우 아이러니하다.

그러면 이들이 제공한 간접지식은 얼마만한 가치가 있었을까? 최근 블룸버그 사가 지난 38년 간 314개의 사례를 대상으로 조사한 결과 그 중 47%는 신용등급 변화와 실제 가격의 변화는 정반대의 움직임을 보였다.

또한 미국 금융위기를 일으킨 장본인인 서브 프라임 모기지 증권에 대한 엉터리 신용등급도 잊을 수 없다.

간접지식에 의존하는 직접금융

이들이 트리플 A 등급을 부여한 증권 중 37%가 휴지조각으로 날아갔다. 문제는 앞으로도 이런 간접지식에 의존할 수밖에 없다는 현실이다.

예를 들어 120만개의 주택 모기지 대출을 모아 180개의 구조화 증권을 만들어 낸 경우, 다시 말해 하나의 유가증권 안에 6000개 이상의 담보물건이 깔려 있는 상품에 대해 과연 누가 그 내부를 들여다 볼 수 있겠는가?

지난주 무디스는 세계 초일류 은행 17개의 신용등급을 크게 강등시켰다. 서브 프라임 사태의 수모를 만회하려는 안간힘이었다는 평, 시장이 이미 가격에 반영한 뒤 구색 맞추기에 불과하다는 평가절하, 나아가 불 난 집에 부채질하기라는 등의 비아냥이 있는가 하면, 이 회사의 조치를 옹호하는 평도 없지 않다.

무디스는 초대형 은행들이 아직도 고수익-고위험 장사에 손을 대고 있음을 가장 큰 위험요소로 평가했다고 설명했다.

'설마 나를 죽이지는 못하겠지'라는 거대은행들의 오만에 대한 비판과 함께 어쩌면 2년 전 떠들썩하게 출발했던 미국의 금융개혁 법안이 월 스트리트의 막강 로비에 밀려 아직 시행되지 못하고 있음에 대한 비아냥이 숨어 있는 것인지 모르는 발언이다.

어찌됐던 금융시장에서 정보의 완벽성 가설은 붕괴되고 있고 그로 인하여 은행을 거치지 않는 직접금융시장이 과연 자본의 합리적 배분이라는 금융 본연의 기능을 제대로 수행하고 있는지 의문이 뒤 따른다.

라인 모델에서는 은행이 금융의 중심

라인 모델(Rhine model)은 독일 자본주의의 모델이라고도 한다. 앵글로색슨 신 자유주의 모델과는 여러 면에서 차이가 있지만 그 중 가장 두드러진 차이는 금융의 중심에 증권거래소가 아니라 예금은행이 있다는 점이다.

은행이 거래기업에 대해 가지고 있는 정보의 질은 시장에 나도는 정보의 질과는 비교가 안 된다. 은행은 예금을 받고 돈을 필요로 하는 기업을 선별하여 대출을 해준다. 이 과정에서 때로는 나아가 기업의 성공을 위한 지도와 성원을 아끼지 않는다. 그리고 성장성이 인정되면 기업의 유상증자에도 참여하며 사외이사를 파견하여 경영 참여까지 한다.

내일 브뤼셀에 모이는 유럽정상들은 다른 건 몰라도 유럽은행 공동감독 및 통제기구(Banking Union)를 만드는 데는 진전을 보아야 한다. 주권국가의 재정을 감독 통제하는 중앙 기구를 만드는 작업은 시간이 걸리는 일이다. 그 이전에 금융을 안정시켜야 하고 이를 위해서는 은행을 살리는 게 우선이다.

(2012.6.27 내일신문)

"오스테리티(austerity)"

지난 2주간의 큰 이벤트로는 10월12, 13일 도쿄에서 열린 IMF 연차총회와 10월 18, 19일 브뤼셀의 EU 정상회의를 들 수 있다.

총회에 때맞추어 발표된 IMF 세계경제전망 보고서는 금년과 내년의 세계 경제성장률 전망치를 재차 하향 수정하여 발표한 것 외에 이번 유럽 재정위기의 대응책으로 그 동안 일관되게 사용하여 왔던 세금인상 및 정부지출 삭감이라는 처방의 위험성을 경고하는 연구결과를 실었다. 재정긴축(fiscal austerity)이 경제성장에 미치는 악영향을 모두들 과소평가하고 있다는 내용이다.

IMF의 여성 총재 크리스틴 라가드는 이를 근거로 포르투갈, 그리스, 스페인 등의 경우 경제성장이 크게 저해되고 있으므로 재정긴축의 속도를 늦춰야 한다는 취지의 공식 발언을 하여 독일의 강경파들을 당황하게 만들었다.

일주일 후 열린 EU 정상회의에서는 유로 존 은행들의 통합감독기구 설립이 최종 합의되었다. 그 출범 시기의 완급에 대해서는 프랑스와 독일 사이에 의견 대립이 있었으나 결국 '2013년까지'로 못 박았다.

이것이 가동되면 유럽안정기구(ESM)가 부실은행들에게 직접 구제금융을 해줄 수 있게 되므로 스페인을 비롯하여 아일랜드, 포르투갈 같은 나라들은 초조하게 이의 진전을 기다려 왔다.

IMF가 이번에 새로 도출한 재정승수(fiscal multiplier) 추정치는 이제까지의 0.6보다 훨씬 큰 "최소 0.9 최대 1.7"이다. 정부의 순 지출액이 줄어들면 같은 규모 또는 그 이상으로 국민총생산이 줄어든다는 것을 의미한다. 이것은 앞으로 유럽 재정위기 탈출을 모색하는 각 주체들이 좀 더 정직하게 현실을 바라보는 전환점을 마련할 것으로 보인다.

포르투갈을 예로 들어보자. 포르투갈 정부는 트로이카(유럽중앙은행, EU 및 IMF)와의 사전협의를 거쳐 54억 유로의 재정감축을 목표로 하는 2013년 예산안을 의회에 제출했다. 그런데 이는 포르투갈의 연간 GDP의 3.2%에 해당한다.

긴축의 속도조절을 요구하는 IMF

그럼에도 불구하고 관련 당국은 포르투갈의 경제성장률이 금년 마이너스 3%에서 2013년에는 마이너스 1%로 개선될 것으로 전망하고 있다.

그리스도 비슷한 그림이다. 트로이카가 내 놓은 내년도 재정감축 계획 93억 유로는 그리스 연간 GDP의 4.3%에 해당하는 엄청난 크기다. 그리스의 금년 경제성장률은 마이너스 4.7%로 포르투갈보다 더 나쁘다.

그런데도 이들은 그리스의 2013년 경제성장률이 잘하면 마이너스를 벗어날 것이라고 말한다. IMF의 새 이론대로라면 이 두 나라의 내년도 경제성장률은 마이너스 3%에서 마이너스 5%를 맴돌아야 한다.

어쩌면 구제금융 자금을 내어 놓는 입장에 있는 유럽의 다른 나라들은 자국의 의회를 설득하기 위해서라도 구제금융의 효과를 과대 포장할 필요가 있었을지 모른다. 그리고 유럽은행 통합감독기구의 설립도 급한 것은 사실이다. 그러나 조급함에서 낙관이 나왔다면 이는 비현실적일 뿐 아니라 부정직한 것이며 나아가 거짓말의 원인이 될 수도 있다.

그리스에서 2009년 10월 정권교체로 새로 들어선 정부가 발견한 것은 그 해의 재정적자가 전 정부가 발표했던 금액의 곱절이 넘는, GDP 대비 12.7%에 달하고 있다는 놀라운 사실이었다. 이 거짓말이 가능했던 것은 정부가 빌리는 돈을 차입이 아니라 스왑(swap) 거래로 포장하여 대차대조표의 각주항목으로 올렸기 때문인데 이 묘수는 미국계 모모 유수은행들이 알려준 것이었다고 한다.

민주주의 여러 원칙들은 "모든 권력은 국민으로부터 나온다"는 명제를 바탕에 깔고 있다. 그런데 국민들이 권력을 제대로 행사하려면 첫째, 진실한 정보를 가지고 있어야 한다. 둘째, 진실을 볼 수 있도록 최소한의 생계가 가능해야 한다. 이 두 가지 전제조건이 충족되지 않는 한 민주주의도 거짓말이 된다.

국민 권력의 두 가지 조건

포르투갈, 그리스, 스페인의 공통점은 민주화 과정이 다른 나라들에 비해 늦게 시작되었다는 점이다.

그리스는 독일의 점령으로부터 해방되고서도 30년 동안을 내전과 쿠데타를 거치고 난 후에, 포르투갈과 스페인은 각각 살라자르와 프랑코의 40년 독재가 막을 내린 후에야 민주주의가 자리잡기 시작했다.

만일 국민 권력의 조건들이 성숙될 시간이 충분했다면 이 나라들의 국정이 그처럼 뒤죽박죽 하게 운영되는 것을 막았을 것이다. 또한 청년 실업자들의 실의, 가장이 자살하는 가계들을 눈 앞에 두고 그 동안 10년도 넘게 잘못되었던 것을 긴축이라는 방법으로 2, 3년 내에 바로잡겠다고 나서는 자기기만도 없었을 것이다.

문제는 경제 이전에 정치다. 우리나라 민주화의 역사가 결코 이들 나라보다 앞서 있다고 보지 않는다.

(2012.10.24 내일신문)

금(金)의 대서양 횡단

독일이 그 동안 미국에 위탁보관 중이던 금괴를 가져가겠다고 발표했다. 독일의 외환보유고는 세계 10위로서 8위인 우리나라보다 작지만 중앙은행의 금 보유량은 미국 다음으로 많다. 외환보유고 중 금의 비중이 전체의 74%를 차지하고 있기 때문이다. 수량으로는 작년 말 현재 3386톤에 달하는데 이중 대부분을 미국 영국 프랑스 3개국 중앙은행의 금고에 분산 보관했다. 세계2차 대전 종전 후 영(zero)에서 출발했지만 매년 누적되는 무역흑자 덕에 금의 보유가 이만큼 커진 것이다.

영국으로부터는 수년 전에 940톤을 이미 회수했고 이번에는 프랑스로부터는 374톤 전량을, 그리고 뉴욕으로부터는 총 1500톤 보관물량 중 300톤을 프랑크푸르트에 있는 독일연방은행 금고로 이동시킨다는 것이다.

독일정부는 그 이유로 국내여론을 든다. 유럽의 부실국가들에 대한 구제금융이 나중에 회수될 수 있는 것이냐, 외국에 맡겨 놓은 금이 확실히 있는 것이냐 하는 우려가 작지 않다는 것이다. 독일 연방감사원도 다른 나라의 금 보관증명서를 그대로 믿지 말고 주기적으로 실물검사를 할 것을 까다롭게 요구했다고 한다.

유로화로 통합된 이상 파리에 금을 놔둘 필요는 없겠다. 그러나 달러화는 아직도 세계화폐다. 뉴욕 맨하탄의 연방준비은행 지하 24미터 금고에는 약 7000톤의 금괴가 보관되어 있는데 여기에 있는 것은 거의 전부가 독일을 비롯한 외국 중앙은행들이 맡겨 놓은 것글이다. 보관료는 일절 받지 않는다.

전문가들은 유독 독일이 앞서서 금을 빼가는 몇 가지 이유를 추측한다. 첫째는 미국 연방준비은행의 통화정책에 대한 간접적인 불만의 표시라는 것. 독일 연방은행 바이데만 은행장은 중앙은행들이 정치적 중립성을 잃어버리고 물가안정 이외의 정책 목표를 수행하는 것은 지속가능한 위기해법이 아니라는 일관된 주장을 해왔다.

미국 통화정책에 대한 불만 표시?

둘째는 소련 붕괴 이후 동쪽으로부터의 침공의 위협이 사라졌고 미국의 군사적 보호에 기대지 않아도 되므로 미국 눈치 볼 것 없이 금을 가져와도 되겠다고 생각했다는 것이다.

미국의 위상이 많이 위축되어 있는 것은 사실이다. 지금은 "교전(交戰)할 때다"라는 제목의 영국 이코노미스트 지의 지난 17일자 사설이 그 상황을 잘 요약한다. 오바마의 외교는 합리적이고 이성적인데 유일한 단점은 그런 외교가 성과가 없다는 데 있다. 이란과 아랍세계를 향해, 움켜쥔 주먹 대신 우호의 손을 내밀었으나 무엇이 돌아왔는가, 북 아프리카의 민주화 봉기를 보면서도 그들 스스로의 손으로 민주화를 쟁취해야 한다면서 미국의 개입을 극도로 자제했지만 지금의 이집트와 리비아는 어떤 지경으로 되었는가를 되묻는다.

그러나 그런 이유만으로 충분한가? EU 집행위원회와 유럽중앙은행이 작년 10월 발표한 유로 존 재정연합의 로드 맵을 보면 그 첫 단계는 은행연합 기구의 설치, 즉 각국의 은행들을 유럽 중앙은행이 통합 감독하는 것이고 그 다음으로는 회원국의 재정정책에 제약을 가할 수 있는 권한과 아울러 노동정책과 같은 비재정적 분야까지 이를 공동조율하고 감독과 제재를 가할 수 있는 권한을 재정연합의 본부에 부여하는 내용임을 알 수 있다.

이러한 세부 안을 추진하면서 그 무게중심은 EU 본부가 있는 브뤼셀에서 유럽중앙은행이 위치해 있는 독일의 프랑크푸르트로 이전될 가능성이 크다. 독일은 이번 유럽 재정위기 와중에서 유럽 최강자의 지위를 공고히 해왔다. 이러한 위상에 걸맞게 프랑크푸르트 중앙은행의 지하에 금을 쌓아 놓고 싶은 것이 독일의 더 큰 본심이 아닐까.

유럽 최강자로서의 위상에 부합하도록

영국에서 금을 이전해 올 때만 해도 비밀에 부치던 것을 이번의 이전은 사전에 공개했다. 한계에 봉착한 것 같아 보이는 자본주의의 장래에 있어서도 앵글로색슨 모델은 쇠하지만 독일 모델이 흥할 수 있음을 보여주고 싶은 속마음까지 겹쳤는지도 모를 일이다. 그만큼 이번 금 이동의 상징성은 커 보인다.

오바마 대통령 제2기를 맞는 미국의 외교 및 군사정책은 "도덕적으로 정당하지 않은 무력행사는 자제한다"는 원칙을 지속할 것으로 예상된다. 오는 3월로 연기되었던 국방비 자동감축 시나리오도 피할 수 없을 것으로 보인다.

미국이 중심이 되어 왔던 세계의 리더십 구조가 수직적에서 수평적으로 변화할 때, 때로는 비도덕적이었던 무서운 큰 손이 없어지는 지구촌에 앞으로 무슨 일이 어떻게 벌어질지 흥미롭게 지켜본다.

(2013.1.23 내일신문)

미국과 독일 비교

2008년 9월 미국 리만 브러더스 증권사의 파산으로부터 만 5년이 지난 오늘, 미국과 독일이 서로 현저하게 다른 점이 눈에 뜨인다. 결론부터 이야기하자면 양국의 경제, 사회 및 정치적 논의의 초점이 독일에서는 실물 시장에, 미국에서는 화폐시장에 모아지고 있다는 점이다. 우선 독일을 보자. 지난 일요일 총선에서 앙겔라 메르켈의 기독교민주당이 야당인 사회민주당에 압승했다. 2005년에 처음 수상이 된 메르켈은 앞으로 4년간 더 그 자리를 지켜 유럽 최장수 수상의 반열에 오르게 됐다.

승리를 이끈 그의 치적은 많다. 대내적으로는 취임 초기 12.1%의 실업률을 6.8%로 끌어내렸고 2009년 이후로 발발한 유로 존 재정위기에 있어서는 그리스 같은 나라에게도 구제금융 이전에 경쟁력 강화라는 원칙을 고집함으로써 대외적으로도 국익을 잘 지켰다고 평가받았다. 실업률의 하락은 메르켈의 전임자인 게르하르트 슈뢰더 수상이 2000대 초에 강력히 밀어부친 '아젠다 2010'의 덕을 입었다고 보아야 공평할 것이다. 2010년을 목표로 노동시장의 유연화를 추구한, 다분히 신자유주의 성격의 개혁이었는바 그의 사회민주당은 이 때문에 2005년 총선에서 참패하게 됐다. 실제로 이 개혁의 결과 2005년 520만 명의 실업자 수는 작년 290만 명으로 줄어들었다.

그러나 이번 총선에서 야당은 독일의 낮은 실업률 이면에 저임금 및 불안정 고용이 숨어 있음을 지적했다. 독일은 다른 유럽 나라들과 달리 최저임금이 법으로 정해져 있지 않은 나라다. 시간당 5유로(한화 750원 상당)를 받는 저임금 노동과 가정주부와 학생들의 부업에 불과한 일자리들도 고용통계에 포함돼 있다. 이 점을 부각시켜 야당은 시간당 8.5유로의 최저임금을 공약으로 제시하기도 했다.

실물 경제를 이야기하는 독일

그렇게 되어야 저소득 층의 구매력이 향상되어 이제까지의 수출의존형 독일경제가 내수의존형으로 건건하게 발전할 것이라는 야당 측의 의견과, 그렇게 되면 독일 수출상품의 경쟁력이 일거에 상실될 것이라는 여당의 반대의견 등이 TV토론의 장을 장식하기도 했다.

독일국채의 시장금리가 10년 만기물의 경우 연 1.94%로서 3%에 근접한 미국의 그것보다 월등히 낮고 정부재정도 거의 균형을 이루고 있으니 이런 제목들은 사회적 논의의 대상이 되지 않는다.

미국은 어떤가? 재선에 성공한 오바마 대통령은 의회로부터 정부부채의 한도를 증액 받아야 하는데 의회에서는 민주 공화 양당 사이에 2년 전의 벼랑 끝 버티기가 재현되고 있다. 하원을 장악하고 있는 야당은 한도증액의 칼을 오바마 대통령의 의료개혁법을 무력화시키는 무기로 사용하려고 작정하고 있다.

한편 양적 완화, 즉 시장에서 매달 거액의 채권을 매입해오던 중앙은행은 이 양적 완화의 규모를 축소하는 듯하더니 돌연 현상 유지 쪽으로 돌아서 시장참여자를 혼란스럽게 만들었다. 이제까지의 양적 완화가 금융자산의 가격을 떠받치는 효과만 낳았을 뿐 실물경기를 자극하는 데 미흡했음을 모를 리 없는 연방공개시장위원회의 결정이 쉽지는 않았을 터이다.

어떻게 해서라도 인플레이션 목표 2.5%가 달성되면 실업률 개선이 따라올 것이라고 순진하게 믿는 것인가? 인플레이션과 실업률 사이에 역의 상관관계가 있다는 필립스 커브(Phillips curve)는 하나의 현상을 설명한 것일 뿐 어떤 인과관계를 입증하는 이론은 아닐 것이다.

한 경제학자가 어떤 집을 관찰하다가 굴뚝의 연기와 방의 온도의 관계를 발견한다고 치자. 아궁이에 불을 지피면 굴뚝에서는 연기가 나고 방은 따뜻해진다. 여기에서 아궁이의 불을 지피는 것은 원인이고 연기가 나는 것과 방의 온도가 올라가는 것은 그 원인이 가져온 두 개의 결과이다. 그러나 이 두 개의 결과 상호간에 인과관계가 성립한다는 법은 없다.

연기 피운다고 방 더워지나

만일 이 경제학자가 집 주인에게 방의 온도를 높이기 위해서는 연기를 피워야 한다고 정책제안을 했다면 웃기는 일이다.

인플레이션은 연기, 실업률 개선은 방의 온도이다. 아궁이에 불을 지피는 것은 더 많은 공장이 문을 열고 혈기왕성한 많은 사람들이 너도나도 경제활동에 나서게 하는 이른바 실물경제 측면의 일일 것이다.

독일과 달리 미국이 실물경제보다 화폐경제에 매달리는 이유는 개인과 시장의 자율에 대한 믿음 때문이다. 세계최강 미국에서는 실물경제는 민간에게 맡기고 정부의 개입은 최소화하자는 앵글로색슨 자본주의의 뿌리가 아직도 너무 깊이 자리잡고 있는 것 같다.

(2013.9.25 내일신문)

통일 독일의 효자

독일이 통일된 것은 1990년 10월이지만 실제로 동서독의 통일은 그보다 석 달 앞선 7월1일에 이루어졌다고 보는 것이 옳겠다. 동 서독 양국 간의 통화, 경제, 및 사회 통합 협정이 그 날 발효되었기 때문이다.

그 협정의 핵심에는 서독에 비해 크게 가치가 떨어지는 동독 마르크를 서독 마르크와 일대일로 교환하고 앞으로는 양국이 하나의 마르크를 법정 통화로 사용하기로 한 '화폐의 통일'이 자리잡고 있다. 또한 양국 간의 경제적 및 사회적 불균형을 해소하기 위한 부의 이전이 서독에서 동독으로 대대적으로 이루어지기 시작했다. 그런 독일에게 통일 비용의 짐을 벗고도 남을 도약의 기반을 마련해 준 것이 유로화의 탄생이었다.

변동환율제의 장점은 시장 메커니즘에 의해 무역불균형이 시정되는 것이다. 무역수지 흑자국의 통화는 강세가 되어 수출경쟁력이 둔화되는 반면 무역수지 적자국의 통화는 시장에서 저평가됨으로써 그 나라 수출품의 가격경쟁력이 되살아난다. 그러나 유로화의 경우는 이 기능이 작동하지 못한다. 상대적으로 취약한 몇몇 회원국들의 존재가 유로화의 가치를 끌어내리기 때문에 독일은 무역수지 흑자국이면서도 환율절상을 피할 수 있다.

적당히 약세를 지켜주는 유로화 덕분에 독일은 미국, 중국 등 역외에 대한 수출경쟁력을 유지할 수 있을 뿐 아니라 역내의 다른 뒤떨어진 나라들에 대해서도 수출 우위를 점할 수 있게 된다. 지난해 역내 수입은 2.6% 증가에 그친 반면 역내 수출은 5.4% 증가했다. 유로 존 18개국은 화폐만 통합했을 뿐 독일 통일의 경우와 같이 경제 및 사회의 통합을 이룬 것은 아니다. 따라서 독일은 역내 다른 나라들과의 경제적 사회적 불균형을 해소해야 할 부담은 물론 화폐 통합으로 인한 경제적 이득을 다른 나라들과 공유해야 할 부담을 지지 않는다.

화폐의 통합에 그친 유로 존

지난 12월 11일에는 유럽연합 28개국이 의미 있는 하나의 합의에 서명하였다. 유럽 재정위기의 단초를 제공했던 유럽 부실은행들의 정리 방안에 대한 합의다. 부실은행의 구제 비용을 부담할 순서를 정해 2015년부터 시행하기로 한 것이다. 제일 먼저 채권자가 은행 총부채의 8%까지 손실을 감수한다("베일 인"). 채권자 사이에서는 주식, 채권, 비보호예금 보유자가 차례로 부담한다. 그것으로 부족할 때에는 해당 국가의 정부가 부채의 5% 범위 내에서 지원한다("베일 아웃").

그렇게 하고도 부족할 때는 레졸루션 펀드(resolution fund)에서 인출해 지원한다. 레졸루션 펀드는 유럽 역내 128개 은행이 700억 유로(보호대상 예금 총액의 1% 상당)를 목표로 향후 10년간 모금한다. 독일이 줄곧 주장해 오던 수익자 부담원칙이 반영된 것으로서 일견 공평한 것으로 보이지만 그로 인해 독일은 화폐통합의 종주국으로서의 부담을 은연중 덜고 있다.

베일 인(Bail-in, 내부로부터의 구제) 없는 베일 아웃(Bail-out, 외부로부터의 구제)은 결국 그 나라 국민의 세금 부담으로 귀착될 것인 바 이번의 베일 인 절차의 확립으로 인해 독일은 앞으로 다가올 유럽의 경제 및 사회의 통합 단계에서 자국에게 귀착될 부담의 크기를 미연에 축소시킨 것이다.

유로화가 출범하던 1999년 1월에 1.17달러였던 유로의 환율은 현재 1.36달러에 이르러 만 15년에 걸쳐 16% 절상되었다. 그나마 최근에 유로화가 강해진 것은 미국 연준이 채권매입을 통한 통화증발을 시작한 2012년 9월 이후부터다. 그 이전까지는 1.21달러에 머물러 있던 유로화가 최근 1년 남짓 사이에 12%나 절상된 것이다. 거기에는 유럽중앙은행이 아직 채권매입이라는 칼을 꺼내지 않았던 이유도 있다. 만일 미국이 채권매입 규모를 착실히 줄여나가기로 한다면 유로화 환율은 강세를 멈출 것이다.

베일 인(Bail-in)의 의미

그러나 만일 미국 연준의 새 의장 옐렌이 채권매입 축소를 주저할 경우는 유럽중앙은행도 유럽 경제를 살린다는 명분으로 채권매입을 단행할 가능성이 있다. 어떠한 경우도 유로화의 환율은 독일 수출을 위한 든든한 방파제가 되어주는 것이다.

보수성향의 기민당과 중도좌파의 사민당이 연정 구성을 하며 내놓은 기본 합의서 내용을 보면 최저임금 인상 등 국내 문제에 있어서는 좌와 우 사이에 통 큰 타협과 양보를 하면서 대외적으로는 강한 유럽, 견고한 유로존을 지향하는 데 한 목소리를 내고 있다. 무엇이 나라를 위한 것인가를 생각하는 독일 정치의 일면을 본다.

(2014.1.8 내일신문)

로마의 뒷골목

천연가스와 러시아 흑해함대

우크라이나의 2004년 오렌지 혁명은 부정선거로 당선된 대통령을 끌어내리고 재선거를 통해 다른 대통령을 뽑음으로써 막을 내렸다. 그로부터 10년이 지난 오늘 또 하나의 혁명은 대통령을 추방하는 데까지는 성공했지만 자국 영토의 일부를 상실하면서 막을 내릴 위험에 처해 있다.

오는 일요일로 다가온 주민투표에서 크림 자치공화국의 유권자 150만 명은 받아 든 설문문항 두 개 중 하나를 선택해야 한다. 러시아로의 합병이냐 크림공화국 1992년 헌법으로의 복귀냐의 양자 택일이다.

1992년 헌법이란 키에프의 반대로 발효되지 못하여 사장되었던 것으로 자체 대통령도 뽑는 등 크림반도의 자치권이 독립국 수준에 준하는 헌법을 말한다.

투표결과는 비관적이다. 왜 이렇게 되었나? 시위대에 의해 현직 대통령이 추방되는 것에 가장 겁을 먹은 것은 러시아 측이었다. 우크라이나가 전 대통령의 친 서방으로 선회할 것이기 때문이다.

한 예로 러시아 흑해함대 본부가 있는 '세바스토폴'에 대한 전임과 후임 두 대통령의 입장 차이를 보자. 세바스토폴은 크림 반도 최남단에 위치한 항구도시로서 구 소련의 흑해함대의 총본부가 있던 곳이다. 사정이 바뀌어 1997년에 러시아는 우크라이나에게 2017년까지 20년간 연간 980만 달러를 지불하고 이 땅을 조차(租借)하기로 했다.

전임 유시첸코는 세바스토폴의 존재가 크림 반도 내 러시아 출신 주민들의 분리 독립 정서의 온상이 되고 있다고 보아 조차기한 연장을 하지 않을 것임을 러시아에 일찌감치 통보했다. 후임 야누코비치는 집권 첫해인 2010년 4월에 조차기한을 2042년까지 25년 연장하고 러시아산 천연가스를 할인된 가격으로 장기 안정 공급받는 내용의 '흑해함대와 러시아 천연가스에 관한 조약'을 체결해 버렸다.

위기를 감지한 러시아의 선공

군사대국 러시아로서는 자국의 주력 해군이 남의 나라의 눈치를 보며 셋방살이를 하는 것이 못마땅했던 참이었으니 이번 사태를 역이용하여 크림 반도 전체를 먹고 싶은 욕심이 생길 만도 하다.

주민투표 결과가 나온다고 그것으로 상황 끝이 아니다. 중요한 것은 우크라이나의 거취다. 유럽에서 국토면적으로 최대일 뿐 아니라 유럽의 곡창이라고 불릴 정도로 밀과 옥수수 생산량이 크고 서유럽으로 공급되는 러시아 천연가스의 80% 이상이 우크라이나 송유관을 거친다. 우크라이나가 장차 북대서양조약기구(NATO)에 가입하느냐 러시아를 주축으로 한 집단안보조약기구(CSTO)에 가입하느냐 하는 것도 민감한 사항이다.

우크라이나의 경제 성적은 구 소련 해체 후 소위 독립국가연합(CIS) 중 최하위다. 시장경제로의 전환에 적절히 대처하지 못해 1990년대 내내, 그리고 2000년대 들어서도 2008년 글로벌 경기침체로 위기를 맞았다. 최악의 해로 기록된 2009년에는 경제성장은 마이너스 15%, 인플레이션은 16.4%에 달했다.

최근에는 다른 신생국들과 마찬가지로 미국 연준의 양적완화 테이퍼링의 영향으로 외국 자본의 유출이 벌어지고 있다. 외환보유고도 거의 바닥이 났다. 절실히 필요한 것은 돈인데 2010년 IMF로부터 받기로 한 154억 달러의 구제금융은 구조조정을 이행하지 않았다는 이유로 다음해에 취소되었다. 작년에는 유럽연합에 200억 달러 구제금융을 요청했으나 천연가스 소비자 가격을 인상하라는 등의 조건을 걸어오자 결렬되었다. 그 틈에 러시아는 150억 달러를 '조건 없이' 빌려주겠다며 한창 시위가 격렬하던 지난 12월 우크라이나 정부 발행 유로본드 30억달러를 매입해 주었다.

돈이 필요한 우크라이나

그러나 부속약관에 GDP 대비 정부부채 비율을 60% 이내로 유지해야 하는 조건을 삽입하였으니 조건 중에는 까다로운 조건을 붙인 셈이다. 당시의 부채비율이 40% 대였고 GDP 규모가 약 1800억 달러라고 가정하면 약정 한도 60%는 곧 소진될 것이기 때문이다. 약정위반은 유로본드의 즉시 상환을 청구할 수 있는 근거가 된다.

우크라이나의 경우는 러시아를 제외한 다른 나라들과는 무역이나 금융거래가 미미하여 이번 사태가 국제금융시장에 미치는 파장은 크지 않을 것이라는 전망이다. 오히려 경제적으로 가장 영향을 받는 나라는 러시아다.

이를 뒤집어 보면 IMF나 EU는 우크라이나 구제금융에 적극적이지 않을 수 있다는 이야기가 된다. 서방 국민의 세금으로 러시아 채권자의 손실을 막아주려고 할까?

이래저래 사태는 오래 지속될 것 같고 그 동안 천연가스와 원유 가격, 그리고 국제 곡물가격의 동요는 피할 수 없을 것 같다.

(2014.3.12 내일신문)

슈퍼 파워의 선택

우크라이나는 1994년 보유핵무기를 전면 폐기하고 비핵화를 실천했다. 그것은 우크라이나의 국경을 지켜주겠다는 주변 강대국들의 약속이 전제된 결정이었다.

우크라이나 사태의 긴장완화를 위해 서로 협조하기로 한 4월17일의 제네바 약속이 수포로 돌아가자 미국의 재무부, 상무부 및 국가안보위원회는 합동으로 헤지펀드, 뮤츄얼펀드 등 자산운영사들을 워싱턴으로 소집하여 러시아에 대한 경제 제재(制裁)가 임박했으니 각별히 조심할 것을 당부했었다. 그러나 막상 지난 28일 발표된 제재 내용을 보면 "태산명동서일필"(泰山鳴動 鼠一匹)이다. 미국 내 자산동결 및 미국인과의 상거래가 금지되는 명단에 7명의 개인과 17개 기업을 올려 놓았는데 막상 러시아의 천연가스회사 '가즈프롬'과 석유회사 '로스네프트'는 누락되었다.

러시아 국가에 대한 제재라기보다 러시아 대통령 개인의 인맥에 대한 제재라는 지적이 적절해 보인다. 이 솜방망이 발표 직후 러시아 국채 가격은 오히려 상승했다. 미국 오바마 대통령은 이번 아시아 4개국 순방 때 기자들의 집요한 질문에 답하며 "무력 행사로 문제가 해결되는 경우는 극히 드물었다"며 자기의 속마음을 드러냈다. 나아가 "나의 조심성을 비난하는 사람들은 이라크 전쟁을 지지했던 사람들"이라는 어법도 서슴지 않았다. 미국의 이런 자세에 대한 서방의 반응은 크게 갈린다. 영국 이코노미스트와 미국 블룸버그 뉴스의 반응이 대표적으로 그렇다.

이코노미스트지의 비난은 극에 달한다. "러시아는 우크라이나 영토를 빼앗고 중국은 필리핀의 영해를 잠식하고 있으며 시리아는 자국민을 학살하고 있는데 군사 대국 미국은 '전쟁이 두려워' 슈퍼 파워가 되기를 포기했다. 부시 대통령 시절의 미국의 군사적 헤게모니 행사는 때로 폐단이 없지 않았지만 종합적으로는 슈퍼 파워에 걸맞은 것이었다. 너무 강한 나머지 실수도 하는 미국과 조심스럽지만 나약한 미국, 두 가지 중 어느 쪽이 더 위험한가를 따지자면 지금의 미국이 두 배는 더 위험하다"는 격앙된 사설을 5월 3일 실었다.

미국 정부의 솜방망이 제재

반면에 블룸버그 뉴스는 "우크라이나에 대해서 서방과 러시아가 원하는 것은 각각 과연 무엇인가"라는 질문으로 접근한다. 나아가 일단 서방과 러시아가 상호 적대적이라는 가정을 하였을 때 우크라이나를 상대방 측에 빼앗겼을 때의 안보위기감이 서방과 러시아 중 어느 쪽에 더 클까라는 질문에 대해서는 러시아라고 답한다. 따라서 서방이 러시아를 코너로 몰고 가는 것은 "우크라이나를 러시아로부터 지키기 위해 필요하면 무력으로라도 러시아에 대적하겠다는 결연한 의지를 갖고 있지 않는 한" 무책임한 것이라고 선을 긋는다. 우크라이나 정부에 대해서도 러시아를 적대하지 않는 범위 내에서 서방과 가까워져야 하며 EU 및 NATO 회원국이 되는 것은 우크라이나 국익을 위해 최선책이 아니라고 처방한다.

바야흐로 우크라이나 정부는 지난 주말, 무장세력들이 장악 중인 우크라이나 동부 지역을 탈환하기 위해 군 병력을 출동시키기에 이르렀다. 친러 반군뿐 아니라 민간인들의 희생도 늘어나고 있다. 러시아는 우크라이나의 비합법적인 임시정부가 러시아 계 주민을 무력으로 핍박하고 있다고 주장하며 유엔 안전보장이사회 소집을 요구하고 나섰다. 푸틴은 유도 고단자답게 러시아의 개입의 구실을 만들어 나가고 있는 것이다.

다가오는 5월 25일, 우크라이나의 대통령을 정식으로 뽑는 선거가 러시아의 방해로 좌절되면 제2단계의 경제제재 즉, 푸틴 개인이 아니라 러시아 산업전반을 겨냥한 제재에 돌입한다. 이 경우 경제적으로 가장 큰 피해를 입게 될 독일도 이 방침에 동의하고 나섰다.

실(失) 우크라이나 위기감 러시아가 더 커

작년 내내 월평균 19만 명 증가에 그치던 미국의 신규 고용이 4월 중에는 29만명을 기록했고 실업률도 6.7%에서 6,3%로 크게 개선되었다. 우크라라이나 사태만 아니라면 반가운 소식이 아닐 수 없다.

슈퍼 파워 미국은 선택의 기로에 서 있다. 우크라이나는 1994년에 보유핵무기를 전면 폐기하고 비핵화를 실천했다. 그것은 우크라이나의 국경을 지켜주겠다는 주변 강대국들의 약속이 전제된 결정이었다.

오바마의 온건한 외교 원칙은 이라크 전의 트라우마가 남아 있는 미국민의 반전 정서와 맞아 떨어지고 있다. 장기적으로는 그 길이 옳아 보이기도 한다. 그러나 미국 내외의 또 다른 세력들의 논리적 압박 또한 만만치 않다.

글로벌경제가 국제정치의 눈치를 살펴야 하는 시점이다. 또한 북한의 핵 포기를 설득해야 하는 우리에게는 특별한 의미가 있는 사태이기도 하다.

(2014.5.7 내일신문)

우크라이나 사태

7월 17일 말레이시아 항공 MH17의 사망자 298명 중 네덜란드 국적이 193명, 여기에 영국 독일 벨기에 국적을 합하면 211명으로 전체의 71%가 유럽인이다. 유럽이 슬픔과 분노의 주무대다. 우크라이나 사태를 둘러싸고 이제까지 유럽은 미국이 주도하는 러시아 경제 제재에 미온적이었다. 사건 바로 하루 전까지도 양측은 이견을 보였다.

미국은 러시아 정부가 대주주로 있는 석유회사(Rosneft), 천연가스회사(Novatek), 금융회사(Gazprombank) 및 8개 무기 생산회사에 대해 미국 금융시장 접근을 차단하는 강수를 두기로 결정했지만 유럽은 유럽투자은행(EIB)과 유럽건설은행(EBRD)의 러시아 신규투자를 당분간 중단시키기로 한 것이 고작이었다.

유럽 전체적으로 천연가스 수입의 30%를 러시아에 의존할 뿐 아니라 프랑스는 러시아에 군용 헬리콥터를 납품하고 있고 흑해를 경유하는 러시아산 가스파이프라인을 새로 건설하는 대규모 프로젝트에 많은 유럽기업들이 참여하고 있는 등 유럽과 러시아의 경제관계는 미국과 비교할 바가 아니어서 유럽의 대 러시아 경제제재는 매우 부담스러운 것이었다.

이렇게 미묘한 시점에 이번 사건이 발생했다. 러시아에게 우크라이나는 어떤 존재인가? 1991년 소비에트 연방이 해체된 후 러시아의 경제규모는 이태리 수준으로 쪼그러들었다. 1인당 소득은 1만5000달러로 이태리 3만 4000달러의 절반도 안 된다.

그나마 러시아가 부둥켜안고 있는 것은 옛 소련 국가들로 구성된 독립국가연합(CIS)의 보스라는 자존심이다. 그런데 창설멤버의 하나였던 우크라이나가 등을 돌리고 있는 것이다.

러시아 제재에 미온적이었던 유럽

러시아가 그토록 반대해왔던 우크라이나와 유럽연합 간의 무역협정이라는 것도 그 내용을 보면 관세인하 협정에 지나지 않는다. 러시아와는 이미 자유무역협정이 체결되어 있는 터이다. 우크라이나의 서방 접근을 막기 위해 러시아가 취했던 압박 수단은 무관세 자유무역협정을 파기하고 관세를 부과하겠다는 것과 러시아산 천연가스의 저가 공급계약도 없던 일로 하고 제값을 받겠다는 것이다.

우크라이나의 수출은 유럽과 러시아가 각각 188억달러 및 176억달러로 비슷하다. 유럽과의 협정으로 잃는 것이 더 많다. 그런데도 우크라이나는 러시아를 떠나려 한다. 적어도 러시아의 눈에는 그렇게 비춰지고 있다.

TIME지 모스크바 특파원과 백악관 홍보비서를 역임했던 제이 카니는 러시아의 우크라이나에 대한 공격적인 자세는 처음부터 러시아의 쇠퇴, 유럽과 서방에 대한 영향력의 감소에 대한 반작용이었다고 표현하고 있다.

그 밖에도 "내 것이 아니면 나의 적의 것"이라는 냉전시대의 이분법적 사고가 아직 여러 강대국들 사이에 남아 있는 것이 아닐까? 우크라이나와 같이 지정학적으로 동과 서의 경계선에 놓여 있는 나라들의 경우는 한쪽과 가까이하기 위해 다른 쪽을 등질 수는 없는 노릇이다. 그러나 냉전적 사고에 함몰된 푸틴에게 이런 세상은 존재하지 않을지 모른다.

푸틴은 또한 지난 5월 오바마 대통령이 육군사관학교 졸업식에서 행한

다음과 같은 연설을 액면 그대로 받아들이지 못하고 있는 듯하다. "세계 최강의 미국 군사력은 어디에 사용할 것인가? 미국의 무력은 미국 시민의 생명과 재산을 지키기 위해 필요할 때에 사용할 것인데 여기서 주적(主敵)은 테러리즘이다. 세상 도처의 불의(不義)에 대해서는 경제 제재를 포함하여 정치 경제 외교적 수단을 먼저 동원하되 국제기구 및 다른 나라와 공조하는 가운데 움직일 것이다."

냉전시대의 유물, 적과 친구의 이분법

현지 시간으로 어제, 유럽 외무장관회의가 브뤼셀에서 소집되었다. 아직은 사건의 진상확인 및 희생자 시신 송환 등에 있어 러시아의 협조가 필요하므로 당장 러시아에 대한 비난이나 제재의 강도를 급격하게 높이지는 않을 수도 있다. 그러나 이제까지 취했던 조심성, 즉 러시아를 압박하되 유럽의 경제에 해가 될 만한 행동은 하지 않겠다는 안이한 생각은 버리지 않을 수 없을 것이다.

유럽의 분노가 러시아에 대한 경제 제재의 강화로 발전하고 이것이 다시 러시아의 경제보복으로 이어지면 유럽, 나아가 세계의 경기회복은 다시 높은 장벽에 부딪친다. 그런 시나리오가 아니라면, 이번의 비극이 지구적 이성을 찾는 계기가 될까? 냉전은 끝났고 이제 때로는 나의 친구도 아니면서 나의 적도 아닌 그런 나라들과 어울리며 살아야 한다는 깨달음을 얻는 그런 계기 말이다.

(2014.7.23 내일신문)

유가하락과 러시아

2010년 2월 이후 한번도 100달러 이하로 내려간 적이 없는 국제유가가 현재 60달러까지 떨어져 거래되고 있다. 금년 6월의 115달러와 비교하면 반년 사이에 반토막이 된 것이니 예사 일이 아니다.

석유 수출에 의존해오던 여러 나라들의 국가재정이 뿌리째 흔들리고 석유개발에 큰 돈을 투자했던 기업들이 파산을 걱정할 지경이 되었다. 이해관계가 얽혀 있는 세계 시장에서 이는 그저 남의 일로 그치지 않는다.

이에 따른 불안감은 이달 초 미국과 유럽의 주식시장을 엄습해 열흘 사이에 5.4% 폭락, 시가총액으로는 1조달러를 물거품으로 만들기도 했다. 가장 심각한 것은 러시아다. 재무장관을 지냈던 알렉세이 쿠드린은 친 푸틴 인사로 분류된다. 그마저 최근 러시아의 상황을 "이미 총체적 위기에 진입했거나 진입 중"으로 진단했다.

루블화 방어를 위해 외환보유액이 크게 소진되었는데 설상가상으로 은행들의 파산을 막기 위한 자본금으로 1800억달러 규모를 따로 할당해야 한다고 한다.

환율 방어를 위해 중앙은행 금리를 10.5%에서 17%로 작심하고 인상한 바로 그날도 루블화의 가치는 거꾸로 폭락했다. 다른 나라 같으면 IMF에 구제금융을 요청해야 할 지경인데 러시아의 입장에서는 그럴 수도 없다.

쿠드린은 "러시아에 대한 서방의 경제 제재도 이번 위기의 원인을 40% 정도 제공하고 있다"고 하면서 러시아가 취할 수 있는 해법으로 서방과의 조속한 관계개선을 푸틴에게 주문했다. 크림반도를 우크라이나에 되돌려주는 것까지는 아니더라도 우크라이나 동부 분쟁지역에서의 깨끗한 철수를 의미하는 것으로 해석된다.

그러나 푸틴이 이 말에 귀를 기울일까? 그렇다면 작금의 러시아 위기는 다분히 국제유가의 진로와 궤를 같이 할 것으로 보인다.

총체적 위기국면의 러시아

새해 국제유가는 어떻게 될까? 골드만 삭스를 비롯한 석유 전문가들은 오래 전부터 국제유가의 하락을 점쳐왔다. 이런 전망은 세계적인 불경기의 지속, 자동차 및 산업전반에 걸친 온실가스 절약 노력, 거기에다 미국을 중심을 한 이른바 셰일 혁명 등에 근거한 것이다. 그러나 이들의 전망치는 불과 지난 10월까지만 해도 대략 "2015년 상반기 중 70달러 내지 80달러

선으로 하락한다"였다.

유가하락의 속도와 폭이 이러한 전망을 뛰어넘은 배경을 누가 먼저 감량에 나서는가 하는 'OPEC와 셰일의 기 싸움'에서 찾아볼 수 있겠다. 지난 일요일 아부다비의 원유 컨퍼런스에 모인 OPEC 주요국 석유장관들의 목소리를 다음과 같이 정리해 본다.

"OPEC 국가들은 이제까지 원유 가격의 안정을 위해 협조해왔고 이번 유가하락 파동은 전적으로 OPEC 이외 국가들의 무책임한 증산에 기인한 것인데 왜 우리들이 감산해 가격을 떠받쳐야 하는가? 우리는 1일 3000만 배럴이라는 이제까지의 수준을 줄이지 않을 것이다. 낮은 가격에서는 효율적인 생산자만 살아남을 것이다."

여기엔 생산 원가가 높은 셰일 원유가 이처럼 낮은 가격에서 살아남을 것인가, 이들이 물러서고 나면 수급조절이 되어 가격이 회복될테니 그때까지 버티자는 속내가 깔려 있다.

한편 미국 등 비OPEC 산유국들은 OPEC 국가들이 먼저 물량조절에 나서줄 것으로 기대했었던가 보다. OPEC의 성격이 본래 가격유지를 위한 카르텔이라는 점을 감안하면 이들의 이번 태도변화는 충격적일 수 있다.

OPEC과 셰일의 기 싸움?

전문가들의 전망은 몇 가지 이유로 가격회복에 시간이 걸릴 것이라는 쪽으로 모아지고 있다. 첫째, 최소한 6개월까지는 지켜보겠다는 OPEC 종주국 사우디 아라비아의 공언이 워낙 강경하다. 둘째, 스코시아 뱅크(Scotia Bank)의 18일자 분석처럼 미국 셰일 유전의 손익분기 가격은 40달러에서 80달러 사이, 그리고 캐나다의 오일샌드의 경우도 80달러에서 90달러로서 가격 경쟁력이 꽤 있다는 분석도 없지 않다. 거기에다 미국의 셰일석유는 수출 시장에서 경쟁하는 것이 아니고 미국의 원유수입 의존도를 경감시키는 것이라는 점도 국제 원유가격을 낮추는 데 기여하고 있다.

저유가는 우리나라를 비롯 여러 나라들에게 호재임에 틀림없다. 나아가 그것이 러시아로 하여금 서방과의 관계개선의 필요성을 보다 절감토록 하는 계기가 되어 줄 수도 있겠다는 기대를 이 해를 보내며 은근히 품어본다.

(2014.12.24 내일신문)

21세기의 "프랑스 혁명"

에마뉘엘 마크롱이 23일의 대통령 선거 1차 투표에서 24%의 득표율로 선두자리를 지킨 데 이어 5월 7일의 결선에서도 2위 마린 르 펜을 넉넉히 이길 것이라는 전망이 우세함에 따라 프랑스는 물론이고 독일과 영국의 주식과 채권, 그리고 유로 화 환율이 일제히 큰 폭으로 강세를 보이고 있다. 반면에 시장의 불안심리의 척도인 금(金)과 미 연방정부채 가격은 하락하고 있다. 프랑스가 분노보다는 안정, 분열보다는 조화를 선택하는 기류를 보인 데 대한 시장의 반응이다.

이것은 대단한 반전이다. 미국, 영국에 이어 프랑스에서도 기존 질서에 대한 불신, 가진 자에 대한 반감, 세계화에 대한 앤티(anti-establishment)의 정서가 지배했기 때문이다.

프랑스는 대국의 반열에 끼지는 않는다. 그러나 유럽 여러 나라들의 집합인 유럽연합은 총생산 순위에서 미국과 맞먹는 비중을 차지한다. 유럽연합의 중심에 유로존이라는 통화블록이 있고 그 중심에 독일과 프랑스 양대 기둥이 있다. 그래서 프랑스가 극단적인 선택을 할지 여부는 유럽의 장래를 걱정하는 많은 사람들의 관심의 대상이었다. 그 앤티의 화살이 다분히 유럽연합이라는 기존질서와 유럽연합의 맹주 독일을 향해 있었기 때문이었다.

기존 양대 정당인 중도 좌파의 사회당과 중도 우파인 공화당이 결선후보에 끼지 못하는 것 자체가 이변이었지만 선거기간 내내 이데올로기 스펙트럼의 맨 오른쪽에 있는 국민전선과 맨 왼쪽에 있는 "좌파들의 정당"이 앤티의 열망에 힘입어 여론조사에서 선두를 달렸다. 불만이 극에 달했을 때는 차분한 중도의 목소리는 잘 들리지 않는다. 특히 국민전선의 르 펜 후보의 경우는 프랑스의 유로 존 탈퇴는 당연하고 그리스 스페인 포르투갈 등과의 동반탈퇴까지 말했다.

앤티(anti) 정서의 지배

중도 성향의 대안정당 앙 마쉬(En March)가 등장한 것은 작년 4월이었다. 이를 창설한 38세의 에마뉘엘 마크롱은 8월에 경제장관직을 사임한 후 11월에 대선 전에 합류했다. 그의 정강을 요약하면 친기업 친유럽 친이민이다. 독일에 대해서는 "통화블록 내의 불균형의 덕을 보고 있는 최대의 수혜자인 독일이 자기의 역할을 좀 더 충분히 해야 한다" 정도의 수사에 그친다. 여기서 불균형이란 나라 간의 경쟁력 차이 및 그에 따른 소득불평등을 말한다. 유로화의 환율은 유로존 전체의 평균 경쟁력에 따라 정해지는데 만일 독일이 통화 독립국이었다면 마르크 환율은 훨씬 더 강했을 것이다. 독일이 유로화라는 특별한 통화를 사용함에 따른 부당(?) 이익의 일부를 다른 회원국들을 위해 사용해야 한다는 뜻이다.

극우도 극좌도 아니고 기존 질서에 대한 앤티도 아니면서 짧은 기간 내에 엄청난 지지를 모은 것은 무엇 때문일까?

그는 정부 각료에 입각하기 전에는 투자은행인 로스차일드 뱅크에서 일했다. 대학에서는 철학을 공부했고 파리정치학 대학원(일명 "시앙스 포", Science Po)과 국립행정대학원 등 정통 엘리트 코스를 거쳤다. 그의 모교 시앙스 포의 쟈키 라이디 교수는 지난 주 프로젝트 신디케이트의 "다가오는 프랑스 혁명"이라는 제목의 글에서 마크롱의 승리는 이제까지의 좌우 이분법의 종식을 의미하며 가히 혁명이라고 부를 만하다고 평했다.

조직 없이 자원봉사자 중심의 선거운동을 하는 그는 앤티의 화살을 국내의 가진 자나 세계의 흑자국에게 향하지 않고 기존 정치권을 향해 조준했다. 좌우 모두가 프랑스가 필요로 하는 개혁을 수행하기에 부적절했던 것이다.

"이분법의 종식이 프랑스 혁명이다"

그러나 앞으로의 과제는 만만치 않다. 프랑스는 대통령 중심제이긴 하나 의회 의석 수를 기준으로 과반수가 되기까지 다른 당과 연정을 구성해야 한다. 만일 곧 있을 6월의 총선에서 앙 마쉬가 다수당이 된다면 모르지만 그렇지 않으면 좌와 우 여러 소수 정당들과 손을 잡아야 한다.

150쪽에 달하는 그의 구체적 정강정책이 지난 3월2일에야 공개되었다는 사실도 진기하다. 르 펜의 경우는 1972년 그의 아버지가 창설한 국민전선에서 2011년에 당수로 선출된 이후 국내외의 수많은 난제들에 대한 정책대안을 발표해 왔다. 극우적 편향을 완화하기 위해 심지어 골통보수인 아버지 르 펜을 출당시키기까지 했다. 그에 비해 마크롱의 국정운영 프로그램은 정제될 시간적 여유가 없었다.

때묻지 않은 정치 신인에 대한 프랑스 국민의 어쩌면 약간은 맹목적인 여망(輿望)이 유럽과 세계 경제의 안정에 좋은 기여를 하는 프랑스 혁명으로 이어지기를 바란다.

(2017.4.26 내일신문)

중동 여러나라

중동(Middle East)은 유럽 대륙에서 보았을 때 동쪽으로 극동(far East)과 근동(Near East) 사이에 있다하여 이름 붙여진 다분히 유럽인의 시각에서 붙인 이름이다. 아랍연맹에 속한 22개국 이외에도 이란. 파키스탄, 이프가니스탄 등 아랍어를 모국어로 삼지 않는 나라들도 포함되나 공통점은 역시 이슬람 국가들이란 점이다. 원유가 발견되어 서방 여러 나라의 기술과 자본이 유입되기전까지 분쟁이라고는 약간의 국경 분쟁 외에 수니(Sunni) 파와 시아(Shia) 파 사이의 알력에 그쳤을 것이다.

미국과 영국을 믿고 핵개발을 중단하고 오로지 발전과 번영을 향해 힘차게 뻗어 나가던 카다피 정권을 컬러 혁명이라는 구실로 무너뜨리고 그를 무참하게 살해하면서 북 아프리카의 희망으로 떠오르던 리비아를 하루 아침에 생지옥으로 변하게 만든 것이 다름아닌 미영의 패권 세력들이었다는 비난에 대해 나는 아직 설득력 있는 반론을 들어 보지 못 했다. 경로는 다르지만 아프간 상황도 크게 다르지 않다.

무지(無知)의 베일을 통한 선택을

이집트 증권거래소가 내일 다시 문을 연다. 시민봉기가 시작된 지 이틀 뒤인 1월 27일 무려 16%나 하락한 시점에서 거래소가 문을 닫은 지 3주만이다. 카이로에서 한국어를 전공하는 21살의 대학생 모하메드 압둘라는 시위에 참가했던 흥분을 감추지 못하며 이렇게 말했다.

"시위 때문에 이집트 경제가 안 좋아진다고 걱정하고 있지만 민주주의를 위해서라면 어느 정도 경제적인 부분은 희생할 수 있다고 생각한다. 이번 사건을 통해 정부와 기업이 이집트에 만연한 족벌주의에서 벗어나 필요한 인재를 적재적소에 등용한다면 나라와 경제가 모두 발전할 것이기 때문이다."(연합통신)

파이낸셜 타임즈는 1월 30일자 사설에서 "미국과 유럽이 중동원유의 원활한 공급과 이스라엘의 안전을 보장받기 위해 중동의 권력자들을 돈과 무기로 지원해 왔는데 이집트가 그 대표적인 예에 속한다"고 말했다. 지난 30년간 중동에서 민주화의 움직임이 일었을 때 미국과 유럽은 '아랍 예외'(Arab exception), 즉 중동지역에서만은 민주주의보다 안정이 우선이라는 인식 하에 이를 못 본 체했다는 것이다.

영국의 경제 주간지 이코노미스트도 2월 5일 머리 기사를 통해 서방의 아랍 예외 정책이 중동인의 서방에 대한 이미지를 손상시키는 데 기여 했다고 주장한다. 이들 전제 군주들이 권좌에서 물러나면 반 서방, 반 이스라엘 세력들에 의해 중동의 안정이 깨질 것이라는 협박이 먹혀 들어왔는데 이번 이집트 사태의 경우에도 아랍 예외가 적용될 뻔했다.

물러나는 마지막 순간까지도 호스니 무바라크는 "내가 물러나면 이슬람 근본주의자들이 권력을 잡을 것"이라고 겁을 주었다. 백악관 내부에 약간의 흔들림이 없지 않았지만나 최종적으로 미국은 이집트 민중의 손을 들어주었다.

아랍 예외(Arab exception)의 종식

미국은 이제까지 미국의 중동정책의 협조자였던 무바라크를 잃은 대신 중동에서의 도덕적 권위를 오랜만에 회복했다. 이것으로 미국은 중동에서의 새로운 협조자를 얻게 될 것이다.

이집트 혁명의 주체는 인터넷 세대다. 서방이 가장 경계하는 이집트의 야권, "무슬림 형제단"도 주역은 자기들이 아니라 젊은 민중이었음을 인정하고 있다. 이들이 조금이라도 친미로 선회한다면 미국에게 이것보다 큰 소득은 없을 것이다.

50년대 이후 국제정치의 무대에서는 '도덕적 상대주의'가 횡행해왔다. 이란의 1953년 친위 쿠데타에 영국과 미국의 정보부가 개입한 것도, 그 이후 팔레비 국왕을 맹목적으로 지원해 이란의 1979년 반 서방 혁명을 초래한 것도 도덕적 상대주의의 소산이었다. 그러나 이번에는 달랐다. 미국은 미국의 이익에 도움이 되는 편이 누군가를 묻는 대신 누가 옳은가를 물었다.

미국의 정치 철학자 존 롤스는 도덕이 상대주의를 벗어날 수 있는 근거로

‘무지의 베일’(Veil of ignorance) 이론을 제시한다. 자신이 부자인지 가난한지, 강자인지 약자인지, 자신의 인종, 종교가 무엇인지 모른다고 상정하고 사회계약을 맺을 때에 비로서 가장 공정한 선택을 할 수 있다는 내용이다.

트위터와 페이스북을 통해 너도 나도 블로거가 되고, 시민기자가 되는 소셜 네트워크의 세상에서야말로 개개인들은 무지의 베일에 싸여 있다. 나는 나의 문제로 고민하는 것이 아니라 문제의 현장에 처해 있는 주인공의 입장이 되어 고민하는 것이기 때문에 개개인의 이해관계는 배제된다.

무지의 베일을 통한 선택은 도덕적이다. 이집트인이 원했던 민주와 자유가 소셜 네트워크의 세계에서 전폭적인 지지를 받을 수 있었던 이유가 여기에 있다. 튀니지의 대졸 청년노점상 모하메드 부아지지의 분신 사건이 이집트 젊은이들의 봉기를 일깨웠다면 이제 이집트의 상황은 중동 다른 나라들의 젊은 세대들을 일깨울 것이다.

무지의 베일을 통한 선택이 도덕적

세계노동기구 자료에 의하면 2009년 청년 실업률은 북아프리카와 중동이 각각 23.7% 및 23.4%로 세계 1위와 2위를 나란히 점하고 있다. 이들 나라들은 불붙기 쉬운 도화선으로 연결되어 있다. 소셜 네트워킹의 세계는 이집트와 이집트 이후의 중동의 발전을 주목할 것이다. 높은 교육수준과, 이번 일로 더욱 드높아진 국민적 자존심을 가지게 된 이집트부터 민주화와 경제발전을 앞당길 수 있게 되기를 기대한다. 젊은 대학생 압둘라의 희망처럼 새로 문을 여는 증권거래소에도 훈훈한 봄바람이 불기를 바란다.

(2011.2.15 내일신문)

아랍 민주화

잔인한 무력을 수반한 기존 권력과의 힘든 싸움에 봉착해 있는 중동과 북 아프리카의 민주화 세력들을 주위에서 선뜻 도와주지 못하고 있는 것은 아마도 후일 그들의 혁명이 외세의 도움을 받았다는 오명을 원하지 않기 때문일 것이다. 그러나 이들이 원하는 민주화를 전세계의 의식 있는 자들이 지원해야 하는 떳떳한 이유가 세가지 있다.

첫째, 미국의 혁신적 외교정책이 도마 위에 놓여 있다. 오바마는 대통령 취임 즉시 쿠바의 관타나모 기지를 폐쇄하고 테러 용의자에 대한 강압적 수사를 중단시켰고 적대국으로 분류돼 왔던 시리아 이란 등과 대화하겠으며 필요하다면 탈레반 일부 계파들과도 대화의 창구를 열겠다는 방침을 선언했었다.

이번 중동사태에 임하여서도 그는 미국이 더 이상 미국의 안보이익 때문에 독재정권의 뒤에 서지 않을 것이며 해당국 국민들의 요구하고 있는 민주화 개혁을 지지할 것임을 분명히 했다. 오바마 행정부의 이러한 정책은 역사의 옳은 편(right side of history)에 서겠다는 약간은 때늦었지만 환영할 만한 미국의 노력이지만 워싱턴 보수 세력과 일부 언론의 비판이 매우 크다.

미국의 '소프트 파워' 외교정책이 보수의 반발을 이겨내고 미국 내부적으로 공감대를 더 확보하려면 중동의 민주화 봉기가 성공해야 한다. 그래야 아프가니스탄과 파키스탄에서의 해법도 가능해진다.

둘째, 이번 아랍 젊은이들의 봉기는 그들 자신의 정부를 무너뜨리기 위한 봉기다. 아랍권의 경제성장은 지난 30년간 정체되어 있었다. 이란의 경우는 생필품 가격을 안정시킨다는 구실로 GDP의 10%에 해당하는 금액을 정부보조금으로 살포하여 시장의 가격 기능을 완전히 훼손시켜왔다. 다른 여러 나라의 부패하고 무능한 정부들도 혹은 반미(反美) 단체의 집권을 막겠다는 구실로, 혹은 이스라엘과의 평화를 유지하겠다는 약속 하에 미국에 기대어 폭정을 일삼아왔다.

도마 위에 놓인 소프트 파워 외교정책

지금 이순간 중동의 젊은이들이 원하는 것은 개인의 행복을 추구할 수 있는 권리이며 이를 지켜줄 수 있는 정부다. 신의 이름으로 또는 군대의 힘으로 개인의 욕구를 억눌러왔던 전체주의로부터 개인이 해방되기를 바라는 것이다. 이것은 나라가 경제적으로 부강해지기 위한 첫 관문일 터이다.

중국의 예가 이것을 입증한다. 사회주의적 평등이라는 이데올로기는 덩샤오핑에 의해 부정되었다. 그가 맨 처음 시도한 것은 집단농장의 해체다. 가족단위 생산체제로 바꿈으로써 개인의 이윤동기를 작동시킨 결과 1978년부터 1984년 사이에 농업생산량은 연평균 8.2% 증가하였고 농산품 가격은 절반으로 줄어들었다. 농업 생산성의 배가는 곧 공업화의 기반을 마련했음은 물론이다. 중동의 민주화는 개인의 스스로 잘 살아 보려는 의지를 해방시켜 주는 데 더 큰 의미가 있다.

셋째, 중동과 북 아프리카 아랍권의 민주화를 지원하는 것은 이들 나라의 경제 성장에 그치지 않고 세계경제의 총 구매력 증진에 기여한다.

현재 많은 나라들이 당면하는 가장 큰 애로는 내수가 불충분하다는 점이다. 내수는 경제성장의 가장 큰 축의 하나다. 실업률이 높거나 부의 양극화가 커지게 되면 구매력이 줄어 들게 마련이다.

실업자는 돈이 없고 부자는 국내에서 돈 쓸 일이 없기 때문이다. 실업자가 줄어야 하고 서민들이 잘 살아야 하는 이유가 여기에 있다. 이것은 세계경제에도 그대로 적용된다. 못 사는 나라가 많다는 것은 세계전체의 구매력이 줄어든다는 뜻이다.

중동과 북 아프리카, 나아가 아프리카 대륙 대중들의 경제활동이 신장될 수 있다면 세계경제의 새로운 상장동력이 생긴다. 이것이 아랍권의 민주화를 지원해야 하는 또 하나의 이유다.

아직까지는 반정부 저항세력의 배후에 알카에다의 개입이 없었다는 분석이다. 그러나 민주화 노력이 독재자의 무력에 백기를 든다면 알카에다에게 다시 득세의 기회가 온다.

민주화, 개인의 이윤동기 해방시켜

그렇게 되면 미국을 비롯한 서방의 외교정책은 다시 '나의 적이냐 나의 친구냐, 나의 친구가 아닌 자는 나의 적이다'라는 근시안적인 이분법의 렌

즈로 사물을 보게 될 것이다. 많은 사람들이 원유 공급의 차질로 인한 세계 경제회복의 지연을 걱정하지만 중동에서 불고 있는 거센 바람이 멈추었을 때 먼지 사이로 모습을 드러낼 밝은 모습을 상상하면 다가올 고물가의 고통은 우리 모두가 기꺼이 바쳐야 할 비교적 작은 희생에 불과할 것이다.

(2011.3.9 내일신문)

미국과 이란의 불편한 근대사

미국은 지구 상에서 특별한 지위와 역할을 갖고 있다고 믿는 것이 미국 예외주의(American Exceptionalism)다. 공화당 대선후보중의 하나인 미트 롬니는 그의 "사과는 없다 - 미국의 위대함에 관한 이야기"라는 책에서 이를 그 나름대로 확실하게 설명한다. 즉 지구상의 여러 강대국 중에서 영토 확장의 욕심이 없는 나라는 미국뿐이다, 따라서 지구 평화를 위해서는 미국이 최강대국이 되어야 한다고.

그러나 미국 대통령 오바마의 생각은 다르다. '담대한 희망'이라는 그의 책에서 발췌해 본다. "미국이 냉전에서 승리한 것은 소련보다 군사력이 우세했기 때문이 아니라 공산 치하를 포함해서 세계의 여론이 미국의 가치를 더 원했기 때문이었다. 냉전에서와 마찬가지로 테러와의 전쟁에서도 여론이 중요하다. 우리의 목표는 사상의 전쟁(battle of ideas)을 승리로 이끄는 것이다. 군사력의 사용은 이 목표를 뒷받침하는 것이어야지 방해하는 것이 되어서는 안 된다. 미국은 가끔 비밀활동을 통해 이란과 같은 국가에서 그들이 민주적으로 선출한 지도자를 제거하기도 했다. 이런 행동은 엄청난 반발을 불러 일으켜 그 후유증이 오늘날까지 이어지고 있다."

이란은 1951년 영국 석유회사(후일 BP로 됨)를 국유화한다. 영국은 이란석유 불매운동을 벌이고 국제사회는 이에 동참한다. 이 기간 중 미국은 트루만에서 아이젠하워로 대통령이 바뀌면서 초기의 중재노력을 접고 영국의 강경 입장에 편승한다. 이란 경제가 궁핍해지면서 이란 공산당의 입김이 강해지고 있다는 우려를 공유했기 때문이다. 결국 경제 제재만으로는 문제가 해결되지 않는다고 보고 두 나라는 쿠데타라는 해법을 선택하게 된다. 결국 영국 정보부(MI-6)와 미국 CIA는 국유화의 주역 모사데크 수상을 축출하는 친위 쿠데타를 배후 조정했다.

바람직한 미국 정부의 역사의식 전환

국제 컨소시엄의 손으로 넘어간 이란 석유공사는 이사회에 이란인이 한 명도 앉을 수 없었고 회사 영업장부도 이란 정부가 일체 열람을 하지 못하도록 되었다. 마지막까지 권좌를 유지했던 팔레비 국왕은 친 서방을 표방하면서 이란 사회의 풍습도 서구화시켜 나갔다.

1979년 이슬람 혁명을 거친 이란이 철저히 반미, 반 서방으로 돌아선 배경이 이와 같았다. 그리고는 지금까지 미국과 이란 사이에는 헤아릴 수 없이 많은 악연이 되풀이되었다.

오늘에 이르러서는 무엇보다 핵무기 개발의혹이 문제의 중심에 있는 것 같다. 이란은 핵 개발이 전력생산과 의료목적으로만 사용될 것이라고 주장하면서 만일 이러한 평화적인 핵 사업까지 서방이 저지한다면 전쟁도 불사하겠다고 공언하고 있다.

그러나 대외적으로 큰소리 치는 것에 비하면 이란 국내 사정은 매우 열악하고 불안하기까지 하다. 에너지와 식품 등 생활 필수품 가격안정을 위해 그 동안 시행해 왔던 보조금 제도가 실패하자 작년부터는 이를 전 국민에게 매월 현금을 지급하는 직불제도로 바꿨다. 그런데 그 사이에 휘발유 가격이 5배, 전기 수도 값이 3배, 밀가루는 40배가 뛰었다.

지난 25일 이란은 은행예금 금리를 15%에서 21%로 올렸다. 식료품과 귀금속, 그리고 외화 사재기를 막기 위해서라고 한다.

이란 의회는 경제를 이렇게 망친 것은 현 정부의 무능을 넘어서 반역행위에 해당된다며 대통령에게 의회출석을 요구하는 소환장을 발부했다. 1979년 이슬람혁명 이후 처음 있는 일이다.

주의해야 할 것은 이렇게 많은 불안 요인들에 불구하고 국제사회로부터의 압박은 이란을 국내적으로 더욱 단결하게 만들 위험성이 있다는 사실이다. 따라서 이 시점에서 가장 중요한 것은 진실이다. 이란이 농축하고 있는 우라늄이 무기등급인지 아닌지는 검증이 불가능한 것이 아니다.

진실회귀가 가장 시급

지난 1월 31일, 유엔의 국제원자력위원회(IAEA)가 3일간 이란을 방문했다. 11월 IAEA 보고서(이란이 핵의 무기화 시도를 멈추지 않다는 내용)와 관련하여 매우 건설적인 협의가 있었으며 3주 후에 더 진전된 "협의"를 위해 재방문 하기로 했다는 애매한 보도를 내놨다. IAEA는 정치를 하는 기구가 아닌데 말이다.

오바마가 말하듯이 군사력이 아닌 여론에서 힘을 얻고자 하는 것이 미국의 목적이라면 더 적극적으로 진실로의 회귀를 서둘러야 한다. 미국 예외주의를 졸업하기 위해서도 그것이 절실하다.

이란원유 수입에 의존하는 정도는 한국이 10%, 일본과 중국은 각각 7%와 6%로 우리가 가장 높다. 그뿐 아니라 이란 문제는 중동 평화의 문제, 나아가 글로벌 경제회복의 열쇠를 쥐고 있다. 우리의 관심이 지대한 이유다.

(2012.2.14 내일신문)

이란에 관한 시각 차이

브랜트 원유 가격이 지난 주말 128.40달러를 기록하여 금년 들어서만 17% 올랐다. 작년 11월 국제원자력기구(IAEA)의 이란 핵 의혹 보고서가 나오기 전에는 100불을 넘지 않았는데 그에 비하면 30% 가까운 상승이다. 원유 생산량에서 리비아는 혁명 이전 수준을 회복하지 못하고 있고 예멘과 시리아, 그리고 수단과 나이지리아도 공급 차질을 겪고 있는데 이란 문제가 겹치고 있다.

거기에다 일본은 54개 원전 중 2개만 가동 중이다. 부족한 전력을 보충하기 위해 난방용과 발전용을 합해 원유 수입량이 작년의 두 배 정도로 늘고 있다.

지난 2월17일 이란은 서방과 대화를 재개할 준비가 되어있다는 내용의 편지를 영국 상원의원이자 유럽연합의 외교문제 수석 대표 캐서린 애쉬톤 남작에게 전달했다.

그러나 2월22일 금년 들어 두 번째의 이란 현장조사를 마치고 돌아온 IAEA 조사단은 불만이 가득하다. 원했던 파르친(Parchin) 군사기지는 방문도 못하고, 가지고 온 것은 이란 최고지도자 아야톨라 하메네이의 "핵무기 보유는 사상적으로나 종교적으로 큰 죄악인 동시에 매우 위험한 짓이다. 한 나라의 힘은 이런 무기에서 나오는 것이 아니다"는 설교와 "이란의 핵 프로그램을 저지하려는 어떠한 외세의 압박에도 굴복하지 않겠다"는 엄포뿐이었다.

NPT 규약 또는 IAEA와의 협정 어디에도 우라늄 농축 그 자체를 금지하는 조항은 없다. 2006년 7월31일 유엔 안전보장이사회가 유엔 헌장 제7조(세계평화의 위협)를 근거로 이란의 우라늄 농축 활동 중단을 요구한 사실은 있는데 이란은 이 요구의 합법성을 부인하고 따르지 않고 있는 상황이다.

미국의 오바마 행정부는 기본적으로 이란의 에너지 수요 충족을 위한 평화적 핵 개발의 권리를 인정하고 있다. 가장 최근에는 지난 1월8일 파네타 국방장관이 "이란이 시도하고 있는 것은 핵 무기(nuclear weapon)가 아니라 핵 능력(nuclear capability)이다"라고 말하기도 했다. 이는 "이란은 핵 무기를 제조하기로 마음먹은 게 아니고 다만 핵무기 제조 능력을 갖고 싶은 것이다"라는 말로 해석된다.

오바마 외교가 "어피즈먼트"?

대선을 앞둔 미국 정가에서 공화당 후보들은 오바마의 이런 시각을 "어피즈먼트"(appeasement)라고 비하한다. 그 단어에는 2차 세계대전 직전 영국 수상 네빌 챔벌린이 나치 독일을 상대하면서 오직 전쟁을 피하기 위한 일념으로 지나치게 유화적이었음을 힐난하는 의미가 함축되어 있다.

현지 시간으로 어제와 오늘 베냐민 네타냐후 이스라엘 총리와 오바마가 만난다. 양자 사이의 시각은 위기의 시점을 언제로 보는가에서 갈린다. 미국은 이란이 핵 무기를 생산하기 시작하는 시점, 이스라엘은 무기 생산능력을 보유하는 시점에서 이란이 빨간 선(red line)을 넘는다고 보는 것이다.

미국은 경제적 제재의 효과를 지켜보는데 시간을 좀더 쓸 수 있다는 자세다. 어떠한 지하시설이라도 공격 가능한 기술력을 갖고 있기 때문에 외교적 노력이 실패하면 그 때 가서 군사력을 사용해도 늦지 않는다는 자신감이 있다.

조급한 것은 이스라엘이다. 미국이 가지고 있는 벙커 버스터 기술이 없는 입장에서 자국의 핵심적 이익을 아무리 우방이라고 하지만 타국에게 맡길 수 없다는 답답함이 있을 것이다. 중요한 것은 이란의 내부 사정을 아는 것이다.

이란은 1930년대의 나치 독일이나 지금의 북한과는 크게 다르다. 이란의 1979년 헌법은 이란의 정체를 민주주의와 신정(神政)의 융합으로 규정한다.

대통령과 국회를 국민이 직선으로 뽑되 이들의 행위가 이슬람 원칙에 부합하는지는 성직자들이 최종 감독한다는 것이다. 이는 이란이 국가 중요 사항에 대해 집권세력 내에서조차 많은 분열이 생길 수 있는 구조를 안고 있음을 의미한다.

이란은 나치 독일도 북한도 아니다

신정 내에서도 하메네이와 대립 각을 세우고 있는 악발 라프산자니가 있고(2009년 대선 결과에 항의하는 소요사태를 무력 진압한 최고지도자를 공개 비난한 경력이 있음) 하메네이에 충성하는 세력 중에도 아마디네자드 대통령을 맹 비난하는 연합근본주의전선과 그렇지 않은 이슬람혁명전선이 대립하고 있다. 그런가 하면 2009년 대선에서 낙선한 이후 현재까지 가택 연금 중인 무사비를 중심으로 하는 재야 세력은 지난 주말의 이란 총선을 보이코트할 것을 지지자들에게 주문했다.

지식층과 중산층이 밀집한 수도 테헤란의 투표율은 30%에 그칠 것이라고 한다. 이란 문제는 이란 국민의 손으로 해결하게 하자는 오바마 외교의 대원칙이 대선 정국을 탄 미국 내 친 이스라엘 여론에 흔들리지 않기를 바란다.

(2012.3.6 내일신문)

금강산 비로봉

핵보다 더 큰 의미

서울의 강남에 테헤란 로(路)가 있듯이 이란의 수도 테헤란에는 "서울로(路)"가 있다. 우리나라의 중동 건설 붐이 불고 있던 1977년, 양 도시의 자매결연을 추진하며 붙였던 이름이다. 당시의 이란은 친미적인 팔레비 왕조(1925-1979)가 집권하고 있었다.

미국과 이란이 적대국으로 변한 것은 이란이 왕정에서 공화국으로 바뀌는 1979년부터다. 그로부터 36년이 지난 지금 역사가 다시 바뀌고 있다. 지난 14일 P5+1, 즉 유엔 안전보장이사회 상임이사국 다섯 나라(미국, 영국, 러시아, 프랑스, 중국)와 독일은 이란과 중요한 약속을 교환했다.

요약하자면, 이란은 우라늄 원심분리기의 숫자를 대폭 줄이고 농축우라늄도 핵무기로 사용할 수 없는 아주 낮은 농도의 것만을 만들기로 약속했고 이를 검증하기 위한 국제사찰단의 활동을 무제한 허용하기로 했으며 이에 대해 서방측은 그 동안 동결되었던 이란의 해외 재산을 풀어주고 무역과 투자도 단계적으로 재개하기로 했다.

일각에서는 이러한 이란의 약속이 최장 15년에 걸친 것일 뿐이고 중도에 약속을 저버리더라도 응징할 장치가 없으므로 이번 협상의 성과는 이란 핵 무장의 시기를 늦춘 데 있을 뿐이라고 평가절하하는 견해도 있다.

틀린 말은 아니다. 그러나 이란과 국제사회의 사이가 벌어진 것은 핵 문제 보다 훨씬 이전에 석유산업의 이권을 둘러싼 다툼이 발단이었다.

입헌군주제를 택하고 수상을 선거로 뽑던 시기에 1951년 수상으로 선출된 무하마드 모사데크가 이란의 석유산업을 국유화하는 법을 의회에서 통과시키자 이란 군대의 일부가 봉기하여 정부군을 무찌르고 모사데크를 반역 혐의로 체포하는 사건이 벌어졌다. 영국의 MI 6 및 미국의 CIA가 이들을 도왔는데 그것은 이란에 대한 소련의 영향력이 커지는 것을 막기 위한 것이었다고 설명하며 그 사실을 숨기지 않고 있다.

늦춰진 이란 핵 무장

이때로부터 1979년 이란 혁명까지 장장 20여 년 동안 팔레비 왕조는 석유산업을 외국 업체에 개방하였고 전제군주로 탈바꿈하면서 종교지도자 호메이니를 투옥하고 비밀경찰을 앞세워 대내적으로 공포정치를 자행함으로써 스스로 왕정 몰락과 반미의 싹을 키웠다.

이란의 문제가 핵무기 개발의 문제로 확대되기 시작한 것은 우라늄 농축 중단을 요구하는 유엔에 대해 이란이 핵의 평화적 개발의 권리를 주장하며 불응하는 과정에서 2006년 유엔 결의문이 채택되면서부터다.

이란은 북으로 카스피 해, 남으로 인도양을 접하는 큰 면적(한반도의 7.5배)의 나라다. 원유와 가스는 각각 세계 4위와 2위의 보유국이다. 중동 어느 나라보다 교육 수준이 높아 하산 로하니 내각에는 미국의 오바마 내각보다 미국 박사학위 소지자가 더 많다.

이번 협상 타결에 대한 기대는 크다. 1천억 달러가 넘는 해외 동결자산이 풀리고 원유 수출이 재개되면 한동안 연 8% 이상의 경제성장이 가능해

10년 후에는 사우디아라비아와 터키를 추월할 수 있을 것이고 이란-터키-유럽을 연결하는 가스관을 설치하면 유럽의 러시아 가스 의존도를 대폭 낮출 수 있을 것이라는 기대도 있다.

금지되었던 외국 자본의 대 이란 투자가 재개되면 이란의 경제뿐 아니라 사회 전반의 개방이 뒤 따르게 되고 내년의 총선 및 2017년의 대선에서 로하니가 이끄는 중도파가 승리하여 이란의 변화가 지속될 가능성도 있다.

중동의 힘의 균형 흔들릴 것

그러나 가장 큰 변화는 중동의 힘의 균형에서 발생할 것이다. 사우디아라비아가 전세계에 이슬람 종교 보급을 위한 물질적 지주로 자처하고 있음은 공공연한 사실이다. 이슬람 중에서도 가장 보수적 종교운동이 와하비즘(Wahhabism)인데 그 시조 와하브(Wahhab)와 사우디 왕가의 유대는 150년 이상의 역사를 갖고 있다. 와하비즘은 사우디아라비아의 국교나 다름없다. 이러한 사우디의 금전적 지원의 일부가 알 카에다, 심지어 "IS"(이라크-시리아 국경을 중심으로 이라크와 시리아의 일부를 장악하고 있는 자칭 이슬람 국가)와 같은 국제 테러리스트 단체에게도 흘러 들어가고 있다는 정황이 없지 않다. 전직 CIA 요원 로버트 베어는 워싱턴과 사우디 왕가와의 거래를 악마와의 동침이라고 불렀다.

이제까지 사우디 왕가와 미국과의 공존의 구도에 이란이라는 새로운 변수가 등장하게 되었다. 2009년 1월 미국의 오바마 대통령은 취임사에서 "이란이 주먹을 펴면 우리도 손을 내밀어 악수를 청할 것"이라고 말한 이후 이번의 협상으로 그 첫 악수가 이루어졌다. 핵보다 더 큰 의미가 여기에 있다.

(2015.7.22 내일신문)

미국

지난 2008년 이후 세계 금융시장을 한 편의 드라마에 비유한다면 그 드라마의 주인공은 단연 미국이었다. 앞의 제3부 국제경제 부분에서 미국의 이야기는 이미 여러 번 등장했다. 미국과 관련된 여러 주제들은 이미 다루어졌다. 따라서 이하에서는 미국에 관한 그 이외의 칼럼들을 수록하면서 이 책을 마감한다.

“오바마 케어”

미국의 건강보험개혁이, 모든 사람이 건강보험을 가지고 있는 상태 즉 국민개보험(國民皆保險; Universal Healthcare)를 목표로 한 것이었다면 지난주 서명 공포된 미국의 의료보험 관련법은 하나의 큰 성공임에 틀림없다. 그러나 이 법은 선택의 자유와 개인의 책임을 존중하는 미국의 전통과 국가의 기능을 강조하는 유럽적(?) 가치 사이의 충돌을 적절히 해결하지 못하고 있는 것 같다.

전국민의 보험가입을 의무화하는 초강수를 두면서도 정작 보험시장은 몇 가지 규제를 신설했을 뿐 원칙적으로 민간에 맡기고 있다. 보험이 없는 자에게는 벌금을 물리지만 소득에 비해 보험금 지출이 부담이 되는 계층에게는 정부가 현금으로 보조를 한다. 그러면서도 보험시장은 국영화하지 않겠다는 것이 소위 오바마 케어의 골격이다.

미국 통계청의 2007년 자료에 의하면 인구의 15.3%에 해당하는 4600만 명의 무보험자 가운데 3분의 1은 가구당 연간 소득이 5만 불을 넘는 중산층이었다. 미국의 의료보험료가 턱없이 비싸다는 사실이 그 이유를 설명한다.

가입은 강제, 보험영업은 민영

병이 나면 그 때 가서 자기 비용으로 고치겠다는 선택의 자유를 존중한다면 건강보험 없이 무방비로 사는 인구가 많음을 수치로 여겨서는 안될 것이다. 그렇지 않고 국민 건강을 국방이나 교육과 같이 국가가 일정 부분 나설 일이라고 생각한다면 그에 필요한 행보를 취해야 한다.

영국의 '국민건강서비스', 캐나다와 호주의 '메디케어' 등의 경우는 건강보험을 위한 재원을 전 국민으로부터 세금 형태로 정부가 직접 받는다. 또한 건강보험금의 지급, 즉 의료서비스에 대한 비용의 지급도 정부가 한다.

이런 제도를 단일지급창구 시스템(Single-payer System) 또는, 세금으로 재원이 조달된다 하여 '공적자금에 의한 건강보험'(publicly funded healthcare)이라고 부른다. 이 제도 하에서는 돈줄을 쥐고 있는 단일지급창구가 의료기관의 비용청구를 감독 통제할 수 있는 힘을 갖게 된다.

미국에도 이런 제도가 있긴 하다. 65세 이상의 노인을 위한 메디케어(Medicare)는 제한된 대상에 관한 한 전형적인 단일지급창구 시스템이다. 이 제도를 전 연령층으로 확대하자는 '메디케어 개선 및 확대시행을 위한 법안'이 2003년 이래 의회에 계류 중인 것도 사실이다.

그러나 이 법안이 진전을 보지 못하고 있는 이유는 보험시장에서의 반대 때문이다. 자칫하면 존재 자체가 부정되거나 기껏해야 치과나 안과, 또는 고가의 처방약 등을 커버하는 보조적 보험으로 전락할 것이 분명한 보험 회사들의 로비는 상상을 초월한다. 그런 판도에서 오바마가 택했던 길은 국영보험회사를 설립해 기존의 사설 보험회사들과 경쟁을 시키는 것이었다. 그가 직접 했던 설명은 다음과 같다.

"공정한 경쟁을 위해 국영보험사에 대한 정부의 보조는 일체 없도록 약속한다, 이들의 경쟁력은 임원보수를 포함한 일반관리비의 절감에 있다. 국영보험을 선택할 권리, '퍼블릭 옵션'(Public Option)을 소비자에게 주자는 것뿐이다. 선의의 경쟁을 통해 사설보험회사들이 더 낮은 비용으로 더 친절한 서비스를 하게 될 것을 기대한다."

그러나 그는 이 대안마저 포기해야 했다. 상원에서 필리버스터를 막을 수 있는 의석 60개를 확보하지 못하게 된 것이다. 야당의원들의 서슬로 보아 도저히 상원통과를 기대할 수 없었던 상황에서 그가 찾아낸 최후의 방법은 작년에 상원을 통과한 '상원 버전' 그대로를 하원에서 통과시키자는 것이었고 이것이 관철되었다. 그러나 여기에는 '퍼블릭 옵션' 조항이 없다.

오바마의 개혁은 국민개보험은 달성했으나 필요한 제도를 바꾸는 데 실패했다. 제도를 바꾸었으면 나머지 문제는 시장에서 해결될 수 있었을 것을 이제는 수많은 규제를 신설해야 했다. 사설보험회사가 보험거절을 못하게 금지하고 일반관리비 및 이윤의 합계가 보험료 수납액의 20%를 넘지 못하게 하는 등이다. 규제한다고 제대로 될 일이 아닌 것 같다.

좌절 가능성에 대한 우려

전면적·일회적 개혁도 있고 부분적·점진적 개혁도 있다. 국영 보험회사가 사설 보험회사를 일거에 대체하는 것은 전자의 방법이고, '퍼블릭 옵션'을 도입해 국영과 민영이 경쟁을 하도록 하는 것은 후자의 방법이다.

그러나 오바마 개혁은 그 어느 것도 아니었다. 의료비용을 효과적으로 개선하지 못하면 그의 개혁은 '점진적으로' 좌절되는 비운을 맞을 가능성도 있다. 그 경우 대통령의 리더십이 치명적인 타격을 입을 것이며 다른 어떠한 개혁도 함께 어려워질 것이다.

(2010.4.5 내일신문)

금융개혁 입법

오바마의 금융개혁 법안이 상원 심의를 코앞에 두고 있다. 그러나 공화당 의원들은 의사진행을 좌절시킬 태세다. 이런 시점에서 미국의 최고 감독기관인 증권거래위원회(SEC)가 골드만 삭스를 사기 혐의로 법원에 고소했다. '고양이에게 생선을 주고, 똑같은 생선을 손님들에게 팔았다는 이야기' 정도로 압축하면 될까, 자세한 내용은 점차 밝혀질 것이다.

미국의 건강보험 개혁법의 의회 통과 과정에서도 유사한 사건이 있었다. 캘리포니아 주의 최대 민간보험회사인 앤썸 블루크로스(Anthem Blue Cross) 사가 주인공이다. 작년에 보험료를 68% 인상하고서 지난 2월에 38%를 또 인상하겠다고 발표함으로써 많은 가입자들의 원성을 샀는데 이것이 건강보험개혁을 앞당겨야 한다는 여론 형성에 기여했던 것이다.

증권거래위원회는 또 다른 조사도 진행하고 있다. '리포-105'는 은행들이 기왕에 가지고 있는 유가증권을 중앙은행에 팔고 일정한 기간 후에 이를 다시 사오는 조건의 거래, 즉 환매(還買)조건부 매도 거래를 말한다.

불투명했던 월 스트리트

그런데 이것을 완매(完賣)거래로 회계처리하면 실제와 다르게 은행의 부채비율이 낮아지게 된다. 이미 문을 닫은 리먼 브러더스 사가 이용했던 수법이었는데 현재 다른 금융기관들도 증권거래소 공시자료에 이런 편법을 사용하고 있었는지를 조사하고 있다.

많은 미국인들은 월 스트리트의 개혁을 바라고 있다. 그러나 이를 바라지 않는 측의 반대도 매우 강하다. 민주 공화 양당의 현란한 정치적 수사와 때로는 약간의 의도적인 오도도 문제의 본질을 흐리게 하고 있는 것 같다.

개혁안을 요약하면 파생상품 거래를 장외(OTC)로부터 장내로 가져오는 것, 예금은행들의 위험도 높은 투자를 막는 것, 그리고 금융소비자보호기구를 강화하는 것 등이다.

파생상품을 가장 많이 이용하는 것은 헤지 펀드다. 헤지(hedge), 즉 울타리의 본래의 뜻은 손실을 막는 것이다. 예를 들어 무역을 하는 회사가 환율변동에 대비하여 통화선물이나 옵션을 사두는 것이 그것이다. 환율이 불리하게 움직이더라도 이러한 헤지 거래에서 발생하는 이득으로 이를 만회한다.

그러나 현실은 거의 투기의 수단으로 이용되고 있다. 파생상품의 또 하나의 문제는 소위 마진 거래라는 특징에 있다. 원금 전부를 주고 받는 것이 아니라 하루의 가격 변동폭에 해당하는 최소의 증거금(마진)만으로 거래가 성사된다. 잘만 하면 들인 금액의 몇 배에 이르는 큰 돈을 벌 수 있다.

반대로 예상을 벗어날 경우에는 이를 상쇄할 실물거래(예, 수출대전 입금)가 없으므로 큰 돈을 그대로 잃게 된다. 또한 그런 사정을 부외(off balance-sheet)로 성실히 명기하지 않으면 제3자의 눈에 뜨이지 않는 투명성의 문제도 있어 왔다.

모든 파생상품을 거래소를 통하여 결제되도록 하는 것은 거래가 투명해지는 효과와 함께 시스템 전체의 안정화에 기여한다. 증거금을 중앙에서 관리하고 결제하면 네팅(netting) 즉 다수 참가자 간에 수많은 거래내역을 상쇄함으로써 실제 결제할 규모를 축소시키는 방법이 가능하므로 리먼 브러더스의 부도가 가져왔던 시장 패닉을 되풀이하지 않게 된다.

정부의 보호를 받는 예금은행들이 이렇게 위험한 거래를 하지 말라는 것이 개혁안의 두 번째 골자다. 다만 고객의 요청에 의한 거래, 따라서 원금의 손실이 있어도 은행의 책임이 아니라는 고객의 분명한 인식이 있는 경우는 무방하다. 은행이 자신의 이익증대를 위해 소위 프롭 트레이딩(proprietary trading)을 하지 말라는 것이다.

세 번째, 소비자 보호청의 신설이다. 날이 갈수록 난해해지는 금융상품들을 소비자 입장에서 뜯어보고 알기 쉽게 설명해 줄 수 있는 기구의 필요성에 부응하려는 것이다. 과대포장을 하거나 위험성을 은폐하는 상품에 대해서는 제재를 가할 수 있는 권한도 부여하겠다는 것이다.

파생상품이 규제의 중심

지난 목요일 뉴욕을 방문한 오바마는 월 스트리트의 거물들도 참석한 자리에서 이러한 개혁을 지지해 줄 것을 호소했다. 그러나 반응은 싸늘하다. 당일 자 뉴욕 포스트 지는 "개혁이라는 이름으로 황금알을 낳는 거위를 죽일 것인가"라는 제목의 사설을 실었다.

개혁에는 저항이 따른다. 이번에도 많은 절충과 양보를 거칠 것이다. 또한 일부에서 추측하듯이 골드만 삭스 사건이나 리포-105 조사 등이 여론조성 목적으로 동원되고 있는지도 모를 일이다. 그러나 이것은 미국에 국한된 문제가 아니다. 국경 없는 국제금융 시장의 안정을 위해서도 오바마 정부의 노력이 결실을 맺게 되기를 바란다.

(2010.5.14 내일신문)

뉴욕 크라이슬러 빌딩

오바마 케어 (2)

기왕증(旣往症; 과거에 앓았던 병)이 있다는 이유로 보험을 거절하면 안 된다. 건강에 자신 있다고 해서 보험 가입을 안 하면 벌금을 내야 한다. 그리고, 생계가 어려운 저소득층에게는 보조금을 줄 터이니 건강보험을 들어라. 이렇게 해서 전국민이 건강보험을 갖게 되는 나라를 만들자. 이것이 2년 전 오바마 대통령이 서명한 미국의 이른바 의료개혁법('오바마 케어')의 핵심이라고 정리해 볼 수 있겠다.

그러나 이런 내용은 매사츄세츠 주에서 2006년에 실시한 건강보험개혁과 크게 다르지 않은 것들이다. 일개 주에서 했던 '개혁'을 전국 단위로 확대시켰다는 점에서는 분명 진전이라면 진전이다.

미국 의료보험의 문제점은 수년 전에 나온 다큐멘터리 영화 식코(SICKO)를 통하여 잘 알려진 바 있다. 의사이자 언론인(뉴 잉글랜드 의학저널 편집장)이며 현재 하버드 의대 명예교수로 있는 마샤 앤겔(Marcia Angell) 여사는, 문제는 건강보험을 하나의 상품으로 간주하는 미국의 문명에 있다고 말한다.

TV나 냉장고는 지불능력에 따라 비싼 것을 살 수도, 싼 것을 살 수도 있으며 궁하면 없이 지낼 수도 있지만 건강이라는 것은 상품이 아니라 국가가 보호해 주어야 할 인권(human right)이라는 것이다.

근본적인 면은 손을 대지 못했지만 매사추세츠 주의 의료개혁은 그런대로 성공사례로 평가되고 있다. 거기에는 병원응급실 문제의 해결이 한 몫을 했다. 미국에는 응급환자에 대해서 의료보험이나 지불능력 유무에 불구하고 필요한 의료서비스를 제공해야 한다는 규정(1986년 응급의료처치에 관한 법률)이 있는데 이 때문에 회수하지 못하고 누적되는 병원비용을 보전해 주기 위한 '병원미수금보전기금'의 지출이 적지 않게 뒤따랐다.

특히 의료보험이 없는 사람들이 응급실을 많이 이용했는데 이들이 의료보험을 갖게 되자 응급실 이용이 크게 줄어 들었고 이에 따라 기금의 지출도 현저하게 감소하였던 것이다.

건강보험은 상품이 아닌 인권(人權)

그 결과 큰 추가적 재정부담 없이 주민의 의료보험 가입률을 97%까지 끌어올릴 수 있었다. 그러나 오바마가 당면한 전국적인 상황은 나빴다. 우선 무보험자 비율이 매사추세츠 주의 6%에 비해 미국 전체적으로는 16.3%에 달했다. 그리고 전용 가능했던 '기금'도, 부유한 매사추세츠 주에서는 7억불이나 적립되어 있었지만 전국적으로는 상대적으로 그에 미치지 못 했다. 최근 미의회예산청은 오바마 케어 실시에 따른 향후 10년간의 재정 부담을 1조7천억 달러로 증액, 수정 발표하기도 했다.

더 중요한 것은 매사츄세츠 주에서는 이 법안을 추진했던 공화당 출신 주지사가 민주당의 테드 케네디 상원의원의 지지를 얻어 내는 데 성공했지만 오바마 케어의 경우는 상 하원을 통하여 단 하나의 공화당 의원의 찬성표도 얻지 못했다는 점이다. 오바마에게는 매사츄세츠 주가 했던 것과는 다른 개혁의 길이 있었다. 미 의회에는 2003년 이후 매년 상정되어 왔던 '메디케어(Medicare) 개선 및 확대시행을 위한 법안(HR676)'이 있었다.

65세 이후에 혜택을 받는 국영 건강보험인 메디케어를 전 연령층으로 확대하는 내용이다. 영국이나 캐나다의 제도, 그리고 우리나라의 국민건강보험공단 제도와 유사한 것이 된다.

마샤 앤겔 여사의 표현대로 건강을 인권으로 본다면 국가가 그에 필요한 비용을 세금으로 징수하였다가 의료비 결제에 충당하는 것이 사리에 맞는 제도다. 이렇게 되면 중복 의료 행위나 의료비 과잉청구 등의 폐단도 막을 수 있다. 실제로 2006년과 2008년 캘리포니아 주 의회가 메디케어 확대법안을 의결하였으나 주지사가 거부권을 행사하여 시행이 좌절된 적도 있었다.

로비의 힘에 밀린 '개혁'

그러나 이것은 민간 의료보험회사들에게는 치명적인 변혁일 것이다. 따라서 이들의 정치인들에 대한 로비가 얼마나 컸으리라는 것은 짐작하기 어렵지 않다. 오바마 정부가 진정으로 무언가 개선하려는 뜻을 품었다면 내심 가장 바람직한 개혁안을 전국적인 컨센서스로 확대시키는 수순을 밟으면서 로비의 힘을 이겨냈어야 했다.

공교롭게도 매사츄세츠의 의료개혁을 이끌었던 장본인인 미트 롬니가 공화당 대선 후보로서 금년 가을 오바마와 대결한다. 오바마 케어는 위헌 시비에까지 휘말려 있다. 다행히 대법원의 위헌 판결을 모면한다고 해도 반(反) 부시 정서를 등에 업고 큰 기대 속에서 출범했던 미국 최초의 유색 대통령은 개혁답지 못한 개혁을 했다는 평판을 안고 재선전에 임하게 되었다.

(2012.4.17 내일신문)

재정 절벽

크리스마스 휴일이 지나도록 미국 의회는 아무 것도 하지 못했다. 27일에 논의를 재개한다고 하지만 희망은 사라질 대로 사라졌다. 주식 투자자들의 불안 심리를 나타내는 바로미터인 미국의 Vix 지수가 최근 크게 상승하여 유럽의 VStoxx 지수를 추월했다. 2007년 이후 5년 만에 처음 역전된 것이라고 한다.

왜 이렇게 되었나? 미국의 정치권이 재정 낭떠러지 문제를 접근하는 과정을 보면 이해하기 어려운 대목이 한두 개가 아니다. 재정 낭떠러지의 6000억 달러 중 금액적으로 가장 큰 항목은 부시 감세 기간의 종료에 따른 세금 인상액 2200억 달러로서 전체의 36%에 달한다.

세금 인상 다음으로 큰 충격을 주는 항목은 연방정부 예산의 강제 감축이다. 2013년부터 2022년까지 매년 550억씩을 국방예산과 비 국방예산에서 감축해야 한다. 2011년 미국의 국방예산과 비 국방예산이 각각 7100억 및 5700억 달러였던 것에 비추면 적지 않은 금액이다. 이것은 관련법이 정한 의회의 의결시한을 2011년 12월 말에 이미 경과하였기 때문에 법적으로 확정된 의무 이행 사항이다.

그럼에도 불구하고 미 국방성은 12월 5일에야 국방예산 수정 작업에 착수했고 국방성 이외의 다른 정부부처들의 경우도 백악관으로부터 아직 공식적인 수정예산 수립의 가이드라인이 없는 상태라고 한다. 이와 같이 노골적인 늑장 대응은 필시 다른 이유가 있을 것이라는 의심을 불러 일으킨다.

첫째 의심은 정치인들은 여 야 할 것 없이 정부 돈을 쓰자는 데는 생색을 내지만 돈을 절약하자는 데는 앞장서기를 겁낸다는 것이다.

두번째는 미국이라는 나라가 무언가 다른 나라에 없는 획기적으로 특별한 비상수단을 가지고 있지 않을까 하는 의심이다. 그렇지 않고서야 이 지경으로 엉터리 정치를 하지는 않을까 하는 일종의 호의적(?)인 의심이다.

늑장 대응의 숨은 이유

미국 연방준비은행이 보유하고 있는 미국 국채를 상각 처리하는 방법을 거론하고 나선 대표적인 사람은 모건 스탠리의 이종자산 투자전략 상담사 제랄드 미낙이다. 지금은 정부의 역할이 필요한 시기인데 미국을 비롯한 주요 선진국 정부들이 거꾸로 지출을 줄이려고 하는 것은 미국뿐 아니라 세계경기를 재침체로 몰고 가는 지름길이다.

중앙은행도 크게 보면 정부의 한 부처일 뿐이므로 굳이 두 부처가 같은 금액을 각각 자산과 부채로 회계 처리할 필요가 없다는 점에서 나온 발상이다. 상각에 따른 중앙은행의 손실은 국채를 발행한 정부 부처의 이익과 상쇄되므로 크게 문제될 게 없다는 것이다.

그는 또한 미국은 세 차례의 양적완화(QE)로 이미 재정의 루비콘 강을 이미 건넜다고 말한다. 이 조치를 통해 연방준비은행의 재무성 증권 보유잔액은 두 배 이상 늘어나 1조5000억 달러에 달하게 되었는데 이는 어차피 다시 시장에 내놓을 수 없는 정도의 엄청난 금액이라는 것이다.

이런 주장이 공공연하게 등장하고 있는 모양이다. 영국 중앙은행 머빈 킹 총재가 지난 10월 경제 브리핑에서 그것을 강도 높게 비난하였던 것으로 미루어 짐작할 수 있다.

그러나 유례없이 큰 규모의 양적완화 조치가 중앙은행의 정책으로서는 이미 상궤를 벗어난 비전통적 해법이었다고 한다면 이것으로부터의 출구 역시 비전통적인 방법에 의존할 수밖에 없겠다는 생각도 든다.

미국이 정부 부채를 이러한 극히 비전통적인 방법으로 줄이기로 작정한다면 미국의 재정은 일거에 좋은 모양새를 갖추게 된다. 연방준비은행이 보유하고 있는 국채 규모가 총 잔액의 13%에 달하기 때문이다.

중앙은행 보유 국채의 상각도 가능

그것이 미국, 나아가 세계 경기의 재침체를 피하는 유일한 길이라면 할 말이 없다. 그러나 미국은 인플레이션을 감수해야 하고 달러화의 가치는 예측불허의 하락을 피할 수 없게 된다. 그에 따른 피해자는 첫째 미국의 봉급

생활자와 소비자 대중일 것이고 그 다음으로는 미국 국채를 대거 보유하고 있는 외국의 중앙은행들이 될 것이다.

이들은 미국 국채 발행 순 잔액 11조6000억 달러의 48%를 보유하고 있다. 중국은 작년 1조7000억 달러까지 보유하고 있던 분량을 지난 일년 사이에 40% 이상 줄여 현재 1조1000억 달러를 보유하고 있고 일본도 우연히 같은 금액의 미국 국채를 가지고 있다.

중국의 경우 같은 기간 중의 외환보유액 증가를 감안한다면 중국의 탈 미국 국채의 속도는 특기할 만하다.

(2012.12.26 내일신문)

무급휴가(Furlough) 명령

미국 중앙은행의 제3차 양적 완화 조치는 열심히 가동되고 있다. 실업률이 6.5% 이하로 개선될 때까지는 현재의 초 저금리를 인상하지 않겠다는 약속은 계속 지켜지고 있고 매월 850억달러 규모의 국공채 사들이기도 꼬박꼬박 이행하고 있다. 시장에서는 이 정책수단의 크기와 지속기간에 대해 우려를 나타내기도 하지만 무언가 애를 쓰고 있는 모습임에는 분명하다.

그러나 중앙은행에 비해 정치권은 최악의 국면을 연출하고 있다. 재정낭떠러지로의 완전한 추락은 모면했지만 향후 10년간 예산을 일괄 감축해야 하는 씨퀘스터(Sequester)가 가동되는 것은 막지 못했다.

그 결과 고래 싸움에 새우등 터지는 일이 발생했다. 이달부터 2013 회계연도가 끝나는 9월까지의 22주 동안 주 1일 무급휴가를 강제로 사용하라는 것이다. CNN 머니의 최근 분석에 따르면 이는 20% 감봉에 해당된다고 한다. 그들에게 무슨 잘못이 있는가? 이들은 사무직 또는 군 공병대에 소속되어 홍수예방을 위해 전국의 댐과 수력발전소들을 수리하는 사람들이었다.

씨퀘스터는 전 항목을 삭감하는 장치다. 모든 예산 항목을 사용처를 불문하고, 인건비와 물건비의 구분도 없이 강제 균등 할당하는 것이다. 그런

장치를 둔 본래의 취지는 여와 야, 상원과 하원 사이의 합의 도출을 압박하기 위함이었다. 이해관계자에 따라 주장하는 바에 차이가 있겠지만 불요불급 또는 시대의 변화에 따라 줄일 수 있는 항목은 줄이고 지켜야 할 항목은 지키는 일, 이것이 정치 행위의 존재이유다.

씨퀘스터가 가동되었다는 것은 바로 정치 마비, 재정 불구를 의미한다. 봉급을 몰수당해야 하는 것은 정치인들이었다. 그러나 대통령과 장관, 그리고 국회의원들의 봉급은 법으로 정해져 있어 씨퀘스터 대상에서 제외된다.

고래싸움에 새우등 터지는 격

오바마 대통령과 헤이걸 국방장관을 비롯하여 많은 정치인들이 직원들 얼굴을 마주하기가 부끄럽다며 봉급의 일부를 줄지어 자진 반납하고 있다. 무고한 직원들에게 무급휴가 사용을 명령해야 하는 이런 국면은 미국 정치가 낳은 최악의 국면이다.

씨퀘스터가 요구하는 감축액은 1조2000억이다. 여야 합의로 제대로 된 감축계획을 세우면 당장 내년부터라도 씨퀘스터의 가동을 정지시킬 수 있다. 그런데 그 전망은 어떤가? 현지 시간으로 오늘 오바마 대통령은 예산요구서를 의회에 제출한다. 알려진 바로는 사회 안전망 복지지출과 메디케어(노인 의료보험) 지출을 줄이는 내용이 포함될 것이라고 한다. 그가 속해 있는 민주당 진영에서는 이것이 예전과 확실히 다른 화해의 시도라고 강조한다.

그러나 지출을 줄이는 방법을 보면 복지지출에 있어 물가상승률의 반영속도를 조절하는 것과 노인 의료보험의 경우 소득수준에 따라 혜택을 차등적용하는 정도다.

반면에 개인 및 법인의 소득공제금액이 소득의 일정 비율을 넘지 못하도록 하고 세금우대 연금저축도 300만 달러 이상은 인정하지 않는 등 소위 부자 증세의 측면도 있다. 그리고 최근 상 하 양원의 예산위원회를 통과한 예산안을 보면 공화당이 지배하는 하원과 민주당이 지배하는 상원의 격차가 여전히 좁혀지지 않고 있다.

재정부담을 이유로 오바마 의료개혁법 폐기를 포함하여 지출 감소에 비중을 두고 있는 하원 안과 1조에 달하는 부자 증세에 비중을 두고 있는 상원 안의 차이는 현격한데 이를 조정하는 절차가 2014 회계연도가 개시되는 금년 10월 이전까지 지루하게 이어질 것이다.

씨퀘스터 국면전환 당분간 힘들 것

타결 전망은 어둡다. 이제까지 오바마 대통령은 줄곧 원해 왔지만 의회는 반대해 왔던 분야 중의 하나인 국방비 절감의 가능성을 예로 들어보자. 신세대 합동 타격 전투기 F-35 사업은 그 크기가 총 4000억 달러로 단일 건으로는 가장 비싼 무기 프로그램이다. 계획의 15% 이상이 이미 지출되고 있는데 생산을 담당하고 있는 록히드 마틴사는 이 전투기의 공장을 미국 전역에 고루 분산 배치해 놓았다. 만일의 경우 사업이 축소되거나 변경되면 그 지역의 일자리가 크게 줄어든다.

수많은 국회 의원들이 이에 동의하기가 쉽지 않게 되어 있다. 차라리 씨퀘스터 장치를 그대로 두는 편이 낫다는 비아냥거림도 없지 않다. 지구상 최대 최강의 미국이 자국 내 문제를 원만하게 풀어나가는 데 많은 애를 먹고 있다.

(2013.4.10 내일신문)

디트로이트 시(市) 파산

미국 디트로이트 시의 상황이 얼마나 심각한가를 보고 놀라는 사람은 그런 문제를 파산이라는 방법으로 해결하려는 것을 보면 더욱 놀라게 될 것이다. 부채 180억 달러를 인구 70만 명으로 나누면 1인당 2만5000달러. 4인 가족이면 우리 돈 1억 원이 훌쩍 넘는다. 이것이 싫은 사람은 다른 주로 이사를 가면 된다.

산업과 인구가 줄어든다고 도시의 전체 면적이 줄어드는 것도 아니다. 서울 절반의 크기의 널브러진 땅 곳곳에 버려진 건물들. 밤에는 가로등의

40%가 꺼져 있고 범죄율이 전국평균의 5배. 경찰이 사건신고를 받고 출동하는 데 걸리는 시간이 평균 58분 걸린다면 이미 도시의 기능을 잃은 것이나 진배없다.

1950년대를 미국 자동차 전성시대라고 본다면 이 황폐화 과정이 진행된 기간은 50년이 넘는다. 그 동안 디트로이트의 시장이나 미시간 주의 주지사들은 이 문제에 대해 속수무책이었다. 이에 종지부를 찍으려고 나선 것이 2011년에 주지사로 당선된 릭 스나이더다.

시군 등 지방정부의 파산 절차를 규정한 파산법 제9장이 일반 회사의 파산을 다루는 제11장과 다른 가장 큰 차이점은 노조와의 단체협약을 재협상할 수 있다는 점이다. 공인회계사이며 스스로 벤쳐캐피탈 회사를 설립하여 최고경영자로 활동하던 릭 스나이더가 이 파산법의 무기를 사용하려 착안한 것은 그 다운 일이라 할 수 있다.

매년 거액의 적자를 보면서도 예산의 1/3 이상이 퇴직 경찰관, 소방관 등 퇴직공무원의 연금과 의료보험에 지출되는 상황. 그리고 이것을 지방채를 발행하여 메워 나가고 지방채 원리금을 갚기 위해 다시 지방채를 발행해야 하는 상황에서 그는 우선, 재정위기를 맞은 지방에 비상구역 선포 및 비상관리인 투입을 가능하게 하는 제도를 입법화했다.

단체협약 재협상 가능한 미 파산법 제9장

이어 금년 3월 디트로이트 시를 비상구역으로 선포하는 동시에 구조조정 전문변호사, 케빈 오어를 비상관리인으로 임명했다. 6월에 들어서서는 디트로이트 시의 모든 무담보 채무에 대해 지급정지(모라토리움)를 선언했고 지난주에는 드디어 연방법원에 파산보호 신청을 제출했다. 실로 일사천리의 수순이었다.

그가 얻고자 하는 것은 빚 180억 달러에 대한 탕감이다. 특히 무담보 장기채무 115억에 대해서는 지난 6월의 채권단 회의에서 원금의 20%에 해당하는 어음 또는 현금으로의 스왑을 협상안으로 제시했다. 이 무담보 채무는 퇴직금, 연금, 건강보험 등 임금채무 내지 복지에 해당하는 항목이 절반을 차지한다.

파산의 당의성은 다음과 같다. 차입금에 대한 상환약속의 이행, 전 현직 공무원들에 대한 복지 등 과거의 약속도 중요하지만 범죄예방, 치안, 교통 안전, 쓰레기 수거 등 도시가 굴러가기 위한 현재의 의무들도 그에 못지 않게 중요한데 과거의 약속에만 매달릴 수 없다. 따라서 양자 간의 균형을 찾도록 해달라는 것이다.

주 지사 릭 스나이더는 차기 대선에 공화당 대통령 후보 중의 한 사람으로 이름이 들먹이는 인물이다. 그는 문제를 미루는 정치인이 아니라 해결하는 정치인으로 전국의 유권자들에게 비치고 싶을 것이다.

수레바퀴는 자국을 남기기 마련이다. 첫째 디트로이트 전 현직 경찰, 소방관 등 공무원과 그 가족들이 고통을 받을 것이다. 둘째 디트로이트 시의 신용을 믿고 그 지방채를 매입한 투자자들도 큰 손실이 불가피해 보인다. 이들 중에는 미국 지방채의 부도 가능성이 거의 없다고 보고 디트로이트 시 채권을 대량으로 매입한 유럽 은행들도 꽤 있다고 전해진다.

과거의 가설과 가치 변하고 있어

오랫동안 존중되어 오던 가설들이 무너지고 있다. 징세권이 있는 지방정부는 세금을 더 징수하면 되므로 결코 망하지 않는다는 가설은 세금인상이 불가능한 지금과 같은 때에는 거짓이 된다. 법인은 파산하지만 개인은 살아 있는 한 빚을 갚을 수밖에 없다는 가설 하에 개인대출을 무작정 모집하던 때도 있었다.

"전쟁을 하자는 것이 아니고 현실을 현실로 인정하자는 것"이라는 비상관리인 케빈 오어의 일갈대로 현실 인식의 중요성이 다른 모든 가치들을 부차적인 것으로 만들어버릴 수 있다면 이것은 여간 겁나는 일이 아닐 수 없다.

지난 한 주 미국 주식펀드에 몰린 신규 투자자금 175억달러는 2008년 이후 최고기록이라고 한다. 통화긴축을 서두르지 않겠다는 버냉키 연준의장의 의회 진술에 다시 현혹되고 있는 미국 증권시장의 모습에서 일말의 고소공포증을 느낀다.

(2013.7.24 내일신문)

오바마 케어 (3)

미국이 또 불안하다. 2014 회계연도가 지난 10월 1일 개시되었음에도 의회가 예산 승인을 하지 않아, 따로 특별법에 의해 재원이 마련되어 있는 몇몇 사업들을 제외하고는 대부분의 정부 활동이 중단되고 있다. 내일(10월17일) 이후로는 정부의 금고가 비어, 만기가 되는 국채 원리금도 지불하지 못할 지경에 이른다고 한다.

현재 미 의회에는 행정부가 의회에 제출한 정부안 외에 하원과 상원이 각각 자체적으로 만들어 통과시킨 두 개의 안이 올라와 있다. 이들 안의 공통점은 적자예산 편성이라는 점이다. 미국의 연간 재정적자는 2013 회계연도에 GDP의 5.5%에 달했고 정부안에 의하면 새 회계연도에도 4.4%의 적자를 면치 못한다. 공화당이 작성한 하원 예산안도 재정적자의 규모는 큰 차이가 없다.

재정에서 부족한 금액은 국채를 발행하여 조달해야 한다. 이것이 한도에 묶여 있다면 그것을 늘려 주는 것이 당연해 보이는데 의회는 이것을 또 하나의, 어쩌면 더 말발이 세게 먹히는 권한인양 휘두르고 있다.

이러한 벼랑 끝 대치를 낳는 원인으로, 이를 테면 미국 정치제도의 여러 문제점을 들 수도 있겠지만 양편이 싸우는데 중요한 불쏘시게 역할을 한 것은 내년부터 본격 시행을 앞두고 있는 "오바마 케어"였다.

의료보험제도는 그 나라의 역사와 문화의 산물이다. 독일의 경우 1880년대 비스마르크 재상 때 마련된 국영 보험이 세계에서 가장 오래된 것으로서 현재 전 인구의 85%가 여기에 가입되어 있다. 개인이 납부하는 보험료는 소득에 비례한다.

영국도 1946년 국민건강서비스(National Health Service) 입법에 따

라 국영 의료보험을 실시하는 나라다. 보험료를 따로 징수하지 않고 소득세에 포함시켜 받아 낸다.

정쟁의 불쏘시개, 오바마 케어

캐나다는 1960년 이전에는 미국과 유사한 민간 보험체제였으나 그 후 여러 단계의 전환을 거쳐 1984년 캐나다건강법을 통과시켜 영국 식 국영 보험제도로 완전 탈바꿈했다. "국민의 건강은 평화 및 질서의 유지와 같이 통치권이 져야 하는 책임의 일부"라는 것이 그 법의 취지다.

이에 비해 미국은 개인의 건강은 개인의 책임이라는 자유주의를 고수해 왔다. 국영 보험이 없는 것은 아니나 고령자(메디케어)와 빈곤층(메디케이드)에 국한된 것이다.

국민의 의료 문제를 개인에게 맡길 것인가에 대한 사회적 논의가 없었던 것은 아니다. 1970년에 테드 케네디 상원의원이 처음으로 미국도 국가가 조세 성격의 보험료를 걷어 국영 의료보험을 운영하자는 안을 내 놓았지만 성사되지 않았다.

오바마의 "오바마케어" 법은 국민건강의 문제에 있어서 자유주의와 결별하지 못했다. 국민건강을 국가가 책임지는 것으로 보았다면 다른 공적 서비스와 마찬가지로 소요되는 재원을 세금을 걷어 충당하면 될 문제였다. 그렇게 하지 않으면서 개인의 의료보험 가입을 강제하는 것은 이데올로기 면에서 이율배반적인 요소가 있었다.

민간 보험회사들의 치열한 반대에 부딪혀 이데올로기에 충실하지 못하였던 대가를 지금 혹독하게 치르고 있다. 가뜩이나 청년실업이 가장 높은 시기에 젊고 건강한 젊은 사람들에게 보험가입을 강제하는 것은 예상대로 엄청난 반발을 불러 일으키고 있다.

2011년 8월, 국제신용조사기관 S&P가 부채한도 증액에 실패한 미국의 국가신용등급을 하강시켰을 때에도 미국 국채금리는 오히려 낮아졌다. 지금 미국의 10년 만기 국채 금리는 한달 전의 2.9%에 비해 훨씬 낮은 2.7% 선에서 움직이고 있다.

재정불안이 국채 값을 올리는 나라

워싱턴 포스트의 젊은 컬럼니스트, 에즈라 클라인은 이런 현상을 정치 거품(Political Bubble)이라고 부른다. 정치권이 이처럼 대책 없는 싸움을 벌이고 있음에도 국채 값이 이렇게 안정적인 나라는 세계에서 미국이 유일하다. 이것은 세계경제가 불안할수록 안전한 자산에 수요가 몰리는 현상에 다름 아니다. 바로 이점이 정치 거품을 키우는 조건을 제공하고 있다고 그는 말한다.

정치의 거품도 집값의 거품과 마찬가지로 언젠가는 깨지게 마련인데 이 거품이 마냥 부풀어 오르고 있는 것은 위험하기 그지없다. 그것을 깨는데 필요한 충격의 양이 점점 더 커지기 때문이다. 고통을 각오하지 않는 무늬뿐인 개혁, 그리고 그것이 낳은 혼란을 상대방을 비난하기 위한 재료로 삼기에 급급한 정치권, 거기에 더 위험한 요소로서 이러한 일탈을 꾸짖을 장치가 증권시장에서도 마련되지 않고 있음은 실로 경계할 만한 일이다.

(2013.10.16 내일신문)

부활절의 센트럴 파크

제로 금리의 득과 실

제로 금리를 플러스 금리로 올리는 것을 금리 정상화라고 부르는 것을 보면 만 7년을 끌어오고 있는 미국의 제로 금리는 비정상적인 금리임에 틀림없는 것 같다. 지난주 금리 정상화의 시기를 또다시 늦추면서 미 중앙은행이 든 이유는 중국과 인플레이션 두 가지였다. 시장은 혼돈에 빠졌다. 정상화를 두려워할 만큼 상황이 비정상적으로 안 좋은 것인가?

그러자 요 며칠, 그 금리 동결 결정에 참여했던 미국 각 지역 연방준비은행 총재들이 차례로 등장하여 미국의 경제가 중국의 저성장에 타격 받을 만큼 취약한 것은 아니라면서 위 두 가지 이유 중의 하나의 의미를 축소하고 나섰다.

그렇다면 정상화의 길을 늦추는 이유로 오직 인플레이션이 남게 된다. 금리 인상은 물가가 너무 오를 때 쓰는 처방인데 지금은 물가가 오르지 않는 디스인플레이션 또는 디플레이션을 걱정할 때이므로 물가상승률이 적정 수준에 이를 때까지는 금리를 올리지 않는 것이 옳다는 이야기다.

미국 내외의 많은 훈수 꾼들도 섣부른 조기 금리인상으로 오랜만의 경기회복에 찬 물을 끼얹지 말아야 한다고 조언하고 있다. 언제까지나고 묻는다면 그들도 물가가 적정 수준에 이를 때까지라고 말한다.

그러면 물가가 오르지 않는 이유는 무엇인가? 물가가 그토록 중요하다면 물가가 오르지 않는 이유도 중앙은행이 밝혀 줄 만도 한데 제닛 옐런의 기자회견 내용에는 그에 대해 일언반구 설명이 없다. 물가에는 여러 가지가 있지만 미국을 비롯한 주요국들은 한결같이 소비자물가를 지표로 채택하고 있다. 그러면 소비자물가는 왜 오르지 않는가?

소비자들이 물가가 더 내릴 때를 기다려 지출을 미루기 때문이라는 설명은 허구다. 소비자들은 지출을 안 하는 것이 아니라 못하는 것이다. 오늘날 전세계가 안고 있는 가장 큰 고민은 내수 부족이다. 내수부족은 소비자 대중의 구매력이 허약하기 때문에 발생한다.

소비자물가가 오르지 않는 이유

구매력 부진의 원인은 가까이 자본주의의 속성에서 찾을 수 있다. 생산의 여러 요소 중에서 자본을 일인칭으로 중심에 놓고, 자본의 시각에서 사물을 보면 인간의 노동은 일개 비용항목으로 전락하는 것은 너무나 당연한 일이다. 인건비를 최대한 줄이는 것이 경영을 잘하는 것으로 간주되고 이는 사회 전체적으로 구매력 총량이 줄어드는 원인으로 작용한다.

19세기 초 기계파괴로 치달었던 영국의 러다이트운동이 일찍이 우려했던 바가 그 이후 더 강화되고 있다. 사물인터넷(internet of things)으로까지 진전된 테크놀로지의 발달이 인간의 노동을 무용지물로 만들어가는 과정이 가속화되고 있는 것도 사실이다.

저금리 또는 시중의 채권매입 등의 방법으로 통화공급을 크게 늘리는 것이 이런 근본적인 문제에 대한 답을 제공하지 않는다. 오히려 그 동안 늘어난 통화량이 달러화의 가치를 전반적으로 떨어뜨려 자산의 가격을 올리는 자산 인플레이션(asset inflation)을 낳고 그것이 나아가 자산가에게는 이익을, 급여생활자에게는 불이익을 가져다줄 것이라는 추론은 어렵지 않다.

게다가 한계 소비성향(propensity)은 소득수준에 반비례한다는 점을 고려한다면 소득의 양극화가 진행될수록 내수는 부족해질 수밖에 없다. 소비자물가가 오르지 않는 이유에 대해서는 속수무책이면서 소비자물가가 오를 때까지 저금리를 유지하겠다는 발상은 무엇인가? 오른 쪽 다리가 가려운 사람이 왼쪽 다리를 긁으면서 다리 가려운 것이 나으면 다시 걷겠다고 말하는 것과 다를 바가 없다.

내수 부족 문제에는 속수무책

한가지 억지 의미를 부여할 수 있다. 자산 인플레이션으로 인한 버블은 언젠가는 깨지게 마련이지만 언 발에 오줌 누는 격으로 당장의 파국을 면하면서 시간을 끌어 불황의 새로운 해법이 출현하기를 기다리겠다는 것이라면 의미가 전혀 없는 것은 아니다.

1930년의 세계대공황의 해법은 제2차 세계대전의 발발이 제공했다. 다른 해법을 찾아야 한다면 우선 경제활동을 자본 중심에서 사람 중심으로 변화시키는 종업원지주제 또는 협동조합, 그리고 기계를 넘어 인간의 섬세함이 부각되는 하이터치(high touch) 경제 등의 길이 어슴푸레 떠오른다.

그러한 사회로의 진전은 경제학 이외의 모든 사회과학적 접근이 필요하고 사람과 문화의 가치가 지금보다 더 높아지도록 하는 다방면의 노력이 있어야 가능할 것이다. 제로 금리가 시간을 벌기 위한 목적이라면 중앙은행만 바라보고 있기에는 시간이 너무 아깝게 흐르고 있다.

(2015.9.23 내일신문)

소프트 파워

대선 정국에 들어있는 미국은 동시에 연준의 금리인상 결정과 남중국해 및 시리아에서의 중국 및 러시아와의 외교 군사적 대립 등 여러 중대사에 봉착해 있다. 이 세가지를 차례로 살펴본다. 노동경제학자 기안 맥키는 미국이 북미자유무역협정(나프타)을 체결한 이후 새로 약 3000만명의 일자리가 생겼다고 추정한다. 그러나 멕시코 등에서 싸고 좋은 상품들이 수입되면서 약 68만명의 미국 근로자가 일자리를 잃었던 것도 사실이다.

자유무역이 가져오는 상호간의 이익은 입증된 바 오래지만 일단 문호가 개방되면 경쟁력이 떨어지는 회사들은 불가피하게 문을 닫아야 한다. 자유무역이 가져오는 전반적 이익보다는 자유무역으로 인해 퇴출되는 부문의 피해가 더 크게 눈에 들어오는 것은 어쩔 수 없겠지만 트럼프와 클린턴 양 후보들이 자유무역에 대한 폄훼를 서슴지 않고 있다.

트럼프 후보의 경우는 자기가 대통령이 되면 멕시코와 중국으로부터의 수입상품에 대해 각각 35% 및 45%의 관세를 물리겠다고 호언한다. 국제간 조약을 발동할 때는 국회 비준이 필요하지만 기존의 조약을 파기하는 데는 따로 승인이 필요 없으니 마음만 먹으면 그럴 수도 있다. 클린턴 후보의 경우도 그가 국무장관을 지냈던 때부터 추진한 환태평양동반자협정에 대해 부정적 입장으로 선회하고 있다.

1980년 영국에서 마가렛 대처 수상이 재집권을 위해 유세할 때 일본 자동차 수입을 막아달라는 자동차 업계의 압박에 대항하며 "지구를 반 바퀴 돌아 들어오는 일본차가 더 값이 싸고 성능도 좋다면 문제는 그들에게 있는 것이 아니고 우리에게 있는 것이다"라고 일갈했던 것과 대비된다.

교역 상대국 폄훼하는 대선 후보들

미국 금리 인상을 결정하는 기구인 미국 연준의 연방공개시장위원회(FOMC)에는 미국 연방준비은행 12개 중 5개의 은행장들이 순번으로 참가하는데 그 중 하나인 보스턴 연방준비은행의 에릭 로젠그린 은행장이 이제까지의 입장을 선회해 금리 인상을 주장할만한 때가 되었다는 의견을 공개적으로 피력했다.

2008년 12월에 0%대로 내려간 지 7년 만인 작년 12월에 0.25% 대로 인상되었지만 이는 미국 역사상 가장 오랜 저금리 시행이다. 미국 연준은 그와 동시에 국채와 장기 주택채권들을 시장에서 사들임으로써 통화증발에 기여했다. 이것이 주식과 채권, 부동산 가격의 거품을 낳고 있는 것으로 의심되고 있다. 거품이란 실력 이상으로 값이 오른 것을 말한다.

금리 인상 시도는 여러 번 있었으나 그때마다 시장에서 먼저 크게 사전 반응했다. 시장의 무기는 주가 폭락이다. 작은 금리인상도 경제 회복에 찬물을 끼얹는 것임을 경고하는 몸짓을 시장은 주가 폭락으로 표시해왔고 그때마다 연준은 금리인상의 용기를 접어야 했다. 주가는 곧 반등했고 역대 최고가 기록을 번번히 경신하며 이제까지 상승을 이어왔다.

그러나 가장 영향력 있는 투자전문가이자 경제평론가 중의 한 사람인 모하메드 엘 이라이언은 이번엔 다를 수 있다는 의견이다.

첫째 IMF 등 전문기관들의 공통된 전망대로 세계경제의 펀더멘탈이 좋지 않고, 둘째 미국의 대선이 혼전일 뿐 아니라 영국 이탈리아 스페인 독일 등도 각기 나름대로의 국내문제들과 씨름 중이며, 셋째 유럽중앙은행이 채권매입기간 연장을 고려하지 않고 있음을 발표했다. 따라서 이번에는 종전처럼 시장이 연준을 압박하는 데 성공할지 장담할 수 없다는 것이다.

이번에도 금리인상이 연기될까?

존 케리 미국 국무장관과 세르게이 라브로프 러시아외무장관이 시리아에서의 군사행동을 일주일 동안 중단하기로 합의했다. 이 휴전 협정이 성공하면 그 때 IS의 거점인 알 누스라를 양국이 합동타격하자는 약속이다. 번번히 러시아에게 속아왔던 미국이다.

그에 앞서 이달 초 중국 항저우에서의 G-20 정상회담을 앞두고서는 "남중국해 문제에 군사적 해법은 없다"는 케리 국무장관의 선언이 있었다. 헤이그 국제사법재판소의 결정으로 중국을 압박할 수 있는 위치에 있던 미국이 뜻밖에도 소프트 파워를 들고 나온 것이다.

포퓰리스트 냄새를 풍기는 대선 후보들, 경제에 직접 뛰어 들지 않고 통화정책 수단 만으로 경기회복을 기대하는 정부, 하드 파워가 있음에도 소프트 파워에 최대한 의존하려는 미국의 변화를 전체적으로 어떻게 평가해야 할까? 물과 바람과 햇볕이 씨앗을 키우듯 자유와 평화가 최선의 해법을 찾아줄 수 있을지, 기대 반 걱정 반이다.

(2016.9.13 내일신문)

트럼프의 트럼프 카드

블랙 스완(black swan), 검은 백조란 상상도 못했던 일이 발생하는 것을 비유하는 말이다. 미국 대통령선거에서 블랙 스완이 나타났다. 그런데 개표 당일 밤 블랙 스완의 당선을 축하하는 만찬장을 도중에 뛰쳐나간 사람이 있었다. 트럼프의 가장 가까운 측근의 한 사람인 칼 아이칸은 식사를 하다 말고 집으로 돌아가 S&P 주가지수 선물을 대량 매입했다. 블랙 스완의 등장으로 놀란 시장이 잠시 주춤하자 이를 매입기회로 본 것이다. 주가지수는 그의 예상대로 바로 다음날부터 크게 반등했다.

정치나 행정 경험이 없고 오직 저돌적인 사업가였던 트럼프는 어떤 이데올로기에 묶여 있지 않다. 그러기에 다른 정치인들과는 운신의 방법이 다를 수 있다. 그는 낙후된 도로, 교량, 터널, 공항, 학교, 병원건물 등 사회간접자본 투자에 약 1조달러를 지출하겠다고 한다. 민자도 동원하지만 대부분 정부가 채권을 발행해 재원을 조달한다. 동시에 법인세 최고세율을 현재의 35%에서 최소한 영국의 수준인 20%로 낮추어 GDP의 3.5% 추가 성장을 달성하겠다고 한다.

그러나 지출은 늘고 세수는 줄어드는 데 따른 재정 건전성 훼손에 대해서는 언급이 없다. 본래 공화당은 균형예산을 주장해왔다. 정부부채를 줄일 것을 요구하며 오바마 정권과 재정절벽 몸싸움까지 했던 정당이다. 트럼프는 당내의 재정보수주의와의 일전도 불사할 기세다. 미국의 주식이 발 빠르게 최고가를 갱신하고 있는 배경이 이와 같다.

경제가 어려울 때 정부가 지출을 늘이고 세금은 줄여주는 정책을 과거에 몰라서 안 쓴 것이 아니다. 재정건전성이라는 규율이 가로막고 있기 때문에 그럴 수가 없었던 것이다.

현재 미국정부의 부채비율은 76%, 2008년 금융위기 직전의 35%와 비교하면 두 배가 넘는 높은 수준이다. 세계2차 대전 중의 78%에 필적하는 크기다.

재정건전성을 도외시하는 저의

트럼프에게는 부채 비율을 걱정하지 않고 지출을 늘일 수 있는 비법이 있는 것일까? 현재 미국 정부의 부채, 즉 정부채권 발행 잔액은 14조3000억달러다. 이 중 2조4000억달러를 미 연준이 가지고 있다.

2008년 11월부터 2014년 12월까지 소위 양적완화 정책의 일환으로 시중에서 사들인 것이다. 이 숫자는 해당 채권의 만기가 남아 있어 2014년 이후 거의 줄어들지 않았는데 미국 GDP의 13%, 미국 정부부채 총액의 17%에 해당하는 엄청난 규모다.

6년에 걸쳐 연준의 FOMC(연방공개시장위원회)가 통화공급을 위한 공개시장조작의 명분으로 사들인 금액의 합계가 어느 사이 임계점을 넘어 시장조작의 탄성을 잃었다. 이제는 이를 시중에 도로 내 놓을 수도, 만기가 되었을 때 미국 정부에게 상환을 요구할 수도 없는 지경이 되었다.

항간에서는 만기가 도래하면 새 채권 또는 만기가 없는 영구채(永久債)로 교환하는 방안과 함께 어차피 장래에도 정부가 갚지 않을 복안이라면 차제에 정부의 빚과 연준의 자산을 상계 처리하는 방안도 간헐적으로 제시되어 왔다. 연준의 손실과 정부의 이익이 서로 상쇄되어 국가 전체적으로는 잃는 것이 없다.

영국의 전 금융감독원장 어데어 터너(Adair Turner)는 "헬리콥터 머니"를 옹호한다. 이는 중앙은행이 직접 정부에게 돈을 쥐어주고 정부는 이 돈으로 경기부양을 하는 것이다. 이제까지의 양적완화는 중앙은행이 정부에게 돈을 주는 것이 아니고 시장에서 채권을 매입하는 방법이었다. 그런 간접적인 경로로는 경기를 부양하는 힘이 약하다고 보아 한 단계 진화시킨 것이 "헬리콥터 머니"다.

연준과 정부간의 상계(相計) 가능성

그러나 이것도 정부의 부채비율을 늘이는 것은 매한가지다. 그래서 여기에서 한발 더 나간 것이 중앙은행이 가진 정부채권의 소각이다. 제닛 옐런 연준의장의 임기는 2018년까지 남아있지만 연준 위원회의 공석 2자리는 그 전에 임명이 가능하다. 만일 트럼프가 고리타분한 금기(禁忌)에 구애받지 않고 마음먹고 내리면 미국 정부의 부채비율은 즉시 13%포인트 개선된다.

화폐 금융시장의 비정상은 너무 장기간 지속되었으므로 정상화는 필요하다. 그러나 만일 바늘 허리에 실을 꿰듯이 자산과 부채의 상계라는 "마(魔)의 한 수"의 유혹에 빠지게 되면 기축통화인 달러에 대한 국제적 신뢰는 물론 마침 미국의 군사외교적 불개입주의로의 선회 시기와 맞물려 미국의 G1 지위까지 한데 흔들리는 계기가 될 수도 있다.

(2016.11.16 내일신문)

트럼프 (2)

지난주 스위스 다보스에서 조지 소로스는 트럼프 당선인을 사기꾼(con man)이라고 비하했다. 나아가 그의 행정부는 내부 이견으로 실패할 것이라고 예언했다.

재무장관 스티븐 누신은 강한 달러를 선호하고 금융규제 완화에 반대하는데 두가지 다 트럼프의 생각과 정반대다. 국방장관 제임스 매티스도 이란 핵 협상은 존중되어야 하고 북대서양조약기구(NATO)에서 미국의 역할은 강화돼야 한다고 말하는데 이것도 트럼프가 그 동안 하던 말과 다르다. 폴 크루그만 교수는 "준비되지 않은 대통령"이라는 제목의 뉴욕타임스 기고에서 국무장관 렉스 틸러슨이 상원청문회에서 중국에 대해 했던 말을 예로 들면서 트럼프가 자기와 비슷한 수준의 무능력자들로 주위를 채우려 한다고 비난했다. 틸러슨은 중국이 남중국해 군사기지를 이용하지 못하도록 미국이 막아야 한다고 말했다.

대통령은 바뀌었는데 행정부의 자리는 텅 비어 있다. 상원의 인준을 필요로 하는 690명 중 28명만 임명이 되어 있고, 180명의 스태프를 거느리며 외교와 국방 문제에 대해 대통령에게 직접 자문을 하는 백악관 내부의 최대기구, 국가안정보장회의(NSC)는 아직 최고책임자 인선도 못하고 있다. 지구 온난화를 막자는 취지에서 설치된 환경보호청의 청장에 "지구온난화 이론은 미국 제조업의 경쟁력을 떨어뜨리려는 중국의 사기극"이라고 말해오던 스코트 프루이트가 지명되었다.

이러한 상황에서도 금융시장은 트럼프를 환영하는 듯했다. 그럴 수밖에 없는 것이 세금은 줄이고 지출은 늘리며 규제는 완화한다는 삼종 종합선물세트를 누가 반기지 않을 것인가? 미국의 주식과 달러의 가격이 당선일 이후 작년 연말까지 약 9% 동반 급상승했다.

부실한 행정부 인사

드디어 지난 주 금요일, 1월 20일 트럼프는 대통령으로 취임했다. 그의 취임사는 적대적인 대립화법으로 가득했다. 워싱턴 정가와 국민이 대립되었고 이어서 소수의 집권자들과 다수의 국민이, 엘리트와 무지렁이가, 그리고 무역, 이민, 군사 등의 분야에서는 외국과 미국이 대립되었다. 연설의 클라이맥스에서는 오늘로서 "미국인민의 살육(殺戮)"을 끝내겠다고 말했다. 이와 같이 지극히 포퓰리스트적인 단어들 속에서 그가 그리는 구체적인 비전을 찾기는 쉽지 않았다. 고속도로와 비행장, 터널과 철도와 다리를 미국의 자재로, 미국 노동자의 손으로 건설하겠다는 것 외에는.

그리고 대통령으로서의 집무 첫날을 직전 행정부가 심혈을 기울여 12개국간에 체결했던 환태평양동반자협정(TPP)에서 미국이 일방적으로 탈퇴하는 행정명령에 서명하는 세리머니로 장식했다. 이 협정은 아직 미 의회의 인준을 받기 전이어서 아직 정식 발효된 것은 아니었지만 미국의 아시아 선회(pivot to Asia) 전략을 뒷받침하는 핵심 장치이면서 동시에 중국을 견제하기 위한 도구로 간주되었다.

덕분에 중국은 역내포괄적경제동반자 협정(RECP)의 추진에 속도를 낼 수 있게 되었다. RECP 협상에 참여하고 있는 나라는 인도를 포함하는 16개국으로서 TPP보다 많고 환경 및 노동에 대한 규제가 TPP보다 유연하다.

일각에서는 트럼프 행정부의 이러한 행동이 중국에 대한 큰 선물이라고 평한다. 그러나 트럼프의 "미국 우선" 정책은 미국이 아시아에서 손을 떼는 정책이 아니다. 미국 우선의 근간은 "미국 근로자 우선"에 있다. 저임금으로 생산된 저가 외국상품이 무방비로 수입됨으로써 미국의 제조업이 피폐되었다고 보기 때문에 기존의 자유무역협정들을 불신하는 것이다. 북미자유무역협정(NAFTA)도 마찬가지다. 그 철폐 또는 재협상이 멕시코에 대한 영향력 축소를 의미하지는 않는다.

우격다짐의 "미국 우선"

중국에 대한 미국의 압박은 중국을 환율조작국으로 몰아 높은 수입관세를 부과하는 것으로부터 시작될 것 같다. 그러나 중국은 작년 이래 위안화의 약세를 도모하기 위해서가 아니라 그 반대로 위안화의 약세를 막기 위해 외환시장에 개입해왔다. 또한 세입 감소와 지출 증대의 조합이 가져올 재정적자 문제는 달러를 찍어내는 것 밖에는 달리 해법이 없어 보인다. 이에 따라 전 세계에 공급되는 달러의 분량이 더욱 늘어날 경우 세계기축통화 달러의 가치 훼손은 모면하기 어려울 것이다.

대통령 트럼프는 온통 낯선 사람들로 에워 쌓여 있다. 그의 사위 제레드 쿠쉬너, 아파트 건설업자 찰스 쿠쉬너의 아들이자 그 자신 20대에 이미 부동산 거물의 반열에 올랐던 서른여섯 살의 그가 백악관 서열 1위 수석고문이다.

(2017.1.25 내일신문)

트럼프 (3)

여러 보도와 자료를 종합해 천방지축 도널드 트럼프 대통령과 그를 지지하는 부류의 심리를 다음과 같이 추측해본다. “건국초기의 미국의 위대함은 세계화 때문에 사라졌다. 미 대륙 개척 당시의 미국의 본래 모습은 자기의 운명을 자기가 책임지며 열심히 일하는 사람들의 나라였다. 남미와 아시아 여러 나라들의 저임금 노동자들이 만든 상품이 쏟아져 들어오면서 미국에서 양질의 일자리가 사라졌고 이들 지역으로부터의 이민자들이 입국하면서 미국의 건전한 개척정신이 희석되었다. 지금 미국은 다른 나라들 걱정을 할 처지가 아니다. 책임질 수도 없고 책임질 능력도 없는 일에 나설 것이 아니라 위대한 미국을 재건하기 위해 백인 중심으로 뭉쳐야 한다.”

“경제를 살리는 일은 중앙은행이 아니라 행정부의 과제다. 필요한 재원은 세금을 걷어서 충당할 생각을 하지 말고 채권을 발행하면 된다. 미국 달러는 세계 기축통화이므로 소화하는 데는 문제가 없다. 균형예산 건전재정 등의 교과서적인 원칙에 묶여 그 동안 속수무책이었던 것은 얼마나 바보같은 짓이었던가! 정부부채를 줄이고 금리와 물가만 안정되면 경제는 자기가 알아서 잘 돌아갈 것이라는 이론은 거짓이다. 정부가 나서서 낙후된 사회간접자본을 확충하는 데 지출을 쏟아부어야 한다."

경기부양을 위해 정부 재정지출의 필요성을 강조하는 케인지언 류의 학자들은 트럼프정권의 이러한 정책방향을 일단 지지하는 모양새다. 주식시장도 "트럼프 붐"이라는 말에 어울리게 연일 호황을 구가하고 있다.

런던 타임스의 명 칼럼니스트이자 자본주의 4.0의 저자인 아나톨 칼레츠키도 1980년 대 이후 서구 자본주의를 풍미해 오던 레이건과 대처의 신자유주의는 시대적 임무를 다했고 이제 국가와 시장이 상호 견제 및 보완을 하는 자본주의 4.0 시대에 들어서고 있다는 점에서 트럼프 정부의 의미를 찾기도 한다.

국가와 시장이 공존하는 자본주의 4.0

그러나 우려의 목소리도 드세다. MIT의 사이먼 존슨 교수는 부자 감세, 자본소득세와 법인소득세 감면, 노동 및 환경에 관한 각종 규제의 완화들은 대체로 부자들을 위한 것이라면서 트럼프 내각 구성을 보면 미국 정부가 부자들에 의해 점령당한 것과 다름없다고 꼬집는다. 신 자유주의의 오류로서 가장 빈번히 지적되는 것이 빈익빈 부익부에 따른 부의 양극화 현상인데 트럼프의 경우에는 국가가 개입하면서 나아지는 게 없다는 것이다.

공화, 민주 어느 편에도 서지 않고 독립적으로 연구를 수행하는 조세정책센터(Tax Policy Center)는 트럼프 조세정책의 혜택은 거의 절반이 소득 상위 1%의 극소수에게 집중된다고 분석한 바 있다. 한때 자유시장주의 이론가들이 기대했으나 무위로 그쳤던 소위 낙수효과를 트럼프가 다시 살려 보겠다는 것인가, 부자들과 능력자들의 부가 증진되면 물이 아래로 흐르듯 사회 전체의 부가 증진된다는 발상보다 더 역진(逆進)적인 것은 없다.

미국의 변화를 이야기하는 많은 사람 중에 제프리 삭스, 컬럼비아대학 교수의 담론은 매우 인상적이다. 밀레니엄 세대들이 트럼프를 거부하는 이유라는 제목의 2월 2일자 프로젝트 신디케이트 기고문의 요지는 다음과 같다.

"2000년에 고등학교를 졸업했거나 2000년 직전에 출생해 현재 35세에서 18세 사이에 있는 소위 밀레니엄 세대가 처음 사회에 발을 들여놓을 때는 기계가 이미 인간의 노동을 대체하고 있었고 사회구성도 다인종 다문화로 이루어지고 있었다. 지금 이들의 관심은 로봇이나 인공지능 같은 신기술 습득과 그들이 살아갈 지구의 환경 같은 것이지 제조업을 놓고 멕시코나 중국과 무역전쟁을 벌이거나 이슬람 국가들과 종교전쟁을 벌이는 데 있지 않다. 공장을 더 많이 지어야만 일자리가 생긴다는 발상, 이민족은 두려움의 대상이라는 생각은 세계 제조업의 중심에 있었던 과거의 '위대한 미국'을 살았던 노년층의 것일 뿐이다."

"밀레니엄 세대에 의해 거부당할 것"

트럼프는 가장 늙은 나이에 대통령이 되었다. 레이건도 그보다는 젊었다. 그러나 꼭 나이를 탓할 일은 아니다. 힐러리와 경쟁했던 샌더스는 75세였고 밀레니엄 세대의 지지를 듬뿍 받고 있는 교황 프란시스는 80세다.

정권교체, 정치교체보다 더 근원적인 교체는 세대교체다. 세대교체라고 해서 반드시 그 세대 중에서 지도자가 나오라는 법은 없다. 새로운 세대가 뽑는 사람이 지도자가 되면 그것도 세대교체다. 미국의 경우 세대교체의 시기를 앞당기는 역할이 트럼프에게 운명으로 주어졌는지 모르겠다.

(2017.2. 내일신문)

'현대화폐론'(Modern Monetary Theory)의 등장

서방 선진국들이 인플레이션 타깃 2% 달성을 이루지 못해 안달하고 있는 가운데 미국 연방준비제도의 이사장 자리도 내년 2월 임기가 다가온다. 그 동안의 양적완화 정책의 효과에 대한 반성과 아울러 중앙은행의 대차대조표 정상화를 언제 가동할 것인가에 대한 논의가 활발하게 진행되고 있다. 여기서 대차대조표 정상화란 중앙은행들이 시장에서 채권 등을 매입함으로써 통화량을 급증시켰던 것을 예전 수준으로 감축하는 절차를 말한다. 속어로 말하자면 찍어 냈던 돈을 다시 회수하는 것이다.

이러한 시점에 미국에서 일군의 비주류 경제학자들이 '현대화폐론'(Modern Monetary Theory)이란 것을 들고 나왔고 이것이 SNS를 통해 젊은 층 가운데 빠르게 확산되고 있다는 소식이다. 지난달 21일부터 나흘간에 걸쳐 미주리주 캔자스 시티에서는 미주리대학교 경제학부 주관으로 '제1회 국제 컨퍼런스 - 진보의 시대를 위한 새로운 경제학'이라는 거창한 이름의 행사가 개최되었는데 여기서 다루어졌던 현대화폐론의 골자를 정리해본다.

우선 현대라는 이름에 대해서다. 화폐에 대한 인식이 상품화폐, 즉 금과 같이 그 자체로 가치가 있는 화폐를 고대화폐라고 한다면 그 자체로는 아무 거치가 없이 오로지 법의 뒷받침으로 통용되는 오늘날의 법화(法貨)는 현대화폐다. 그런데 이제까지의 화폐경제학이 고대화폐적 인식에서 벗어나지 못하고 있다.

우선 국가의 부채라는 말 자체에 어폐가 있다. 국가는 상거래의 결제를 원활하게 하기 위해 법화를 발행해 통용시키고 있는 것이다. 가계에서는 수입을 넘는 지출은 부채가 되고 과도한 부채는 문제가 되지만 이는 국가에게는 적용되지 않는다. 세금 징수액을 국가의 수입으로 보는 것부터 잘못된 것이다. 고대화폐는 자체로 가치가 있는 것이어서 일단 징수한 연후에야 사용이 가능했다.

"세입 내 세출은 고대(古代)화폐적 발상"

그러나 이제 조세는 그 자체의 별도의 목적을 위해 존재하는 것일 뿐 국가는 법화의 발행 주체이므로 세수 금액에 구애됨이 없이 필요에 따라 지출할 수 있고 지출해야만 한다.

미주리대학교 출신으로 지난 미 대선 때 민주당 당내 경선에서 선전한 버니 샌더스 후보 경제팀에서 두각을 나타냈던 스테파니 캘튼은 현대화폐론 전도사 중의 한 사람이다. 그는 경기진작을 위해 도로 항만 등 공공시설의 개량이나 보수를 위해 정부지출을 늘이지 않고 중앙은행을 통해 돈을 풀기만 했던 이유가 바로 정부 부채라는 망령 때문이었다고 지적한다.

2013년 미국의 재정절벽은 우리의 기억에도 새롭다. 정부부채 한도의 인상을 놓고 당시 다수당인 공화당 의원들의 반대로 의회의 결정이 늦어져 무려 80만명의 국가 공무원들이 강제로 무급휴가를 당하는 상상초유의 사태가 벌어졌던 것이다.

이 국제행사의 첫날과 마지막 날의 토론 제목은 고용보장(Job guarantee)이었다. 특히 청년 실업이 만연한 이 시기에 정부가 발권력을 행사해 취업을 원하는 모든 사람에게 일자리를 제공하는 것은 유엔이 정한 인권 존중 정신에도 부합하는 것인데 국가가 '돈'이 없어서 이러한 사업을 못한다는 말은 있을 수 없다는 취지의 발표가 이어졌다.

이제까지는 세금 수입을 초과하는 지출을 하기 위해서는 정부채를 발행해 일반에게 매각해야 했다. 다시 말하면 정부의 지출을 위해서 민간의 지출능력을 감소시켜야만 했다. 미국의 경우 이렇게 발행된 정부채가 현재 14조3000억달러에 달하고 이중 2조4000억달러는 연준이 민간으로부터 도로 매입해 민간의 지출능력을 회복(양적완화)시켜 주었는데 앞으로는 이런 복잡한 주고받기가 불필요 해진다는 이야기로 귀결된다.

"발권력 행사해 고용을 보장하라"

미국의 트럼프정부는 세법 개정을 서두르고 있다. 조세는 줄고 적자는 늘어날 것이다. 그런데 이것을 개의치 말라는 이론적 근거를 현대화폐론은 제공하고 있는 것이다.

연준 이사장이 바뀌는 시점을 계기로 연준이 보유하고 있는 2조4000억 달러를 정부와 중앙은행 간 회계상 상계처리 하면 대차대조표 정상화라는 숙제는 저절로 해결된다. 그러나 거기서 한걸음 더 나아가 정부가 필요한 지출을 돈을 마냥 찍어도 될 것이라고 말하는 것은 오직 세계 기축통화를 자국화폐로 갖고 있는 미국에게만 적용되는 특권적 발상일 터이다.

대량 청년실업의 우울한 분위기에서는 매우 진보적으로 들리는 자칭 현대화폐론이 아메리카 퍼스트를 내거는 트럼프 대통령의 국가주의와 결합되면 매우 위험할 수 있다.

(2017.10.11 내일신문)

각자도생의 시대로 가는가?

연말이 되면 차분히 지난 일들을 정리하고 새해의 희망을 다지는 것은 개인뿐 아니라 국제 정치에서도 마찬가지일 터이다. 그런데 이번은 다르다. 단연코 미국의 '블랙 스완', 트럼트 당선자 때문이지만 주변국들도 덩달아 바쁘다. 특히 일본이 유난스럽다.

11월 17일, 아베 수상은 재빠르게 트럼프 당선자를 뉴욕으로 찾아가 만나더니 이달 16일에는 푸틴 러시아 대통령을 자기 고향인 야마구치현으로 초대해 함께 온천욕을 했다. 러시아와 영토분쟁 중인 홋카이도 북방 4개 섬의 반환이 주 목적이었다고 한다. 이 섬들은 1945년 일본 원폭투하 직후 러시아군이 피 한방울 흘리지 않고 빼앗았던 섬들이다. 크림반도 사태 이후 경제제재에 유가폭락이 겹쳐 금년 마이너스 경제성장(-0.8%)을 면치 못하고 있는 러시아에게 일본이 경제원조의 손을 내밀며 영토분쟁 해결의 실마리를 트려고 한다.

아베는 이어서 27일에는 미국 하와이로 건너가 일본의 진주만 침공 75주년을 기해 오바마 대통령과 나란히 분향과 헌화를 했다. 평화존중의 자세를 표함으로써 역설적으로 일본 재무장의 논리적 근거를 다지려는 것이다. 일본 평화헌법의 개정을 위해서는 의회 통과보다 국민투표 통과를 더 큰 난관으로 보고 있다. 원폭 피해를 경험한 세계 유일한 국민인 일본인에게 반전, 비무장의 염원은 아직 뿌리가 매우 깊기 때문이다. 아베의 행보는 자국민의 마음을 얻기 위한 행보이기도 하다.

중국의 시진핑은 트럼프가 공약했듯이 환태평양동반자협정(TPP)이 무산되면 동 아시아에서의 중국의 무게감이 더 커질 것임에도 불구하고 지난주 한 중앙 경제회의에 참석해 '투키디데스 함정'(신흥세력은 반드시 구 패권세력과 전쟁을 벌인다는 고대 그리스 역사가의 말)에 빠지지 않기 위해 당분간 6%대 이하의 낮은 경제성장률을 감수하자고 말했다고 전해진다.

노골적으로 재무장 준비하는 일본

문제는 미국이다. 지난주부터는 미국이 핵 무장을 더욱 강화해야 한다는 트럼프의 트위터 발언이 파장을 일으키고 있다. 러시아의 푸틴 대통령이 미국의 미사일 방어체제를 뚫을 수 있는 러시아의 핵 능력을 강조한 데 대한 응수였다. 유세기간 중에도 트럼프는 일본과 한국도 자위수단으로서 자체 핵무장을 검토해야 한다고 말했다. 미국의 우라늄 광산과 록히드, 보잉, 노스롭 등의 주가가 뛰고 있다.

트럼프의 파격 행보는 트위터를 통한 말의 잔치에 그치지 않고 있다. 새 행정부의 핵심인 국무장관에 세계최대 석유회사 액슨모빌의 사장을 앉히는가 하면, 재무장관과 백악관 경제수석에 전 현직 골드만 삭스 사장을 각각 선택했다. 이 두 사람은 헤지펀드 전문가들이다. 트럼프는 미국의 가장 큰 헤지펀드 운영회사 브릿지워터의 현직 사장을 국방부 차관으로 기용키로 했다.

본래 헤지(hedge)는 울타리, 즉 환율이나 금리의 변동 등 미래의 위험에 대처하기 위한 장치를 말한다. 작은 돈으로 큰 효과를 기할 수 있는 금융파생상품을 이용하는데 그 이유 때문에 이것은 위험회피가 아니라 위험에의 도전수단으로 더 많이 이용되고 있다.

예산을 쓰는 공공부문이 아니라 이윤을 창출해야 하는 민간부문의 능력자들을 행정부의 최고위직에 배치한 것은 트럼프의 가장 모험적인 시도다. 그러나 일각에서는 지금 경제사회에 결핍된 동물본능(animal spirit)을 불러일으킬 계기로 기대하기도 한다.

지나치게 모험적인 트럼프

트럼프의 미국은 중상주의(重商主義)의 깃발을 거침없이 내걸려고 한다. 감세와 재정지출 증대의 믹스는 다분히 재정적자를 야기해 미국의 장기금리를 인상시키고 달러화 강세를 초래할 것인데, 만일 미국이 이에 따른 자국의 수출경쟁력 약화를 무역장벽이라는 방법으로 해결하려 한다면 국제사회의 긴장과 마찰은 고조될 수밖에 없다.

그러나 이런 것은 트럼프의 관심 밖이다. 미국의 '아메리카 퍼스트'는 국제관계에서 리얼리즘(realism)의 재림을 불가피하게 만들 것이다. 각국이 자기의 보호를 위해 무력과 경제력의 극대화에 매진해야 하는 세계 속에서 살 길은 오직 각자도생(各自圖生) 밖에 없다.

스웨덴 외무장관과 수상을 지낸 국제외교 전문가 칼 빌트는 지금의 정치 및 군사적 불확실성이 어느 때보다 높다고 말하면서 모두들 집에 지하 벙커를 파놓고 생활하라고 권고한다. 각 나라들이 살아갈 방법을 도모하기 위해 바쁜 발걸음을 하고 있는데 지금 우리나라는 무얼 하고 있는지, 서글프고 화가 난다.

(2016.12.28 내일신문)

마무리하며

10여년간 연재해오던 내일신문의 "김국주의 글로벌경제"는 개인사정으로 2022년 6월에 마감했다. 지역신문에의 기고도 손을 놓은 지 오래다. 만일 계속해서 칼럼을 썼다면 무엇을 다루었을까를 자문해 본다.

우리나라에 관해서는 위기이면서도 기회인 남북문제에서 눈을 뗄 수 없었을 것이다.

세계경제 전반은 또 어떠한가?

2022년 3월 연준의장 연임을 앞둔 제롬 파월이 한 약속 - 양적완화로 시장에 공급된 거대한 양의 달러를 매월 일정액 회수하겠다고 상원 인준위원에서 한 약속은 전혀 지켜지지 않고 있다. 그뿐 아니라 이에 대해 정계, 금융계, 언론계가 침묵하고 있다. 거실의 코끼리(Elephant in the room)란 바로 이런 것을 두고 하는 비유일 것이다. 그들은 자산가격 거품의 붕괴가 가져올 엄청난 파괴력에 겁을 먹고 애써 눈을 돌리고 있는 것일까?

올해 2025년은 특이한 해다. 1월에는 미국에서 트럼프 대통령의 두번째 집권이 시작되었고 6월에는 대한민국에서 이재명 정부가 무겁도록 많은 희망을 등에 업고 출범했다.

1998년 외환위기 당시, IMF 총재 미셸 깡드쉬가 던진 한마디 말, 한국의 위기는 "an accident waiting to happen"을 기억한다.

큰 사건은 오랜 기간 성숙된 이후에 갑자기 터진다. 그런데 우리의 눈은 오래된 그 원인들 보다는 사건 그 자체와 사건 이후의 여러가지 일들에 온통 쏠린다.

"오래된 현재"의 의미를 다시 한번 음미하며 이 책을 마무리한다.

오래된 현재

2025년 11월 15일 초판 1쇄 발행

지은이 김국주
펴낸이 좌현미
펴낸곳 온누리디앤피
출판등록 1995년 8월 31일 제51호
주소 제주특별자치도 제주시 신성로12길 21-2
전화 064-722-0086
팩스 064-755-3380
이메일 on21@hanmail.net

ISBN 978-89-94495-84-2 03070

값 12,000원